皇室と王室の解体新書

目次

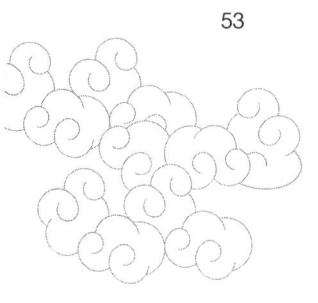

第2章 天武朝と天智朝。千年の時を紡ぐ、真実の日本史 63

第3章

秘密結社が知るキリスト教の禁忌。『イエス・キリスト』の正体

第4章　王室と皇室の秘密　189

Appendix: Statute of William and Mary, confirming the Privileges of the Corporation | British History Online. (n.d.-b). https://www.british-history.ac.uk/no-series/new-history-london/pp860-863

McKeown, T. W. (n.d.). The French Revolution and the Bavarian Illuminati. Grand Lodge of British Columbia and Yukon. https://freemasonry.bcy.ca/texts/robison-barruel.html

Schilling, B. N. (1950). XIII. BARRUEL's Memoirs Illustrating the History of Jacobinism. In Columbia University Press eBooks(pp. 248–277). https://doi.org/10.7312/schi90732-014

Donnelly, L. (n.d.). escenic. The Telegraph. https://www.telegraph.co.uk/news/science/10264427/Edinburgh-is-surprise-capital-of-redheaded-Britain-and-Ireland.html

McArdle, H. (2014, April 27). Auld Reekie is world capital for ginger hair. The Herald. https://www.herald scotland.com/news/13157439.auld-reekie-isworld-capital-for-ginger-hair/

Hoffman, B. (2001). Jewish Hearts: A Study of Dynamic Ethnicity in the United States and the Soviet Union. https://doi.org/10.1353/book10759

Y, G. U., & Gray, J. (1908). Memoir on the Pigmentation Survey of Scotland. Journal of the Royal Statistical Society, 71(3), 563. https://doi.org/10.2307/2339314

The History of al-Ṭabarī Vol. 21: The Victory of the Marwānids A.D. 685-693/A.H. 66-73. (2015). State University of New York Press.

Extra, G., & Gorter, D. (2001). The Other Languages of Europe: Demo graphic, Sociolinguistic, and Educatio nal Perspectives. Multilingual Matters.

Kırd, Kırmanc, Dımili veya Zaza Kürtleri : Malmisanij : Free Download, Borrow, and Streaming : Internet Archive. (1996). Internet Archive. https://archive.org/details/Kird-Kirmanc-Dimili-Zaza-Kurtleri/Malmsanij-KirdKirmancDimilVeyaZazaKrtler/

Payne, R. E. (2015). A State of Mixture: Christians, Zoroastrians, and Iranian Political Culture in Late Antiquity. Univ of California Press.

Lovern, L. L., & Beckmann, S. A. (n.d.). Zoroastrianism and Christianity: Standing Close to One Another. In Journal of Academic Perspectives (Vols. 2017–2017, Issue 4, pp. 1–3). https://www.journalofacademicpers pectives.com/app/download/968 743638/Lovern+and+Beckmann.pdf

Benjamin, C. (2007). The Yuezhi: Origin, Migration and the Conquest of Northern Bactria. Brepols Publishers.

Enoki, K.; Koshelenko, G.A. [in Russian]; Haidary, Z. (1994). "The Yu'eh-chih and their migrations". In Harmatta, János (ed.). History of Civilizations of Central Asia : The Development of Sedentary and Nomadic Civilizations, 700 B. C. to A. D. 250. Paris: UNESCO. pp. 171–191. ISBN 978-92-3-102846-5

Unterländer, M., Palstra, F., Lazaridis, I., Pilipenko, A., Hofmanová, Z., Groß, M., Sell, C., Blöcher, J., Kirsanow, K., Rohland, N., Rieger, B., Kaiser, E., Schier, W., Pozdniakov, D., Khokhlov, A., Georges, M., Wilde, S., Powell, A., Heyer, E., . . . Burger, J. (2017). Ancestry and demography and descendants of Iron Age nomads of the Eurasian Steppe. Nature Communications, 8(1). https://doi.org/10.1038/ncomms14615

Witzel, Michael. (1987) On the localisation of Vedic texts and schools (Materials onVedic sakhas,7). India and the Ancient world. History, Trade and Culture be-fore A.D. 650. P.H.L. Eggermont Jubilee Volume. ed. by G. Pollet, Orientalia Lovaniensia Analecta 25, Leuven : 173–213.

Attwood, J. (2012). Possible Iranian Origins for the Śākyas and Aspects of Buddhism. Journal of the Oxford Centre for Buddhist Studies, 3, 47–69. http://buddhism.lib.ntu.edu.tw/BDLM/toModule.do?prefix=/search&page=/search_detail.jsp?seq=543266

経済雑誌社編(1898)国史大系 第9巻 公卿補任前編, 経済雑誌社DOI10.11501/ 991099, 国立国会図書館デジタルコレクション.https://dl.ndl.go.jp/pid/991099/1/1

岩沢愿彦 (1976)「系図纂要」解題」『系図纂要』別巻1,名著出版

維新史料編纂事務局(1941)維新史 第5巻, 維新史料編纂事務局, DOI10.11501/1917908.

粟津さんの名字の由来. (n.d.). 名字由来net | 日本人の名字99%を掲載!! https://myoji-yurai.net/searchResult.htm?myojiKanji=%E7%B2%9F%E6%B4%A5

角田文衞(1968)「高階家の悲劇」(角田文衞『角田文衞の古代学2「王朝の余薫」』古代学協会(発売吉川弘文館, 2020年12月, ISBN9784642078979)

19.伝説「米山薬師」| 下田市. (n.d.). https://www.city.shimoda.shizuoka.jp/category/050201densetsu/111249.html

上田悠. (n.d.). 持統天皇(三)人津皇子の謀反の後処理・礪杵道作を伊豆に流す. 著作権. https://nihonsinwa.com/page/2404.html

津山の洋学. (n.d.-b). 津山洋学資料館. http://www.tsuyama-yougaku.jp/untitled20.html

中村聡., 谷本亮., 市川直., & 渡辺洋. (2016). 江戸後期より明治初期に至る科学の進歩と科学教育の研究: Progress of Science and the Science Education to the Early Meiji from the late Edo Period. 玉川大学. https://dissem.in/p/82783421/progress-of-science-and-the-science-education-to-the-early-meijifrom-the-late-edo-period

第一編 序説 東京専門学校創立前史: 第八章 大庭雪斎の教えた蘭学. (n.d.). 早稲田大学百年史. https://chronicle100.waseda.jp/index.php?%E7%AC%AC%E4%B8%80%E5%B7%BB/%E7%AC%AC%E4%B8%80%E7%B7%A8%E3%80%80%E7%AC%AC%E5%85%AB%E7%AB%A0

1 Kings 9 (NIV). (n.d.). Bible Gateway. https://www.biblegateway.com/passage/?search=1%20Kings%209&version=NIV

The Book of the Cave of Treasures (E. A. Budge, Trans.). (2023, June 29). InternetArchive. https://archive.org/details/budge-1927-cave-of-treasures

T. MacPherson, D. (n.d.). A brief history of Freemasonry in Japan. The Skirret. https://skirret.com/papers/macpherson.html

大久保利謙. (2007). 明六社. 講談社学術文庫

菊池市役所. (n.d.). 西郷隆盛。又の名を、菊池源吾——志を護り続けた、末裔としての譲れぬプライド | 菊池一族公式ウェブサイト. https://www.city.kikuchi.lg.jp/ichizoku/article/view/2109/3032.html

歴史公園 鞠智城・温故創生館. (n.d.). 鞠智城の歴史とは: 当時は、久々知(くくち) の城 (き) と呼ばれていました。. 歴史公園 鞠智城. https://kofunkan.pref.kumamoto.jp/kikuchijo/history/

大津神社. (2020, July 30). 由緒 | 病気平癒(六三除け)祈願の大阪泉州大津神社. https://otsujinja.com/about/history/

粟津温泉観光協会. (n.d.). http://www.awazuonsen.com/about/index.html

おづの歴史 - 大津町ホームページ(生涯学習課). (n.d.). https://www.town.ozu.kumamoto.jp/page/1380.html

国立国会図書館デジタルコレクション. (n.d.-b). https://dl.ndl.go.jp/pid/992051/1/1

英米本位の平和主義を排す - Wikisource. (n.d.). https://ja.wikisource.org/wiki/%E8%8B%B1%E7%B1%B3%E6%9C%AC%E4%BD%8D%E3%81%AE%E5%B9%B3%E5%92%8C%E4%B8%BB%E7%BE%A9%E3%82%92%E6%8E%92%E3%81%99

永田幸久(2003)「第一次世界大戦後における戦後構想と外交展開:パリ講和会議における人種差別撤廃案を中心として」『中京大学大学院生法学研究論集』第23巻、中京大学

日本外交文書デジタルコレクション 大正8年 第3冊上巻: 事項5 巴里講和会議ニ於ケル人種差別撤廃問題一件. (1919). 外務省. https://www.mofa.go.jp/mofaj/annai/honsho/shiryo/archives/pdfs/taisho8_31_08.pdf

Sturgeon D. (n.d.). 周易:易經 - 中國哲學書電子化計劃. https://ctext.org/book-ofchanges/yi-jing/zh

徹也大濱. (2016). 御一新から維新へ | 学び!と歴史. 日本文教出版. https://www.nichibun-g.co.jp/data/web-magazine/manabito/history/history105/

Azimi, M. (2023). Parallels Between Jesus and Mithra: A Comparative Study. InSHORT PAPER.

Calumy, & Calumy. (2023, March 5). Solomon and Sheba: Were a Famous Pharaoh and Queen the Real Protagonists in this Love Story? Ancient Origins Reconstructing the Story of Humanity's Past. https://www.ancientorigins. net/history-famous-people/solomon-sheba-021388

Hansen, V. (2015). The Silk Road: A New History. Oxford University Press.

Thierry, François (2005). "Yuezhi et Kouchans, Pièges et dangers des sources chinoises". In Bopearachchi, Osmund; Boussac, Marie-Françoise (eds.). Afghanistan, Ancien carrefour entre l'est et l'ouest. Turnhout: Brepols. pp. 421–539. ISBN 978-2-503-51681-3.

Key word "Parth" in history of Pakistan. (2020, May 18). History Forum. https://historum.com/t/key-word-parth-in-history-of-pakistan.184041/

Umayyad definition and meaning | Collins English Dictionary. (2019, May 12). Collins Dictionaries. https://web.archive.org/web/20190512212049/https://www.collinsdictionary.com/dictionary/english/umayyad

Ucl. (2022, May 6). UCL celebrates 150th anniversary of Japan's Choshu Five. UCL News. https://www.ucl.ac.uk/news/2013/jul/ucl-celebrates-150thanniversary-japans-choshu-five

Libretexts. (2021, May 5). 1.2: The Coming of Saoshyant. Humanities LibreTexts. https://human.libretexts.org/Bookshelves/Religious_Studies/Scriptures_of_the_Worlds_Religions_(Burke)/01%3A_Zoroastrian_Scriptures/1.02%3A_The_Coming_of_Saoshyant

Curtis, V. S., Alram, M., Daryaee, T., & Pendleton, E. (2016). The Parthian and Early Sasanian Empires: Adaptation and Expansion. Oxbow Books.

Ancient DNA provides new insights into Ashkenazi Jewish history: Analysis reveals medieval genetic diversity, Illuminates Founder event by THE HEBREW UNIVERSITY OF JERUSALEM COMMUNICATIONS. (2022, November 30). Harvard Medicine Magazin. Retrieved October 10, 2024, from https://hms.harvard.edu/news/ancient-dna-provides-new-insights-ashkenazi-jewishhistory

Languages. (n.d.). The Scottish Government. https://www.gov.scot/policies/languages/#:~:text=Scotland%27s%20main%20language%20by%20custom%20and%20usage%20is,2011%20Census%29%20make%20up%20the%20country%27s%20language%20landscape.

University of Glasgow - University news - Archive of news - 2024 - January - University of Glasgow scholar discovers a cancelled manuscript by Robert Burns. (n.d.). https://www.gla.ac.uk/news/archiveofnews/2024/january/headline_1037953_en.html

Mémoire historique sur la maçonnerie (1773) supplement to the Encyclopédie

Ligou, D. (2000). Histoire des francs-maçons en France: 1725-1815.

Palmer's "Office of American & Foreign Agency." (n.d.). An abstract of the laws of Illinois relating to a state loan for the purpose of constructing the Illinois and Michigan canals (pp. 14–15). https://www.rothschildarchive.org/materials/no_need_to_go_to_america.pdf

Watson, H. (2023, June 30). A global perspective. Rothschild & Co. https://www.rothschildandco.com/en/newsroom/insights/2023/06/wm-quarterlyletter-a-global-perspective/

Wealth Management: Quarterly Letter – The power of networks. (2020, October 9). Rothschild & Co. https://www.rothschildandco.com/en/newsroom/insights/2020/09/quarterly-letter-the-power-of-networks/

Crouch, D. (2002). William Marshal: Knighthood, War and Chivalry, 1147-1219. Pearson Education.

Penman, M. (2014). Robert the Bruce. Yale University Press.

Sir James Balfour of Denmylne and Kinnaird - and his Coronation as Lyon King of Arms of Scotland, 1630 | The Heraldry Society. (2018, March 1). The Heraldry Society. https://www.theheraldrysociety.com/articles/sir-jamesbalfour-of-denmylne-and-kinnaird-and-his-coronation-as-lyon-king-of-armsof-scotland-1630/

Butler, A., & Dafoe, S. (2000). The Templar Continuum : Following the Golden Thread Through the Tapestry of Time. Belleville, Ont. : Templar Books.

Bernard, In Praise of the New Knighthood. (n.d.). https://history.hanover.edu/courses/excerpts/344bern2.html

Ackroyd, P. (2007). Thames :Sacred River. Chatto & Windus.

O'Hart, J. (1892). Irish Pedigrees: Or, The Origin and Stem of the Irish Nation.

Matthews, W. (1971). The Egyptians in Scotland: The Political History of a Myth. Viator, 1, 289–306. https://doi.org/10.1484/j.viator.2.301720

McMullan, G., & Matthews, D. (2007). Reading the Medieval in Early Modern England. Cambridge University Press.

Frederick Robert Augustus Glover (1881) England, the Remnant of Judah and the Israel of Ephraim. Rivingtons. Internet Archive. https://archive.org/details/englandremnantj01glovgoog/page/n15/mode/2up

Goldstein, D. B. (2008). Jacob's Legacy: A Genetic View of Jewish History. Yale University Press.

Behar, Doron M.; Garrigan, Daniel; Kaplan, Matthew E.; Mobasher, Zahra; Rosengarten, Dror; Karafet, Tatiana M.; Quintana-Murci, Lluis; Ostrer, Harry; Skorecki, Karl; Hammer, Michael F. (1 March 2004). "Contrasting patterns of Y chromosome variation in Ashkenazi Jewish and host non-Jewish European populations". Human Genetics. 114 (4): 354–365. doi:10.1007/s00439-003-1073-7. PMID 14740294. S2CID 10310338.

Behar, D. M., Metspalu, M., Baran, Y., Kopelman, N. M., Yunusbayev, B., Gladstein, A., Tzur, S., Sahakyan, H., Bahmanimehr, A., Yepiskoposyan, L., Tambets, K., Khusnutdinova, E. K., Kushniarevich, A., Balanovsky, O., Balanovsky, E., Kovacevic, L., Marjanovic, D., Mihailov, E., Kouvatsi, A., ... Rosenberg, N. A. (2013). No Evidence from Genome-Wide Data of a Khazar Origin for the Ashkenazi Jews. Human Biology, 85(6), 859–900. https://doi.org/10.3378/027.085.0604

Behar DM, Saag L, Karmin M, Gover MG, Wexler JD,Sanchez LF, Greenspan E, Kushniarevich A, Davydenko O, Sahakyan H, Yepiskoposyan L, Boattini A, Sarno S, Pagani L, Carmi S, Tzur S, Metspalu E, Bormans C, Skorecki K, Metspalu M, Rootsi S, Villems R (November 2017). "The genetic variation in the R1a clade among the Ashkenazi Levites' Y chromosome". Scientific Reports. 7 (1): 14969.Bibcode : 2017NatSR...714969B. doi:10.1038/s41598-017-14761-7. PMC 5668307.

Pamjav (December 2012), "Brief communication: New Y-chromosome binary markers improve phylogenetic resolution within haplogroup R1a1", American Journal of Physical Anthropology, 149 (4): 611–615, doi:10.1002/ajpa.22167

Irslinger, Britta (2017). "Geographies of Identity: Celtic Philology and the Search for Origins in Ireland and Germany". In Grage, Joachim; Mohnike, Thomas (eds.). Geographies of Knowledge and Imagination in 19th Century Philological Research on Northern Europe. Newcastle upon Tyne, United Kingdom: Cambridge Scholars Publishing. pp. 174–218. ISBN978-1-527-50043-3.

岡本佳之. (2023). アマテラス解体新書. 内外出版社.

Beckwith, C. I. (2009). Empires of the Silk Road : A History of Central Eurasia from the Bronze Age to the Present. Princeton University Press.

The Coins of the Greek and Scythic Kings of Bactria and India in the British Museum : British Museum Dept. of Coins and Medals, Percy Gardner, Reginald Stuart Poole : Free Download, Borrow, and Streaming : Internet Archive. (1886). Internet Archive. https://archive.org/details/coinsgreekandsc00poolgoog

Gyselen, R. (2007). Des Indo-Grecs aux Sassanides : données pour l'histoire et la géographie historique. Peeters Publishers.

Kayani (tribe). (n.d.). Academic Dictionaries and Encyclopedias. https://enacademic. com/dic.nsf/enwiki/6331302

Encyclopaedia Iranica Foundation. (n.d.). Welcome to Encyclopaedia Iranica. https://www.iranicaonline.org/articles/kayanian-parent

by Rabbi Reuven Chaim Klein. (n.d.-a). Ohr Somayach. https://ohr.edu/9667#:~:text =Indeed%2C%20the%20apocryphal%20Midrashic%20work,he%20reunited%2Freconnected%20with%20his

by Rabbi Reuven Chaim Klein. (n.d.-b). Ohr Somayach. https://ohr.edu/9667

Lehrman, S. M., Rabbi (1948). "Habakkuk". In A. Cohen (ed.). The Twelve Prophets. London : The Soncino Press.

Leslie, E. A. (1962). "Habakkuk". In Buttrick, George Arthur; et al. (eds.). The Interpreter's Dictionary of the Bible: An Illustrated Encyclopedia. Vol. 2. Nashville, Tennessee : Abingdon Press.

The coins of the Greek and Scythic kings of Bactria and India in the British Museum : British Museum. Dept. of Coins and Medals : Free Download, Borrow, and Streaming : Internet Archive. (1886). Internet Archive. https://archive.org/details/cu3192402293 2382

Dean, Riaz (2022). The Stone Tower: Ptolemy, the Silk Road, and a 2,000 -Year-Old Riddle. Delhi : Penguin Viking. pp.73–81 (Ch.7, Migration of the Yuezhi)

Otzar Midrashim. (n.d.). https://www.sefaria.org/Otzar_Midrashim?tab=contents

West, S. (2002). Scythians. In BRILL eBooks (pp. 437–456). https://doi.org/10.1163/9789004217584_020

Runion, Meredith L. (2007). The history of Afghanistan. Westport : Greenwood Press

Grayson, A. K. (1972). Neo-Assyrian Toponyms. Simo Parpola. Journal of Near Eastern Studies, 31(3), 215–220. https://doi.org/10.1086/372189

Iranian National History: the Askanian and Sasanian dynasties. (n.d.). https://www.the-persians.co.uk/ashkanians.htm

Shahi, D. K. (2019). Buddhism in Kashgar : An Interpretation of the Anci ent Cultural Landscape. In Journal of Emerging Technologies and Innovative Research (JETIR), Journal of Emerging Technologies and Innovative Research (JETIR)(Vol. 6, Issue 6, pp. 381–383) [Journal-article]. https://www.jetir.org/papers/JETIR1906 X85.pdf

The Tradition Of Saṅgīti And Pāḷi Literature | IATBU. (n.d.). https://atbu.org/node/24

Glenn. (2021, December 24). The "virgin birth" of Buddha. Right Reason. https://www.rightreason.org/2009/the-virgin-birth-of-buddha/

Samguk Sagi Book 13 History of Goguryeo Part 1 Section 1. (2021, September 8). Retrieved November 8, 2024, from https://db.history.go.kr/item/compareViewer.do?levelId=sg_013r_0020_0010
The Indian Historical Quarterly. (1943).

小谷仲男 (2010)．「大月氏 中央アジアに謎の民族を尋ねて 新装版」東方書店、東方選書 38

田中俊明 (2009)『魏志』東夷伝訳註初稿(1)』国立歴史民俗博物館〈国立歴史民俗博物館研究報告 151〉

列王記上5・15～26 | 日本基督教団公式サイト. (n.d.). https://uccj.org/other/20947.html

朝鮮史研究会編 (2011)朝鮮史研究入門, 名古屋大学出版会, ISBN 978-4-634-54682-0

National Folk Museum of Korea. (2014). Encyclopedia of Korean Folklore and Traditional Culture Vol.III Encyclopedia of Korean Folk Literature. In Internet Archive. https://archive.org/details/koreanfolkliterature

De Garis Davies, N., De Ricci, S., &Society, E. E. (2014). The Rock Tombs of El Amarna: The Tombs of Huya and Ahmes... - Primary Source Edition. Nabu Press.

Ranke, Hermann (1935). Die Ägyptischen Personennamen, Bd. 1: Verzeichnis der Namen (PDF). Glückstadt: J.J. Augustin. p. 233. Retrieved 23 July 2020

Rice, M. (2002). Who's Who in Ancient Egypt. Psychology Press.

חבק - Wiktionary, the free dictionary. (n.d.). Wiktionary. https://en.wiktionary.org/wiki/%D7%97%D7%91%D7%A7

Heiser, M. S. (2023, December 18). Was the Story of Moses Based on an Ancient Legend? Word by Word. https://www.logos.com/grow/story-moses-basedancient-legend/

Weinstein, James M. (1981). "The Egyptian Empire in Palestine : A Reassessment". Bulletin of the American Schools of Oriental Research. 241 (241): 1–28.

Hirschman, E. C., & Yates, D. N. (2015). When Scotland Was Jewish: DNA Evidence, Archeology, Analysis of Migrations, and Public and Family Records Show Twelfth Century Semitic Roots. McFarland.

Baghdjian, A. (2011, August 2). Half of European men share King Tut's DNA. Reuters. https://www.reuters.com/article/lifestyle/half-of-european-menshare-king-tuts-dna-idUSTRE7704OR/

Ilyon. (2006). Samguk Yusa: Legends and history of the Three Kingdoms of Ancient Korea (G. Mintz, Ed.; T. Ha, Trans.). olympiapress.Com. ISBN10 : 1596543485

Jinwung Kim(2012) A History of Korea: From "Land of the Morning Calm" to States in Conflict, p.38, Indiana University Press

Samguk Sagi Scroll 23 - shoki. (n.d.). https://web.archive.org/web/20110823074 526/http://nihonshoki.wikidot.com/ss-23

Korean dynasties. (n.d.). https://www.sizes.com/time/CHRNKorea_dyn.htm

Encyclopaedia Iranica Foundation. (n.d.-b). Welcome to Encyclopaedia Iranica. https://iranicaonline.org/articles/darab-1

Uttarakuru - Tibetan Buddhist Encyclopedia. (n.d.). https://tibetanbuddhistencyclopedia.com/en/index php?title=Uttarakuru

Encyclopedia of the peoples of Africa and the Middle East : Free Download, Borrow, and Streaming : Internet Archive. (2009). Internet Archive. https://archive.org/details/encyclopediaofpe0000unse_h6k0/page/550/mode/2up M Witzel, Early (1995) Sanskritization: Origin and Development of the Kuru state, EJVS vol. 1 no. 4

Allen, Charles (2012). "16". Ashoka: The Search for India's Lost Emperor. Hachette UK. ISBN 978-1408703885.

Flusser, D. (1988). Judaism and the Origins of Christianity. Hebrew University Magnes Press.

Olbrycht, M. J. (2021). Early Arsakid Parthia (ca. 250-165 B.C.): At the Crossroads of Iranian, Hellenistic, and Central Asian History. BRILL.

Chegg India. (2024, October 29). Magadha Dynasty: An Overview. https://www.cheggindia.com/general-knowledge/magadha-dynasty/
Clayton, P. A. (2006). Chronicle of the Pharaohs: The Reign-by-reign Record of the Rulers and Dynasties of Ancient Egypt.

Tranter, Nicholas (2012). The Languages of Japan and Korea (1st ed.). Abingdon:Routledge. pp. 53–54. ISBN 978-0415462877.
Vovin, A. (2013). From Koguryŏ to T'amna. Korean Linguistics, 15(2), 217–235. https://doi.org/10.1075/kl.15.2.03vov

Lim, Byung-joon (1999) (A) Study on the borrowed writings of the dialect of Koguryo Dynasty in Ancient Korean (MA), Konkuk University

한국사데이터베이스 비교보기 > 유리명왕이 즉위하다. (n.d.). https://db.history.go.kr/item/compareViewer.do?levelId=sg_013r_0030_0010

한국사데이터베이스 비교보기 > 왕자 유리를 태자로 삼다. (n.d.). https://db.history.go.kr/item/compareViewer.do?levelId=sg_013r_0020_0130

한국고전종합DB. (n.d.). https://db.itkc.or.kr/dir/item?itemId=BT#dir/node?grpId=&itemId=BT&gubun=book&depth=5&cate1=Z&cate2=&dataGubun=%EC%B5%9C%EC%A2%85%EC%A0%95%EB%B3%B4&dataId=ITKC_BT_0004A_0050_010_0010

Tranter, N. (2012). The Languages of Japan and Korea. Routledge.

Vovin, Alexander (2013). "From Kogu ryo to Tamna: Slowly riding to the South with speakers of Proto-Korean". Korean Linguistics. 15 (2): 231–232.

De Barros Damgaard, P., Marchi, N., Rasmussen, S., Peyrot, M., Renaud, G., Korneliussen, T., Moreno-Mayar, J. V., Pedersen, M. W., Goldberg, A., Usmanova, E., Baimukhanov, N., Loman, V., Hedeager, L., Pedersen, A. G., Nielsen, K., Afanasiev, G., Akmatov, K., Aldashev, A., Alpaslan, A., ... Willerslev, E. (2018). 137 ancient human genomes from across the Eurasian steppes. Nature, 557(7705), 369–374. https://doi.org/10.1038/s41586-018-0094-2

Britannica Money. (2024, November 8). https://www.britannica.com/money/European-Central-Bank

historicum.net. (n.d.). SEHEPUNKTE - Rezensionsjournal für die Geschichtswissenschaften - 2 (2002), Nr. 7/8. https://web.archive.org/web/20040125174239/http://www.sehepunkte.historicum.net/2002/07/3792.html

History of Scots in Poland. (n.d.). SCOTTISH-POLISH PROJECT. https://www.scottishpolish.com/history-of-scots-in-poland.html

Brown, K. M., & Kennedy, A. (2018). Land of Opportunity? The Assimilation of Scottish Migrants in England, 1603–ca. 1762. Journal of British Studies, 57(4), 709–735. https://doi.org/10.1017/jbr.2018.113

Riding, J. (2016). Jacobites: A New History of the '45 Rebellion.Bloomsbury Publishing.

The Family of the Dukes of Berwick. (n.d.). http://www.jacobite.ca/essays/fitzjames.htm

Alison, W. (1951). Britain's royal families: the complete genealogy.London : Pimlico.

Montgomery-Massingberd, H. (2007). Burke's Irish Family Records: Genealogical Histories of Notable Irish Families. Burke's Peerage.

A New History of London | British History Online. (n.d.). https://www.britishhistory. ac.uk/no-series/new-history-london

Appendix: Statute of William and Mary, confirming the Privileges of the Corporation | British History Online. (n.d.). https://www.british-history.ac.uk/no-series/new-history-london/pp860-863

The 1723 Constitutions: The Context | United Grand Lodge of England. (2022, June 8). https://www.ugle.org.uk/discover-freemasonry/blog/1723-constitutionsfreemasonry-context

Spencer House – Rothschild Foundation. (n.d.). https://rothschild foundation.org.uk/spencer-house/

History | Historic House in London | Spencer House. (2024, April 29). Spencer House. https://www.spencerhouse.co.uk/history

Smout, T. C. (1964). The Anglo-Scottish Union of 1707. I. The Economic Background. The Economic History Review, 16(3), 455. https://doi.org/10.2307/ 2592848
Co-Freemasonry, M. O. O. U. (n.d.). Masonic History | THE KNIGHTS TEMPLAR. Universa l Co-Masonry. https://www.universalfreemasonry.org/en/historyfreemasonry/the-knights-templar

Freemason Information. (2021, October 27). Entered Apprentice | Freemason Information. Freemason Information | Freemasonry Is a Post-collegiate Mostly-all Male Fraternity Dedicated to the Social Development of the Member to Form a Broader Sense of the Self and Their Community. https://freemason information.com/masonic-education/books/duncans-masonicritual-and-monitor/entered-apprentice-degree/

Admin. (2022, January 26). Robert Burns—an auld radical. Socialist Worker. https://socialistworker.co.uk/features/robert-burns-an-auld-radical/

Ewald, W. (2010). James Wilson and the Scottish Enlightenment. University of Pennsylvania Journal of Constitutional Law, 12(4), 1053. https://scholarship.law.upenn.edu/cgi/viewcontent.cgi?article= 1185&context=jcl

Κῦρος - Wiktionary, the free dictionary. (n.d.). Wiktionary. https://en.wiktionary.org/wiki/%CE%9A%E1%BF%A6%CF%81%CE%BF%CF%82

Jackson, S. (1906). Zoroastrianism and the Resemblances between It and Christianity.The Biblical World, 27(5), 335–343. https://doi.org/10.1086/473740

Rothschild name and crest. (n.d.). The Rothschild Archive. https://www.rothschild archive.org/family/the_rothschild_name_and_arms/

Klimczak, N. (2016, May 2). New Research Shows that Some Ancient Egyptians Were Naturally Fair-Haired. Ancient Origins Reconstructing the Story of Humanity's Past. https://www.ancient-origins.net/news-history-archaeology/new-research-shows-some-ancient-egyptians-were-naturally-fairhaired-005812

THE ENLIGHTENMENT AND FREEMASONRY - Commonwealth Book Publishers of Virginia. (n.d-b). https://www.commonwealthbooks.org/pages/theenlightenment-and-freemasonry

Heath, E. (2024). Alexander Gillies and Adam Smith: Freemasonry and the Resonance of Self-Love. Scottish Historical Review/the Scottish Historical Review, 103(2), 289–317. https://doi.org/10.3366/shr.2024.0643

Brinton, C. (1961). The Jacobins: An Essay in the New History. http://ci.nii.ac.jp/ncid/BA0228937X

Rothe, M. (2020, November 30). Benjamin Franklin: Freemason & Founding Father. Freemasonry. https://www.freemason.com/benjamin-franklinfreemason-founding-father/

Scottish Rite, NMJ. (2023, May 22). Ben Franklin and the Lodge of Nine Sisters | Scottish Rite, NMJ. https://scottishritenmj.org/blog/ben-franklin-lodge-ninesisters

The Editors of Encyclopaedia Britannica. (1998, July 20). Loving cup | Ceremonial, Silver, Pewter. Encyclopedia Britannica. https://www.britannica.com/topic/loving-cup

University of Virginia Press. (n.d.). Founders Online: To Benjamin Franklin from the Loge des Neuf Soeurs, [10 Januar . . . https://founders.archives.gov/documents/Franklin/01-31-02-0250

University of Virginia Press. (n.d-a). Founders Online: From Benjamin Franklin to David Hume, 27 September 1760. https://founders.archives.gov/documents/ Franklin/01-09-02-0066

UGLE Governance | United Grand Lodge of England. (n.d.). https://www.ugle.org.uk/about-us/ugle-governance

Nogueiro, I., Manco, L., Gomes, V., Amorim, A., & Gusmão, L. (2009). Phylogeographic analysis of paternal lineages in NE Portuguese Jewish communities. American Journal of Physical Anthropology, 141(3), 373–381. https://doi.org/10.1002/ajpa.21154

Behar, D. M., Thomas, M. G., Skorecki, K., Hammer, M. F., Bulygina, E., Rosengarten, D., Jones, A. L., Held, K., Moses, V., Goldstein, D., Bradman, N., & Weale, M. E. (2003). Multiple Origins of Ashkenazi Levites: Y Chromosome Evidence for Both Near Eastern and European Ancestries. The American Journal of Human Genetics, 73(4), 768–779. https://doi.org/ 10.1086/378506

K. S. Tom. (1989). Echoes from Old China: Life, Legends and Lore of the Middle Kingdom. University of Hawaii Press. ISBN 0-8248-1285-9.

Nattier, Jan (2008). A Guide to the Earliest Chinese Buddhist Translations: Texts from the Eastern Han and Three Kingdoms Periods, Bibliotheca Philologica et Philosophica, IRIAB Vol. X, 89-94; ISBN 978-4-904234-00-6

Zürcher, Erik. 2007 (1959). The Buddhist Conquest of China: The Spread and Adaptation of Buddhism in Early Medieval China. 3rd ed. Leiden: Brill.

Pinch, G. (2002). Handbook of Egyptian Mythology. In © ABC-Clio Inc eBooks. https://doi.org/10.5040/9798400661242

Bauer, P. (2019, July 8). Baphomet | Occult Deity, History, & Facts. Encyclopedia Britannica. https://www.britannica.com/topic/Baphomet

Mythicalencyclopediaadmin. (2023, December 27). Goat of Mendes. Mythical Encyclopedia. https://mythicalencyclopedia.com/goat-of-mendes/

Herodotus, & Rawlinson, G. (2018). The Histories. E-Artnow.

Youri Volokhine (2011) Pan en Egypte et le «bouc» de Mendès", Dans le laboratoire de l'historien des religions: Mélanges offerts à Philippe Borgeaud. Editions Labor et Fides.

Lévi, É. (2011). Dogme et Rituel de la Haute Magie. Cambridge University Press.

Lavey, A. (1969). The Satanic Bible. Internet Archive. https://archive.org/details/thesatanic-bible_epub-and-pdf

Witches' Sabbath, n. meanings, etymology and more | Oxford English Dictionary. (n.d.). https://www.oed.com/dictionary/witches-sabbath_n

Roth Surname Meaning, History & Origin | Select Surnames. (2024, February 25). Select Surnames. https://selectsurnames.com/roth/#:~:text=The%20Roth%20surname%20is%20Germanic%20in%20origin.%20The,first%20a%20nickname%20for%20someone%20with%20red%20hair.

Surname Database: Roth Last Name Origin. (n.d.). The Internet Surname Database. https://www.surnamedb.com/Surname/Roth

Quirke, S. (2016). Birth Tusks: The Armoury of Health in Context - Egypt 1800 BC.

Lennon, J. (2008). Irish Orientalism: A Literary and Intellectual History. Syracuse University Press.

Williams, M. A. (2016). Ireland's Immortals: A History of the Gods of Irish Myth.

Sovereign Magistral Order of the Temple of Solomon. (2022, June 29). Order of the Temple of Solomon ✠ Templar Magna Carta. Order of the Temple of Solomon ✠ Knights Templar Order. https://knightstemplarorder.org/heritage/templar-magna-carta/

The Knights Templar | Middle Temple. (n.d.). https://www.middletemple.org.uk/archive/history/knights-templar

Kaminska, I. (2015, September 18). How the City of London really does make up its own rules. Financia l Times. https://www.ft.com/content/41dba03e-5d29-11e5-9846-de406ccb37f2

Company, A. (n.d.). Famous Freemason | Sir Christopher Wren. https://masonicshop.com/famous-freemasons/mason/?i=744

W. DAYNES, Wor. Bro. G. (1929). FREEMASONRY AND SOCIAL ENGLAND IN THE EIGHTEENTH CENTURY. Manchester Association for Masonic Research. https://www.slideshare.net/ColinJxxx/freemasonry-019-freemasonry-and-social-england-in-the-18th-century#9

University Of London Lodge No. 2033. (n.d.). https://www.universityoflondonlodge.org/

THE ENLIGHTENMENT AND FREEMASONRY - Commonwealth Book Publishers of Virginia. (n.d.). https://www.commonwealthbooks.org/pages/theenlightenment-and-freemasonry

Anti-Masonry in Japan. (n.d.). https://skirret.com/papers/anti_masonry_in_japan.html

World Jewish Congress. (2024a, August 4). Community in Netherlands - World Jewish Congress. https://www.worldjewishcongress.org/en/about/communities/NL#history

World Jewish Congress. (2024b, November 8). Community in Netherlands - World Jewish Congress. https://www.worldjewishcongress.org/en/about/communities/NL#history

Sulzberger, C. L. (1972, March 8). Hirohito favors a visit by Nixon. The New York Times. Retrieved October 10, 2024, from https://www.nytimes.com/1972/03/08/archives/hirohito-favors-a-visit-by-nixon-emperor-in-aconversation-says.html?searchResultPosition=1

日本人名大辞典 (n.d.). 菊池陶愛(きくち とうあい)とは? 意味や使い方 - コトバンク. コトバンク. https://kotobank.jp/word/%E8%8F%8A%E6%B1%A0%E9%99%B6%E6%84%9B-1068878

1 Kings 7:14-16 (GW). (n.d.). Bible Gateway. https://www.biblegateway.com/passage/?search=1%20Kings%207:14-16&version=GW

「葛城襲津彦」(2010年)『日本古代氏族人名辞典 普及版』吉川弘文館。ISBN978-4642014588。

Lamy, M. (2001). Les Templiers: ces grands seigneurs aux blancs manteaux.

Rengstorf, K. H. (1963). Ḫirbet Qumrân and the Problem of the Library of the Dead Sea Caves.

Tercatin, B. R. (2020, February 3). 3,400-year-old Egyptian artifact uncovered in Israel on display in J'lem. The Jerusalem Post | JPost.com. https://www.jpost.com/Israel-News/3400-year-old-Egyptian-artifact-uncovered-in-Israel-on-display-in-Jerusalem-616337

Josephus, F. (2020). Antiquities of the Jews. Library of Alexandria.

Jackson, A. V. W. (1913). The Ancient Persian Conception of Salvation According to the Avesta, Or Bible of Zoroaster.

Hanegraaff, Wouter (2012). Esotericism and the Academy: Rejected Knowledge in Western Culture. Cambridge, England: Cambridge University Press. ISBN978-0-521-19621-5.

Otto, Berndt-Christian; Stausberg, Michael (2013). Defining Magic: A Reader. Durham: Equinox. ISBN 978-1-908049-80-3.

R. (2013, February 21). A Mithraic Pope? The "Pater Patrum" or "Father of Fathers." Roger Pearse. https://www.roger-pearse.com/weblog/2013/02/20/a-mithraic-pope-the-pater-patrum-or-father-of-fathers/

S, A. (2012). The Christ Conspiracy: The Greatest Story Ever Sold. SCB Distributors.

A Dictionary of Greek and Roman Antiquities (1890), FABATA ´ RIUM, FABATA ´ RIUM, FETIA ´ LES. (n.d.). http://www.perseus.tufts.edu/hopper/text?doc=Perseus%3Atext%3A1999.04.0063%3Aalphabetic+letter%3DF%3Aentry+group%3D1%3Aentry%3Dfetiales-cn

Salier, W. H. (2004). The Rhetorical Impact of the Sēmeia in the Gospel of John. Mohr Siebeck.

Stibbe, Mark W. G. (1993), "The Elusive Christ: A New Reading of the Fourth Gospel", The Gospel of John As Literature: An Anthology of Twentieth-Century Perspectives, Leiden, The Netherlands: Brill, ISBN 90-04-09932-8

Shorrock, R. (2013). The Myth of Paganism: Nonnus, Dionysus and the World of Late Antiquity. A&C Black.

Orchard, Helen (1998), Courting Betrayal: Jesus as Victim in the Gospel of John, Journal for the Study of the New Testament Supplement Series 161, vol. Gender, Culture, Theory 5, Sheffield, England: Sheffield Academic Press Ltd., ISBN 978-1-85075-884-6

Strong's Greek : 2424. Ἰησοῦς (Iésous) -- Jesus. (n.d.). https://biblehub.com/greek/2424.htm

WikiEtymology. (2024, October 11). Learn the Etymology of Christ. WikiEtymology. https://wikietymology.com/c/etymology-of-christ/#:~:text=The%20word%20%E2%80%98Christ%E2%80%99%20finds%20its%20origin%20in%20the,the%20verb%20%E2%80%98chrio%E2%80%99%20%28%CF%87%CF%81%CE%AF%CF%89%29%2C%20which%20means%20%E2%80%98to%20anoint.%E2%80%99

De La Tour, H. (1892). Atlas de monnaies gauloises. E. Plon, Nourrit. https://archive.org/details/atlas-de-monnaies-gauloises

Ezekiel 10:14 - God's Glory Exits the Temple. (n.d.). Bible Hub. https://biblehub.com/ezekiel/10-14.htm

L'Antiquité expliquée et représentée en figures. VOL 4 / ... par Dom Bernard de Montfaucon, ... (n.d.). Gallica. https://gallica.bnf.fr/ark:/12148/bpt6k114618r/f146

Philo of Alexandria. (n.d.). In Internet Encyclopedia of Philosoply. https://iep.utm.edu/philo/#:~:text=Philo%E2%80%99s%20primary%20importance%20is%20in%20the%20development%20of,Contemplative%20Life%2C%20as%20Christians%2C%20which%20is%20highly%20unlikely.

Runia, D. T. (1995). Philo and the Church Fathers: A Collection of Papers. BRILL.

Thevet, A. (1584). Les vrais pourtraits et vies des hommes illustres grecz, latins et payens, recueilliz de leur tableaux (etc.).

Buddhism, E. O. (2024, October 29). Ten precepts -Encyclopedia of Buddhism. Encyclopedia of Buddhism. https://encyclopediaofbuddhism.org/wiki/Ten_precepts#CITEREFBuswellLopez2014

Willis, J., & Willis, J. (2017, July 8). The Christ And The Buddha: How Can You Explain the Uncanny Similarities? Ancient Origins Reconstructing the Story of Humanity's Past. https://www.ancient-origins.net/human-origins-religions/christ-and-buddha-how-can-you-explain-uncanny-similarities-008377

Malmîsanij, Mehemed (1996), Kırd, Kırmanc, Dımılî veya Zaza Kürtleri (in Turkish and Zazaki), Deng, pp. 1–43, retrieved 7 June 2020

Encyclopaedia Iranica Foundation. (n.d.-c). Welcome to Encyclopaedia Iranica. https://www.iranicaonline.org/articles/deylamites#pt2

独立行政法人国立公文書館, NATIONAL ARCHIVES OF JAPAN. (n.d.). 大乗院寺社雑事記. 国立公文書館 デジタルアーカイブ. https://www.digital.archives.go.jp/DAS/pickup/view/category/categoryArchives/0400000000/0411000000/00

吉川慧 (2016, October 5). 平城京にペルシャ人の役人がいたことが判明。「破斯清通」ってどんな人? . The Huffington Post. https://www.huffingtonpost.jp/2016/10/05/nara-heijyou-kyupersia_n_12349792.html

Sasainn - Wiktionary, the free dictionary. (n.d.). Wiktionary. https://en.wiktionary.org/wiki/Sasainn

Rekishiru, & Rekishiru. (2024, February 6). 西郷隆盛と明治天皇の関係とは? 反乱を起こした西郷が英雄になれた理由 | 歴史専門サイト「レキシル」. レキシル. https://rekishiru.site/archives/3077

Afuriyui. (n.d.). 大津皇子謀反事件の関係者ー礪杵道作(ときのみちつくり) : 小林唯『遷都に込められた古代天皇家の秘法』解けた"遷都" 千数百年の謎「生地」「宮」「御陵」を結ぶ"聖なる法則." 小林唯『遷都に込められた古代天皇家の秘法』解けた"遷都" 千数百年の謎「生地」「宮」「御陵」を結ぶ"聖なる法則." http://blog.livedoor.jp/afuriyui/archives/7719751.html

Sharma, M. (1723). Freemasonry Ventures East by Manoj Sharma. In Freemasonry and the Eastern Archipelago Vol. I. The Constitutions of the Free-Masons. https://www.1723constitutions.com/wp-content/uploads/2022/10/Freemasonry-Ventures-East-1.pdf

合志氏 (n.d.). http://www2.harimaya.com/sengoku/html/gousi_k.html

若宮八幡宮. (n.d.). https://kaiyu.omiki.com/wakamiyaC/wakamiyaC.html

津山の洋学. (n.d.). 津山洋学資料館. http://www.tsuyama-yougaku.jp/untitled20.html

Josephus, F., & Whiston, W. (1811). The antiquities of the Jews (Bks. 8-15).

Kent, R. G. (1953). Old persian: Grammar. Texts. Lexicon. American Oriental Society.

한국고전종합DB. (n.d.). https://db.itkc.or.kr/dir/item?itemId=BT#dir/node?grpId=&itemId=BT&gubun=book&depth=5&cate1=Z&cate2=&dataGubun=%EC%B5%9C%EC%A2%85%EC%A0%95%EB%B3%B4&dataId=ITKC_BT_0004A_0050_010_0010

Ranke, Hermann (1935). Die Ägyptischen Personennamen, Bd. 1: Verzeichnis der Namen (PDF). Glückstadt: J.J. Augustin. p. 161. Retrieved 24 July 2020.

日本漢字能力検定協会公. (2024, May 2). 漢字コラム37　あまるのは食にゆとりがあるから?! Kanji Café（漢字カフェ）. https://www.kanjicafe.jp/detail/7863.html#:~:text=%E3%80%8C%E9%A4%98%E3%80%8D%E3%81%AF%E3%80%8C%E9%A3%9F%E3%81%B9%E7%89%A9%E3%81%AB,%E3%81%AB%E3%81%AA%E3%81%A3%E3%81%9F%E3%81%AE%E3%81%A7%E3%81%99%E3%80%82

熊田葦城(1935)『日本史蹟大系, 第 11 巻』平凡社 Google Books. https://books.google.co.jp/books/about/%E6%97%A5%E6%9C%AC%E5%8F%B2%E8%B9%9F%E5%A4%A7%E7%B3%BB.html?id=LiHlbk8VVTIC&redir_esc=y

Witzel, Michael (1995), "Early Sanskritization: Origin and Development of the Kuru state" (PDF), EJVS, 1 (4), archived from the original (PDF) on 11 June 2007

Pletcher, Kenneth (2010), The History of India, The Rosen Publishing Group

한국사데이터베이스 비교보기 > 주몽이 고구려를 건국하다. (n.d.). https://db.history.go.kr/item/compareViewer.do?levelId=sg_013r_0020_0010

Wikipedia contributors. (2024, November 1). Mohe people. Wikipedia. https://en.m.wikipedia.org/wiki/Mohe_people#cite_ref-FOOTNOTECrossley199718_2-0

Erdosy, G. (2012). The Indo-Aryans of Ancient South Asia: Language, Material Culture and Ethnicity. Walter de Gruyter.

Byington, M. E. (2016). The History and Archaeology of the Koguryŏ Kingdom. Early Korea Project Occasional.

Best, J. W. (2006). A History of the Early Korean Kingdom of Paekche: Together with an Annotated Translation of the Paekche Annals of the Samguk Sagi. Harvard University Press.

Osman, A. (2002). Moses and Akhenaten. Simon and Schuster.

Osman, A. (2005). Christianity: An Ancient Egyptian Religion. Simon and Schuster.

Osman, A. (2019). The Egyptian Origins of King David and the Temple of Solomon. Simon and Schuster.

由水常雄 (2001) ローマ文化王国-新羅,新潮社,東京

与謝野達 (2006) ラテン語と日本語の語源的関係, サンパウロ.

金富軾/井上秀雄訳注(1980)『三国史記1』東洋文庫 一然、坪井九馬三、日下寛校訂(1904)『三国遺事』文科大学史誌叢書, 東京

出羽弘明, 新羅神社考～新羅神社への旅～, 三井寺ホームページより http://www.shiga-miidera.or.jp/serialization/shinra/index.htm

全国菊池の会. (2020, June 25). 菊池神社について | 全国菊池の会. 全国菊池の会 | https://zenkoku-kikuchinokai.com/aboutus/

水原紫織. (2020). もう一人の「明治天皇」箕作奎吾.

プロローグ

日本人として、どう生きるか？

２０２４年６月22日、天皇皇后両陛下が国賓としてイギリスを親善訪問された際、英国国王の「チャールズ３世」は、天皇陛下を「英国に、お帰りなさい」と、日本語で出迎えた。そののち、お二人の談笑は途切れることなく続きその仲睦まじい姿はまるで、ユーラシア大陸の反対側から再会を果たした兄弟のようだったと言われている。

また、この訪問中、天皇陛下はイギリス最高位の勲章「ガーター勲章」を授与され、日本人として５人目の騎士となられた。ガーター勲章は明治天皇、大正天皇、昭和天皇、そして、現上皇（平成の天皇）に贈られており、キリスト教徒以外で、この勲章を授与された人物は現在の天皇陛下を含めて、この５名の天皇しかいない。ちなみ

天皇陛下は2024年の6月の訪英時にイギリス最高位の『ガーター勲章』を授与され、日本人として５人目の騎士となられた。

チャールズ国王には日本最高位の勲章『大勲位菊花章頸飾』が授与されている。この特別といえる皇室と王室の関係性とは？

に、この日のご訪問で天皇陛下は、日本の最高位の勲章「大勲位菊花章頸飾《だいくんいきっかしょうけいしょく》」を、チャールズ国王へ授与されている。ここからわかるように、第二次世界大戦を経てもなお、日本の皇室と英王室の関係は、他国と比べて、異常なほど親密なのが分かるだろう。

しかし、なぜ、ここまで親密なのか?

もちろん、初めてガーター勲章を授与された明治天皇の時代から、日英の両王家の仲が親密になり始めたと言っても間違いではないが、これはキリスト教徒ではない明治天皇が、異例的にガーター勲章を授与された理由にはならない。つまり、明治天皇の以前から、皇室と英王室が関わっていなければ、筋が通らないのだ。

では、皇室と英王室はいつからの付き合いだったのか?

この手の話でよく話されているのは、明治維新という革命そのものが、イギリスの援助によるものだということ。本編でより詳しく話すが、初代内閣総理大臣となる伊藤博文《いとうひろぶみ》を含めた長州の若者たちは、英国起源の『とある会社』の援助によって、イギリス留学をしたのがわかっている。また、明治維新を裏で支えた「トマス・グラバー」もイギリス出身だ。こういった事実から日本と英国は、明治の前から関わっている。そして、教科書には絶対に載らない、この時代の裏の歴史で、もう一つ囁かれていることがある。

それが「天皇すり替え説」だ。

根強い都市伝説『明治天皇すり替え説』の『誤解』

この説で言われている現在の定説を簡単に話すと。本物の天皇が明治維新の際に全くの別人の偽物にすり替えられ、それが民衆にバレないように都を京都から東京へ移したというもの。この説には、いくつか証拠も存在することから長らく日本の最大の陰謀論としていまも考察され続けている。本書を通して証明していくが、私は『偽物にすり替わった』とする「天皇すり替え説」は間違いだと考えている。

しかし、天皇のすり替えはあった。むしろ、なくてはいけなかったとも言える。なぜなら、とあるタイミングで創始者たる血統から別の一族に天皇の一族が移り変わったのだ。その天皇の血統が君臨する日本に、大義名分が通る建国の祖たる血統の天皇に、すり替え、戻した。

その革命が、明治維新だったからだ。もちろん、信じられないことに思うかもしれない。しかし、もし、創始者の血統からすり替わったのであれば、神仏分離を進め天皇の起源と神聖を主張する神道を、国家の宗教として国民に浸透させるという明治政府の行動は筋が通らないのだ。

そう、天皇が創始者たる血統に戻ったために、神道をより神聖なものとした。そして、「創始者たる天皇の血統に戻す」革命・明治維新を、裏で支えたのがイギリスなのだ。

しかし、これだけを聞くと英国の息がかかった王家が日本のトップになると都合が良いために、英国は明治維新を裏で支えたように見えるかもしれないがそうではない。天皇と英国王の関係が、ユーラシア大陸を隔てた兄弟のように見えたということが示すように、皇室と英王室は数千年前、とある古代王国で共に生きた民族の末裔であり兄弟だった。それゆえに皇室をその血統に戻す明治維新の手助けをしたのだ。

もし、ここまでの話が本当だとすると、なぜ、日本と英国は第二次世界大戦で敵同士として戦ったのか？　この理由は皇室と英王室の因縁ではない。これは、日本国内で1000年間続いた2つの民族の因縁が引き起こした悲劇だ。

本書で全て話そう。

では、本編に入る前の最後に。

あなたは「日本人として、どう生きるか？」という問いに答えられるか？

私は日本人のほとんどが、この問いに答えられるほど日本の真の歴史を知らないと考える。それは神道での神々の神話を、考古学的な証拠を完全に無視しているのにも関わらず日本列島で実際に起きたことだと盲目的に信じている者が多いからだ。それゆえに、他の民族と比べて日本人は特別だと妄想する選民思想を持つ者も少なくない。しかし、日本人が日本列島で「日本人」と名乗る以前の民族の歴史を知り、他国で起きた色んな民族との関わりを知ることで、英王室との関係だけでなく「日本」という名前に込められた、名付け親の「日本の創始者たる天皇」の『願い』が分かるのだ。

「日本人として、どう生きるか？」

この問いの答えを、いつか全ての日本人が胸を張って世界に答える日を願い、私は本書で我が国と世界の因縁の歴史を暴くこととする。

第1章

皇室の起源と日本神話の裏の意図

現在、皇室の起源を伝える日本神話での最高神は「天照大神《あまてらすおおみかみ》」だとされその子孫が神武天皇《じんむてんのう》だ。この神武天皇の男系の末裔が現在の皇室だとされる。

ただ、最高神の天照大神には別天津神《ことあまつかみ》という、伊弉諾《いざなぎ》・伊奘冉《いざなみ》含めたより位の高い神々もいる。明治以降、国家の宗教となり影響力を持った神道とそこに書かれた日本神話を事実の歴史だと証明すべく、多くの歴史研究家たちが色んな説を唱えてきたが的を射たものは少ない。

日本神道の最高神として祀られるのが『天照大神』。この神が表立って記録に現れるのは古事記編纂後。故に起源については学者の間でも議論されてきた。しかし本書では既に根源的なモデルのひとつが古代アナトリアの女神であることを前提に話をすすめている。

なぜなら現在に至るまで、宮内庁は歴代の天皇が眠る、古墳の発掘調査を許可しないだけでなく、日本神話での伝説を誰も客観的な考古学で解明しようとしないからだ。それゆえに、日本神話を土台にした日本の古代史は、憶測ばかりの説がほとんどだ。しかし、なぜ、日本神話の正当性を、考古学を通して証明しないのか？　その答えはシンプル。

日本列島に、神話を証明する証拠がないからだ。ただ、日本神話の物語が、完全なる創作だったということではない。日本神話で語られる神々の物語は、日本列島ではない古代の民族と信仰、そして、そこに関わった古代王朝の事実の歴史を土台にして描かれている。

この説は、私の書いた「アマテラス解体新書」で、考古学的証拠から、より詳細に証明している。そのため、本書では、その中から皇室の禁忌と直接繋がる箇所を掻い摘んで説明する。いきなり結論を書いている部分があるが、その詳しい論拠については前書を確認してほしい。

日本神話における根源的夫婦神の一対が伊弉諾と伊奘冉。こちらの2柱も、結論から言うとエジプト神話の神々（ホルスとハトホル）がモデルになっている。

天照大神《あまてらすおおみかみ》の起源の古代神

日本の皇室だけでなく、「天孫族《てんそんぞく》」や「大和民族《やまとみんぞく》」と呼ばれる日本人の祖とされる民族は全て、現在のトルコがある地域・アナトリア地方に起源がある。そう言える証拠はいくつもある。

ひとつ目の証拠は、日本神話で登場する最高神・天照大神のモデルが、アナトリアの古代神だからだ。天照大神には「天岩戸伝説《あまのいわとでんせつ》」という物語がある。簡略化して話すと、弟である素戔嗚《すさのお》が暴れたことに、怒った姉の太陽神・天照大神が岩戸に隠れてしまったことで、世界が暗闇に包まれてしまう。そこで、神々が集まり作戦を立て、力を合わせて天照大神を岩戸から出すことに成功し世界にまた光が戻るという物語だ。

歴史学上、この天岩戸神話を含めた日本神話を編纂《へんさん》させたのは天武天皇《てんむてんのう》だが、天武天皇以前に日本で天岩戸伝説と似た話があったという証拠はない。そのため、日本列島では西暦7世紀後半から伝わる物語だと言える。その一方、日本神話が書かれる時代より遥か古代から、天照大神と同じ、世界的に珍しい太陽神の女神が崇拝されていた。

それが、太陽の女神アリンナだ。太陽の女神アリンナは、アナトリア地方のヒッタイト王国の中心都市「ハッサ／ハットゥシャ（Hattusa）」と、その隣にあった聖地「アリンナ（Arinna）」で崇拝され続けたヒッタイト神話の最高神。そして、彼女の夫は「ターフナ（Tarhunna）」、またの名、「タル（Taru）」という牛の特徴を持つとされる嵐の男神で素戔嗚《すさのお》のモデルのひとつである。

実際に、男神「ターフナ」と同一の「ターハンズ（Tarhunz）」という嵐の神には素戔嗚《すさのお》の八岐大蛇《やまたのおろち》伝説《でんせつ》と同じ、巨大な蛇に酒を飲まし酔わせてから退治するという本質的に同じ話がある。日本神話には、天照大神と素戔嗚は誓《うけい》という名の儀式を通して、男女八柱の神々を産んだという物語がある。この男女によって子が生まれたという話から、天照大神と素戔嗚の婚約を暗示しているとされ、この夫婦神「天照大神・素戔嗚」のモデルが、アナトリア地方の「太陽の女神アリンナ・嵐の神ターフナ／ターハンズ」としても合致する。

では、天照大神と同じ太陽の女神アリンナだが、彼女と間接的に同一神と見られ、なおかつ、最も天照大神と似ている物語を持つ女神が「ハナハナ」だ。女神ハナハナという名は神々の「祖母」という意味を持ち、アナトリア

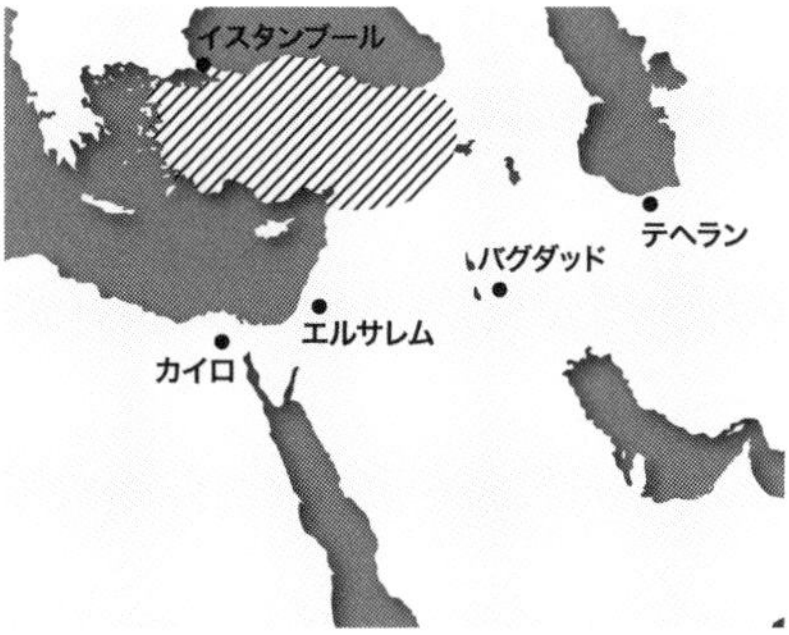

アナトリアと聞いても馴染みのない人も多いかもしれない。現在のトルコあたり、中央アジアが、該当の地域になる。

そのアナトリア、ヒッタイト王国の首都として知られるハットゥシャのすぐ北に女神の名を冠した『アリンナ』都市があった。

の古代神話では、いつも他の神々にアドバイスをする女神とされる。しかし、ある日、怒りで神々の世界から隠れてしまう。それにより、世界は暗闇に包まれ、牛などの動物は死に絶え、人間の大人は子供を捨ててしまうほど、悲惨な状況になってしまう。そして、彼女の怒りが冷め帰ってくると、また世界は元に戻るという神話がある。

嵐神として知られるターフナ、ターハンズはメソポタミア地域で広く信仰されていたエンリルと巡り巡って同一と考えることができる。

そのエンリルは様々な証拠から日本の素戔嗚のモデルでもあるので、古代の嵐神そのほとんどの根源的モデルは同一である可能性が高い。

古事記・天孫降臨逸話の主人公とも言える瓊瓊杵尊もアナトリアの神々を辿ると根源的なモデルが存在していることがわかる。このことからわかること。古事記の神々のモデルの多くはアナトリア地方に存在しているということ。

天岩戸伝説と本質が同じなだけでなく、天照大神も天津神《あまつかみ》たちの母で天孫降臨《てんそんこうりん》をする瓊瓊杵尊《ににぎのみこと》の祖母なので、女神ハナハナの祖母という物語設定とも合致するのだ。

ただ、古代のアナトリア神話には女神ハナハナ以外にも、天岩戸神話《あまのいわとしんわ》とそっくりな話がいくつもある。むしろ、歴史学者から「神が隠れて、暗闇になり、神々が力を合わせて、戻ってきてもらう」という伝説の根本的な起源と言えるいくつもの話があると言われている。

実際に例を挙げると、テリピヌ、嵐の神、クリウィシュナの嵐の神、太陽の女神（名前不明）、嵐の女神アシュムニカル、嵐の神ハラプシィリ、リジナ街の嵐の神、アジリとズッキ、ハナハナ、女神イナンナが同類の伝説を紀元前から持っている。ちなみに、天照大神は女神だが、神話学者の間では、天照大神は元々、アマテル神という男性神だったという説が存在する。上記のアナトリアの神々の中で、太陽の男神として、天岩戸伝説と同じ伝説を持ち、名前に「テル」という名前があるのが「テリピヌ（Teripinu）」だ。

テリピヌの「ピヌ（Pinu）」は、アナトリア地方の古代言語「ハッティ語」で「子」を意味し、実際にテリピヌは神の息子なので、テリピヌとは「テリ神子（みこ）」という意味になる。つまり、女性の天照大神が広く崇拝する前に、崇拝されていた太陽の男神アマテルは、アムル人の「アマ」を付けた「テルピヌ」こと「アマ・テル神子」である。

このように、天照大神のモデルとおぼしき神々は古代アナトリアに数多く存在する。

天孫族と大和民族の祖

では、ここまで天照大神と天岩戸伝説の起源が古代アナトリア地方の信仰に起源があると話したが、この説と合うように、天孫族の本拠地・高天原もモデルも存在する。そして、アナトリアから古代のメソポタミアへ南下した、セム語系遊牧民の「アムル人」こそが、天孫族の祖であり大和民族の祖だ。

アムル人は「アモライト(Amorite)」と呼ぶが、この「Amorite」の最後の「ite」は「〜人」という意味。そのため、アムル人(Amorite)の民族名は「ite」を外した「Amo/Amor(アモ)」だ。そして、この「Amo/Amor」は、後に日本語の「アマ(天)」を意味するようになる。実際に、当時の古代エジプト人は、アムル人を「アマァ(Amar)」と呼んでいた。日本列島では、このアムル人の民族名「アマ」に部民制の「部」が付いて「海部《あまべ》」、氏族制の「氏」が付いて「海部氏《あまべし》」となっていく。また、先ほど話した日本神話を編纂させた天武天皇の本名は「大海皇子《おおあまのみこ》」で、アムル人系を表す「海《あま》」が名に入っている。

そんなアムル人たちが、アナトリア地方で拠点とした2つの都市がある。一つ目が貿易都市「ハラ(Harran)」。そして、この「ハラ(Harran)」の少し北に「タカアマ/タカラマ(Takarama)」または「タガアマ(Tagarama)」と呼ばれた都市があった。そう、都市「タカアマ(Takarama)」と「ハラ(Harran)」、合わせて「タカアマハラ(Takarama harran)」。日本神話の天孫族の拠点「高天原《たかまがはら》」の別名「たかあまはら」と完全に同じになる二つの都市があるのが古代アナトリアだ。

そんな、アムル人たちは、標高が高いアナトリア付近から標高が低いメソポタミア地方に南下し、そこにあったシュメール王国を倒す。そして、そこからしばらくメソポタミア全域を統治する民族となり、各地の古代都市を拠点に独自の国を発展していく。その一つの王国が、シリア地方に建国された「Yamhad（ヤムハッド）」王国。または、この「mha」を空気を含んだ「マ」として読む「ヤマァド」王国。このヤマァドという名前から分かると思うが、彼らが後に日本列島で「大和王権《やまとおうけん》」を建てるのちの大和民族の祖である。

「ただ、名前が似ているだけではないか？」と思うかもしれないが、名前以外に日本神話の初期の伝説の多くが、この時代のアムル人の民族の歴史と完全に合う。詳細は、アマテラス解体新書で説明しているため、古代メソポタミアの歴史と日本神話が一致する箇所を箇条書きにすると。

①天孫降臨伝説と、アムル人の古代メソポタミア南下の歴史の一致
②国譲り神話と、アムル人と「シュメール人国家」と「エラム人国家」の歴史の一致
③瓊瓊杵尊《ににぎのみこと》・大国主《おおくにぬし》・事代主《ことしろぬし》などの登場人物と、古代メソポタミアの神話／史実の一致
④下照姫《したてるひめ》の和歌と、古代メソポタミアの最古の和歌との一致
⑤因幡の白兎と古代メソポタミアの歴史との一致
⑥山幸彦《やまさちひこ》と海幸彦《うみさちひこ》の伝説と、ヤマァド王国のフルリ人との一致
⑦ウガヤフキアエズの意味「ウガヤ武器合わせず」と、ヤマァド・ウガリット王国同盟の一致

などなどこれ以外にも日本神話と古代メソポタミアの歴史の多くが一致している。

古代イスラエル人・アムル人と混血した、エジプト第18王朝起源説

日本神話の物語では、天孫族の祖は、山幸彦《やまさちひこ》と海幸彦《うみさちひこ》という兄弟のタイミングで2つに別れ、山幸彦が現在の皇室の先祖となる。これは、山を意味するヤマァド王国と海を意味する他のアムル人国家を区別した歴史を表したものだ。これは山幸彦の別名「ホウリ」は、ヤマァド王国と共存したフルリ人の別名「ホウリ」と同音ということからも読み取れる。そんな、シリア地方にいたヤマァド王国のアムル人たちは、歴史と共に多くが古代エジプトへ移住した。

しかし、日本神話はこの古代エジプトへ移住したアムル人たちの歴史を書いていない。その理由は、中東のアムル人国家は、ここから一気に衰退の道を歩み、エジプト王朝の傘下となるからだ。王家の神話に、都合の悪いことを書かないのは、世の常である。

その一方、アムル人達の古代エジプトでの成り上がりの歴史を残しているのが、旧約聖書だ。日本には日本人とユダヤ人の祖を同じと考察する「日ユ同祖論」がある。

この日ユ同祖論の定説ではよくこんな証拠が提示される。

① 日本の大和言葉と古代イスラエル人のヘブライ語の類似

② 日本のお御輿と三種の神器と、古代イスラエル人の契約の箱とユダヤの三種の神器の類似

③京都の祇園祭りと古代イスラエルのシオン祭の類似
④相撲の起源は、イスラエル人の祖「ヤコブ」の天使との相撲説
⑤「ヤコブ」と「山幸彦」に続く家系図の類似

などが挙げられている。

しかし、この日ユ同祖論の問題点は、日本神話にはヤコブ、モーセや唯一神ヤハウェという名が一切出てこないことだ。日本人の起源が旧約聖書を信じる古代イスラエル人であれば、旧約聖書の神や人物の名前を知らないのは完全に不自然。また、日本の神道は、旧約聖書の一神教とは違い「多神教」である。つまり、日本人は古代イスラエル人と同じ文化と伝統を持つが、旧約聖書を知らないということ。先に答えをいうと、旧約聖書を信じた古代イスラエル人が、日本列島に渡ってきたのではなく、「天孫族・大和民族」は「古代イスラエル人」と同じ、セム語系遊牧民のアムル人を祖に持っていることなのだ。

それゆえに、天孫・大和民族の祖「山幸彦」の家系図と古代イスラエル人の祖「ヤコブ」の家系図が似ているが、肝心の旧約聖書を知らない。では、古代イスラエル人の祖がアムル人だと言える理由は下記の通りだ。

①古代イスラエル人の祖「アブラハム」の物語と、アムル人統治時代の地理的一致
②アブラハムと妻サラの名前と、中東の古代国家との一致
③アブラハムとサラのエジプト物語と、古代エジプトへ移住したアムル人の歴史との一致

④ヤコブと、アムル人移住後の古代エジプトのファラオ「ヤコブ・ハー」の名前の一致

などなど

これらの一致は、天孫・大和民族の祖でもある「アムル人」の実際の歴史とも一致する。

ただ、天孫・大和民族が日本列島で書いた日本神話と、古代イスラエル人が書いた旧約聖書の最大の違いは、古代エジプトでの栄光を書いたかどうかである。というのも、のちに古代イスラエル人と名乗るアムル人起源の人々は、古代エジプト移住後の栄光、特に、アムル人系の移住者が混血した「エジプト第18王朝」の栄光の歴史を引用し、旧約聖書を書いたからだ。言い換えれば、古代イスラエル人は、エジプト第18王朝の王家の末裔であり、その栄光を、あたかも中東で起きたこととして書いたのが、旧約聖書だと言える。というのも、旧約聖書で登場する多くの人物は、考古学的に存在したという証拠が一切ないのだ。

あまたあるそうと言える理由については、この書籍の前段となるアマテラス解体新書にて記述しているのでこちらでは割愛する。

ただ、旧約聖書でお馴染みのモーセという登場人物については、イギリスの王室と日本の皇室を知る上で理解を深めておく必要があるエジプト第18王朝に深く関連するため、改めてまとめなおした。私は、旧約聖書で描かれるモーセという人物がエジプトのファラオであるアクエンアテンをモデルとしているという説に確信を持っており、この王こそが、日本の皇室の血統にも影響を及ぼしていると考えているからだ。

モーセのモデル・アクエンアテン説

アクエンアテンとは、あの有名なツタンカーメンの父親だ。20世紀前半には既に心理学者のフロイトが、モーセとアクエンアテンの共通点を見つけているのだが、この2人を同一とする説を唱えたのがエジプト出身の歴史研究家のアメド・オスマン氏だ。

エジプト古代史の中でも異彩を放つ人物。第18王朝のファラオのひとりアクエンアテン。多神教であったエジプトの信仰を宗教改革により一神教にまとめ上げた。この異彩の登場が以後の人類史の本流に大きな影響を与えていく。

彼が主張する「モーセのモデル・アクエンアテン説」は以下の通り。

①アクエンアテンのエジプト脱出を含めた生い立ちと、モーセの生涯の酷似
②世界で初めて一神教を始めたという共通点
③アクエンアテンの天から与えられし2枚の石板の壁画と、モーセの十戒の類似
④アクエンアテンの唯一神「アテン」への詩と、旧約聖書の詩との類似

などが挙げられる。

モーセの唯一神への信仰は後世に残るが、一切の記憶が存在しない。その一方、アクエンアテンの唯一神への信仰は後世に残らないが、モーセとよく似た記憶が残るということからも分かるように、「モーセのモデル・アクエンアテン説」はかなり的を射ているのが分かるだろう。

もちろん、これだけではない。旧約聖書で語られる唯一神ヤハウェは、アムル人とエジプト第18王朝の神を融合した存在でもあるのだ。そもそもヤハウェには同一神が多く存在する。その証拠の一つとなるのが、ヤハウェの妻の存在だ。

英国エクスター大学の教授フランセシカ氏が指摘するように、中東で暮らしていた古代イスラエル人は「ヤハウェ」と「ヤハウェの妻」をセットで崇拝していたという考古学的証拠が数点見つかっている。そして、そのヤハウェの妻が「アシェラ」という女神だ。ただ、この女神アシェラは古代の中東で長らく創造主として崇拝された「エル(EL)」の妻でもある。つまり、創造主「エル」と「ヤハウェ」の妻が同じ「アシェラ」という女神なのだ。「ヤハウェ」の名前には「エル」が入った「エル・シャダイ(El Shaddai)」や、エルが少し訛った「エロヒム(Elohim)」という呼び名もあることから分かるように、ヤハウェとエルは、妻が同じ、同音の名を持つ神々ということになる。

また、ヤハウェの別名「エル・シャダイ」は、セム語系遊牧民のアムル人が崇拝していた最高神「ベル・サデエ」と発音が似ていることから、このベル・サデエも、ヤハウェと同一の可能性があると歴史学者から指摘されている。そして、この「ベル・サデエ」の別名を「アムール(Amuru)」と呼び、このアムール神の妻の名前が「アシェラタム/アシュラタム(Ashratum)」だ。

写真はヤハウェのモデルのひとつであるベル・サデェ像。聖書の中で唯一神として描かれる神にも数多くのモデルが存在している。

そう、ヤハウェや創造主エルの妻「アシェラ」と同様に、セム語系アムル人のアムール神の妻にも、「アシェラ」という名前が入っているのだ。この名称の一致と、妻「アシェラ」という共通点から、ヤハウェ、エル、ベル・サデェという三神は中東で同一神だとされる。

とは言うものの、旧約聖書のヤハウェは、エルやベル・サデェよりも新しく存在された中東の神である。つまり、ヤハウェが、これらの神々の特徴や名称を引用したのだ。では、なぜヤハウェがこれらの神々の特徴を受け継ぎながら、古代イスラエル人に新たな神として崇拝されたのか？　これらを理解するために、セム語系民族アムル人の軌跡から、ヤハウェが誕生した理由の話をしよう。

ヤハウェや悪魔サタン、契約の箱『アーク』の起源を考察する

アナトリア地方が起源のセム語系遊牧民「アムル人」たちは、時代を経て中東から古代エジプトに大量に移住したと話したが、そんなアムル人のエジプト移住のタイミングのしばらくあと、イスラエル人の祖「ヤコブ」が名前にあるファラオ「ヤコブ・ハー（Yaqub-Har）」が、古代エジプトで誕生する。そして、彼らは、エジプト第18王朝の中核を担うようになるのだ。それが分かるように、第18王朝の時代に「アムル人（Amorite）」を示唆する「アモン神（Amun/Amen）」が、太陽神ラーと同格の最高神となる。そして、「トトメス／トトモーセ3世」というファラオの時代に、エジプト第18王朝の勢力は、中東のシリア地方まで拡大し、「アメンホテプ3世」の時代には、豪華な神殿がエジプト内外に建設され、第18王朝の絶頂期を迎えた。

しかし、アメンホテプ3世の息子でモーセのモデル「アクエンアテン」の世界初の一神教政策が、国内の混乱を招き、アクエンアテンの息子「ツタンカーメン」を含めたエジプト第18王朝は、次の第19王朝の革命により敗北してしまう。

ちなみに、アクエンアテンとその軍勢が、エジプトから中東へ逃げるのを察知した第19王朝は、それを食い止めるのだが、その役割を果たしたのが「セティ1世」というファラオだ。そして、このセティ1世の「セティ」という名前が、聖書での悪魔の名称「サタン」の起源だ。

というのも、古代のヘブライ語で「サタン」は、悪魔を意味しておらず、単純に「敵対者」または、「道をふさぐ者」という意味であり、モーセのモデル「アクエンアテン」と第18王朝の残党たちから見た「セティ1世」そのものだからだ。

つまり「サタン」とは、アクエンアテンの死後、中東で旧約聖書を編纂するエジプト第18王朝の残党たちが、セティ1世の「セティ」という名前を「敵対者／道をふさぐ者」として使った名残りの言葉なのだ。そして、実際に、第18王朝の残党が、イスラエル人に、なるという流れと合うように、第19王朝のセティ1世のすぐのちのファラオ「メルエンプタハ」のタイミングで、「イスラエル人」という民族が歴史に初登場し、憎き第19王朝に刃向かうのだ。

そんなセム語系アムル人の血が入ったエジプト第18王朝の残党が、イスラエル人という新たなアイデンティティーと共にヤハウェという唯一神を崇拝するようになるのだが、「ヤハウェ」という名前が使われたのは、最古でも紀元前1500～1200年の間だとされ、これはエジプト第18王朝の存続期間とほぼ同じだ。

また、ヤハウェは「Yahweh」と表記するが、旧約聖書の物語でモーセが、ヤハウェの名を聞いた際、ヤハウェは「私は在る、在るという者だ」と言った、と書かれている。面白いことに、セム語系遊牧民のアムル人たちには、「Yahweh」とよく似た「Yahwi」という言葉があり、意味が「存在する／生まれる」だ。

そう、アムル人の「Yahwi」という言葉は、ヤハウェという名前と「私は在る」という意味と完全に合致する。このことから、ヤハウェは、アムル人起源だとも言われている。これは、少し前に話した、ヤハウェはアムル人が崇拝した「ベル・サディ」と同一の神という話とも合致する。

しかし、ヤハウェと同一とされる神は、アムル人がエジプトへ渡り、中核を担ったエジプト第18王朝の神「アモン神」もだ。というのも、古代イスラエル人の祖・モーセの頭に角が生えているのは、エジプト第18王朝のアモン神の名残りだからだ。

ミケランジェロのモーセの彫刻にあるように、モーセはたびたび、角がある状態で描かれることがある。これは、モーセのモデル「アクエンアテン」を含めたエジプト第18王朝の最高神アモンが、山羊や羊の角があるからだ。

また、ヤハウェは十戒を貫いに来たモーセには姿を見せたが、それ以外の者には現れなかった。アモン神も、「バーク」というお神輿のような移動式の社で、各地を巡礼する際、民衆から姿を隠されていた。このことから、アモンという名前には「見えざるもの」または「隠されたもの」という意味がある。

これは、旧約聖書でのヤハウェのキャラクター設定と全く同じ。また、あとで詳しく話すが、このアモン神の移動式の社こと「バーク」の特徴は、聖遺物を入れるためだけでなく、ヤハウェの玉座として使われる、旧約聖書の記述通りの「契約の箱アーク」と同じ構図である。

しかし、歴史上、アクエンアテンはアモン神の信仰を否定し、アテン神という新たな神を、唯一神として崇めたのに対し、アクエンアテンをモデルにした「モーセ」は、角があるアモン神がモデルのヤハウェを崇めている。と言うのは、矛盾に思えるかもしれない。しかし、旧約聖書は、アクエンアテンがアモン神の信仰を排除した事実に合わせて、モーセの兄「アロン」が崇めていた牛の彫刻を破壊している。アモン神はミンという神と融合し牛の象徴もあることから、旧約聖書はモーセの牛の偶像崇拝への怒りの描写を通してアモン神の排除も表しているのだ。

つまり、ヤハウェのモデルはアモン神なのか？

そっくりそのままではないが、アモン神の一部の特徴を引用したのは間違いないと言える。というのも、ここに書けなかった神々も含め、ヤハウェは多くの古代神と同一とされているからだ。だからこそ、旧約聖書でのヤハウェのもう一つの呼び名「エロヒム」の意味が単数の「神」ではなく、多数形の「神たち」なのだ。つまり、旧約聖書の編纂者は、「アクエンアテン」が始めたアテン神の「一神教システム」と「アモン神」の「見えざるもの」としてのキャラクター設定を、先ほどの「エロヒム」こと「神々の集合体」に当てはめ、エジプト第18王朝の事実を基にした新たな神話を広めることにより、中東で、信仰も民族名もバラバラになってしまった「アムル人」と「エジプト第18王朝」が起源の同志たちを、もう一度、ひとつにまとめる狙いがあったと考えられる。

では、ここまで「モーセ」と、唯一神「ヤハウェ」を通して「古代イスラエル人・アムル人と混血したエジプト第18王朝起源説」を話してきだたが、ダビデ王とソロモン王も同じく、エジプト第18王朝のファラオがモデルだ。それぞれ、「トトメス／トトモーセ3世」と「アメンホテプ3世」をモデルにしている。

このように旧約聖書に出てくる神や人物がエジプト起源になっているケースは枚挙に遑がない。前述したダビデ王はエジプトのファラオであるトトメス3世がモデルと言えるし、映画・インディージョーンズなどでも有名になった聖遺物『アーク』そのものは、エジプト第18王朝の移動式の社であるバークがモデルになっている。

ちなみに、このエジプト第18王朝の移動式の社「バーク」が、日本のお神輿と京都の祇園祭の起源だと私は考察している。

バークは、ときに、台車を使い縄で引いて移動していたのがわかっており、その姿は、祇園祭での船鉾とよく似ている。また、祇園祭の起源である祇園社こと八坂神社で祀られた守護神は「牛頭天王《ごずてんのう》」と呼ばれ、牛頭天王の頭の上の牛の顔は、アモン神のそれと瓜ふたつなのだ。ここでは深く話さないが、日本人の多くがエジプト第18王朝の末裔でもあるため、エジプト第18王朝を起源にする古代イスラエル人（ユダヤ人の祖）との同祖説が誕生したと言える。

ソロモン王に『モデル』。つまり、エジプト18王朝史が旧約聖書の『モチーフ』

ダビデ王がトトメス3世である証拠は、アマテラス解体新書にて詳しく解説したが、その息子の賢王ソロモンについては多くは語っていなかったので本書で簡単にまとめておきたい。

旧約聖書でのソロモン王はダビデ王が獲得した国外の領地と富をそのまま受け継ぎ、他国の姫たちと婚約し、一切の戦争を経験することもなくソロモン神殿を建てるのだが、アメンホテプ3世もトトメス3世の領地をそのまま受け継ぎ、他国の姫たちと婚約し、一切の戦争を経験することもなく今までにない豪華な神殿をエジプト帝国内に多く建設する。そう、2人の人生は全く同じだ。

また、聖書には、ソロモン神殿の構造の詳しい説明が書かれているが、アメンホテプ3世が建設した、いくつかの神殿には、ソロモン神殿と同じ特徴があると歴史研究家から指摘されている。

歴史作家オスマン氏によると、テーベの丘にある「メディネト・ハブ」というアメンホテプ3世が建てた神殿の「ミギドル門」、「奥の院（a holy of hollies)」、「金庫」、そして、2本の柱の彫刻は、ソロモン神殿で説明された構造と全く同じ特徴だと主張している。

また、旧約聖書の物語にはソロモン王の神殿に、シェバ／シバというエチオピアの女王が初めて訪れた際、彼女は神殿のガラスタイルの床に描かれる水の模様と魚の絵が本物だと勘違いし、サンダルを脱ぐという場面がある。現在、水の模様や魚が描かれたタイルの床を持つ古代遺跡は世界でたったひとつ、アメンホテプ3世の「マルカタ神殿」にしか存在しない。

旧約聖書で、ソロモン王はフェニキア人のティルス王国からレバノン杉を得ることでソロモン神殿を建てたとあるのだが、エジプト第18王朝とフェニキア人との関係はどうだったのか？

古代エジプトとフェニキア人の国々は、エジプト第18王朝以前から良好な関係を築いており、その中でもティルス王国と貿易を盛んに行っていた証拠が残っている。その証拠に、クフ王のピラミッドの地下で発見された巨大な船（太陽の船）は、ティルスから輸入されたレバノン杉で作られている。

エジプト第18王朝時代のティルス王国は、ダビデ王のモデル・トトメス3世の勢力拡大に伴い、紀元前1400年辺りまでエジプト王朝の傘下であった。それゆえに、アメンホテプ3世統治時代のティルスの王は、エジプト第18王朝に忠誠を誓っていた記録が残っている。

ソロモン王のモデル・アメンホテプ3世説は名前でも繋がる。

旧約聖書のソロモン王の「Solomon」という名前は、生まれ持った名ではなく、現在のアラビア語の「Salam（サラム）」または、ヘブライ語の「Shalom（シャローム）」という「平安」を意味する言葉が元とされる。

中東の国々を統治したダビデ王の帝国を、そのまま引き継いだソロモン王の時代は、戦争がなく平和だったためにその名称が付けられた。しかし、その「平安」の時代は、ソロモン王のモデルのアメンホテプ3世の時代も同じ。そんなアメンホテプ3世の名前は「Amenhotep」。古代エジプトの音で表すと「Ymn Htp」。そして、この「Amen」と「Hotep」に分けることができ、古代のエジプトで「Amen」はアモン神を表しHotepは「平安」を意味する。

そして、アメンホテプ3世が統治していた当時のヘブライ語で「平安（Hotep）」は「Salim（平安と同義）」と発音された。つまり、エジプト第18王朝の統治下にあった中東でのアメンホテプ3世は、「Amen Salim」または、その逆の「Salim Amen」と呼ばれていたとされる。そして、この「Salim Amen」を繋げて読むと、「Salimamen」となり、これが数百年を経て訛り旧約聖書で「Solomon/Salomon」つまりソロモンとなった可能性があると、歴史研究家たちから指摘されている。

天孫族が受け継ぐ古代エジプトの神々の系譜

アクエンアテンとモーセの人生の類似など、ここでは説明しきれていない証拠の詳細は、アマテラス解体新書で書いたために割愛するが、ここまでの「アクエンアテンとモーセ」、「トトメス3世とダビデ王」、そして、「アメンホテプ3世とソロモン王」の同一説を通じて、古代イスラエル人はエジプト第18王朝の史実を元に旧約聖書を書いたというのが理解できたと思う。

そして、唯一神ヤハウェこと「エロヒム」が、アムル人と繋がる中東の神々と、エジプト第18王朝のアモン神を合わせた「神々の集合体の名称」ということから、「古代イスラエル人・アムル人と混血したエジプト第18王朝起源説」も筋が通るのも分かるはずだ。

では、改めて天孫・大和民族も、古代イスラエル人と同じくアムル人を祖に持つことが理解できたはずだ。それゆえに、日本神話は、エジプト第18王朝の歴史を旧約聖書ほど引用していない代わりに、古代エジプトの神々の系譜を引用している。その神々こそが「別天津神《ことあまつかみ》」だ。

まず冷静に考えて、なぜ天照大神が最高神なのか？

もちろん天照大神は、神話で重要な役割を担ったが天照大神が神々の最上格ではない。造化三神を含めた、別天津神という天照よりも格上の神々が日本神話には存在する。

別天津神の構図

混沌から天地開闢《てんちかいびゃく》を行う造化三神《ぞうかさんしん》が「天之御中主《あめのみなかぬし》・高皇産霊神《たかみむすびのかみ》・神皇産霊神《かみむすびのかみ》」の順で出現し、そののち、宇摩《うま》志阿斯訶備比古遅神《しあしかびひこぢのかみ》と天之常立神《あまのとこたちのかみ》が姿を現すが、この5柱の神々は直ぐに姿を隠します。そこから国常立尊《くにのとこたちのみこと》と豊雲野神《とよくものかみ》が出現したのち身を隠し、最後に男女神が計5組(10柱)誕生。この5組目が伊弉諾《いざなぎ》と伊奘冉《いざなみ》である。この「出現しては直ぐ隠れる」という神々の動きは、伊弉諾まで続く神々の世代交代を表しているとされる。

では、日本神話の天地開闢と同じように、古代エジプトにも天地創造神話が存在する。しかし、日本神話と違い、地域や時代により創造神が入れ替わっており、アトム（Atum）、ラー（Ra）、タテネ（Tatenen）、プタ（Ptah）、アモン（Amun）という、数柱の創造神がいるだけでなく、アトム・ラー（Atum-Re）やプタハ・タテネ（Ptah-Tatenen）

天之御中主

天地開闢の造化三神の始まりを担う神。結論から言うと、天之御中主をはじめとした別天津神に投影しているのは古代エジプトの神々で、造化三神に関しては基本的には『アトム、ラー、タテネ』の三神がそれぞれ対応する。天之御中主はアトム。後に出てくる国常立尊とも同一視される場合もある。

高皇産霊神

この神に対応するエジプト創造神はラー。天照大神と同一視する解釈があるのは、モデルとして投影しているラーが太陽神であるのも理由だが、天照大神のモデルであるアリアンナと同一で、高皇産霊神のモデルともされる女神ハナハナに起因するのでその解釈は矛盾しない。

神皇産霊神

古代エジプトの創造神タテネが、神皇産霊神に対応する。出雲系の祖神として葦原中国の国津神の手助けをする描写があり、これは大地神タテネの神性と合致する。

という2柱の神々が融合した創造神も存在している。
先に答えを言うが、この古代エジプトの創造神たちのなかで、起源が古い三柱の神々を順に並べたもの、つまり、「アトム→ラー→タテネ」が造化三神「天之御中主→高皇産霊神→神産巣日神」と対応する。言わば、古代エジプトの創造神の寄せ集めが造化三神だ。そして、これを基準とすることで、別天津神とは、時代と共に移り変わった古代エジプトの神々の構図を表したものだと分かるだろう。

古代エジプトの最も古い天地創造は、混沌を擬人化した「ヌン」という存在がおり、そこから自分自身で、自らの中から誕生したのが創造神アトム。この原初の神アトムが「天之御中主《あめのみなかぬし》」の根本的なモデル。自らの『中』から誕生したために「天之『御中』主」なのだ。次に古い創造神が太陽神として有名な「ラー」で「高皇産霊尊」のモデル。次に古い創造神が「上がる大地」または「偉大な地上」という意味の名を持つ「タテネ」が神産巣日のモデル。地上こと葦原中国《あしはらのなかつくに》にいる国津神《くにつかみ》を助けるため、出雲系の祖神とも見られる神産巣日神だが、その伝説と合うのが大地神で創造神のタテネだ。

ひとまず、古代エジプトの創造神「アトム、ラー、タテネ」が造化三神の構図のモデルだとして、そののちに出現した2柱「宇摩志阿斯訶備比古遅神《うましあしかびひこぢのかみ》と天之常立神《あめのとこたちのかみ》」の起源を話そう。
宇摩志阿斯訶備比古遅神《うましあしかびひこぢのかみ》は、世界がまだ浮きただよっていた時に「葦の芽のように伸びる物によって成った神」とされる。そして、古代エジプトにおいて「葦の芽」の様に『何か』が「伸びる」姿をした、「ラー」などの創造神達と肩を並べた神はひと柱しか存在しない。それが「アテン神」。モーセのモデル「アクエンアテン」の時代にのみ崇拝されたのがアテン神なのだが、その無数に伸びた手は、宇摩志阿斯訶備比古遅神の由来と一致する。次に生まれた「天之常立神《あめのとこたちのかみ》」は、『新撰姓氏録《しんせんしょうじろく》』に登場する「天底立命《あまのそこたちのみこと》」という「底」が使われた神と同一とされる。古代エジプトにおいて創造神と同等の重要さを誇り、世界の底を担当する神は「アペプ」しか存在しない。

時代と共にアペプは地底世界の蛇として悪者にされたが、ヤハウェと同一の創造神「ユグドラシル」の起源と繋がる地球神だ。そして、アペプが粉々に切り裂かれることにより始めて『宇宙』が誕生したとされる神話もあることから、元を介せば、創造神と並ぶ重要な神である。つまり、一時期、重要視された古代エジプトのマイナーな二柱の神「アテン」と「アペプ」を、表したのが日本神話での「宇摩志阿斯訶備比古遅神《うましあしかびひこぢのかみ》」と「天之常立神《あめのとこたちのかみ》＝天底立命《あめのそこたちのみこと》」だと言える。そんな原初5柱の神々の後に出現したのが、神世七代・最初の神「国常立尊《くにとこたちのみこと》」。

古事記では、出現したのに『姿は表さなかった』と書かれており、日本書紀では、国常立尊が天地開闢《てんちかいびゃく》の際に現れた最初の神だとされる。また、伊勢神道の影響を受けた吉田神道は国常立尊を「天之御中主《あめのみなかぬし》」と同一として見ている。そんな不思議な側面を持つ国常立尊だが、これらの証言が全て『間違いではない』と証明できる神が古代エジプトに存在する。それがエジプト第18王朝の最高神アモン。

「古代イスラエル人・アムル人と混血したエジプト第18王朝起源説」で話したように、アモン神のアモンの意味は「隠れる者」で、これは古事記の出現したのに『姿は表さなかった』という「国常立尊」の特徴とも合致する。またアモン神の信仰では、アモン神が原初の神だと信じられていたため、日本書紀での『天地開闢の最初の神』という設定も、吉田神道で言われる『天之御中主と同一』という主張も間違いではないのだ。

そんな国常立尊から「神世七代《かみよしちよ》」という神々の世代交代の系図が続くが、古事記と日本書紀では構図が少し違う。古事記では独神が2代続いたのち、男女神が5世代いるのに対し、日本書紀では独神が3代続いたのちに、男女神が4世代存在する。この理由は、古事記と日本書紀が引用した、創造神「アトム・ラー・タテネ」の『のち』に崇拝された「新しい創造神から続く神々の系譜」が違ったからだ。言い換えれば、古事記と日本書紀は、種類が違う古代エジプトの神々の系譜をそれぞれの「神世七代」に引用しているということだ。

地域や時代によって古代エジプトの創造神が変わるのだが、もちろん創造神が変われば、そののちに続く世界観や神々の系譜も変わる。そして、数種類ある世界観の中で「メンフィテ派（Memphite）」と呼ばれる神々の系譜を引き継いだのが「古事記の神世七代」。「オグドード派（Ogdoad）」と呼ばれる世界観を引き継いだのが「日本書紀の神世七代」だ。

あとでより理解できると思うが、古事記と日本書紀で共通しているのは、新しいエジプトの創造神から続く神々の系譜を、1代目の神世七代「国常立尊」から当てはめているということ。言い換えれば、国常立尊をアモン神のモデルとしながらも、国常立尊とエジプトの新しい創造神を同一として見ているということだ。

古事記が継承したエジプト・メンフィテ派の神世七代

ではまず、古事記が継承したメンフィテ派の神々の系譜は、二柱の神タテネとプタが融合した「プタ・タテネ(Ptah-Tatenen)」という『新たな』創造神から始まる。

神世七代の1代目・国常立尊の名前は「大地が上がる」という意味で、メンフィテ派の創造神プタ・タテネの「タテネ」の意味「上がる大地」が由来だというのがわかる。創造神プタ・タテネの次は、アトムとラーが融合した神「アトム・ラー（Atum-re）」が続き、そのあとに、男女神「シューとテフヌト、ゲブとヌト、オシリスとイシス、セトとネフィシス、ホルスとハトホル」が5組続く。つまり、独神×2、男女×5組となり、この構図は古事記の神世七代「独神が2柱、男女神が5組」と完全に一致する。

もしそうだとすると、5組目の男女神「伊弉諾《いざなぎ》と伊奘冉《いざなみ》」は、古代エジプトの「ホルスとハトホル」と同一となる。実際に、伊弉諾は左目から天照大神、右目から月読《つくよみ》を生むという神話があり、これは左目が太陽と月であるホルスと同じ。

また、ホルスの妻ハトホルは『冥界へ導く神』であるため、冥界こと黄泉国《よみのくに》へ行く女神・伊奘冉《いざなみ》とも一致するのだ。伊弉諾・伊奘冉は、他の古代神の物語も引用しているので、ホルス神と全てが合致とは行かないが、神世七代とメンフィテ派の神々の家系図の完全な一致から、少なくとも、古事記はエジプト神話の一部を引用したのは間違いないと言える。

日本書紀が継承したエジプト・オグドード派の神世七代

オグドード派は創造神プタ・タテネを別々で扱っている。創造神タテネが最初に生まれたのちに、プタが生まれ、次にアモン・ラーが誕生。そこから男女神4組が生まれ世界を構成している。この構図は日本書紀の「独神×3柱、男女神×4柱」と同じなだけでなく、独神として追加された2番目のプタは、日本神話での2番目の独神「国狭槌尊《くにのさつちのみこと》」とも繋がる。というのも、国狭槌尊《くにさつちのみこと》には「槌」がありますが、槌（ハンマー）は何か作る道具。これと合うように、オグドード派の2番目に誕生したプタは「彫刻の職人」という肩書きを持っている。また、プタと同一の古代ギリシャの神「パイストス」も鍛治の神である。

アマテラス解体新書で書いたため、ここでは詳しい説明は割愛するが、オグドードの「男女4組」の思想は、陰陽道の「八将神《はっしょうじん》」という思想の土台になっただけでなく、仏教思想の一つ、八方の方角を護る「八方天《はっぽうてん》」の由来でもある。そして、この八方天の中に「伊舎那天／イザナテン／イシャナテン／Isana」という天神がおり、南北朝時代の公卿であり歴史家として知られる北畠親房《きたばたけちかふさ》の神皇正統記《じんのうしょうとうき》などで言われているように、伊舎那天《いしゃなてん》は「伊弉諾／イザナギ」のサンスクリット語名だと述べられている。

つまり、伊舎那天＝イザナギだということ。古事記の神世七代がメンフィテ派の神々の系譜を引用し、オグドードが八将神を土台にしている所から、仏教の八方天の伊舎那天が伊弉諾の名前の起源だという説は十分に有り得るのだ。

別天津神対応表　その１

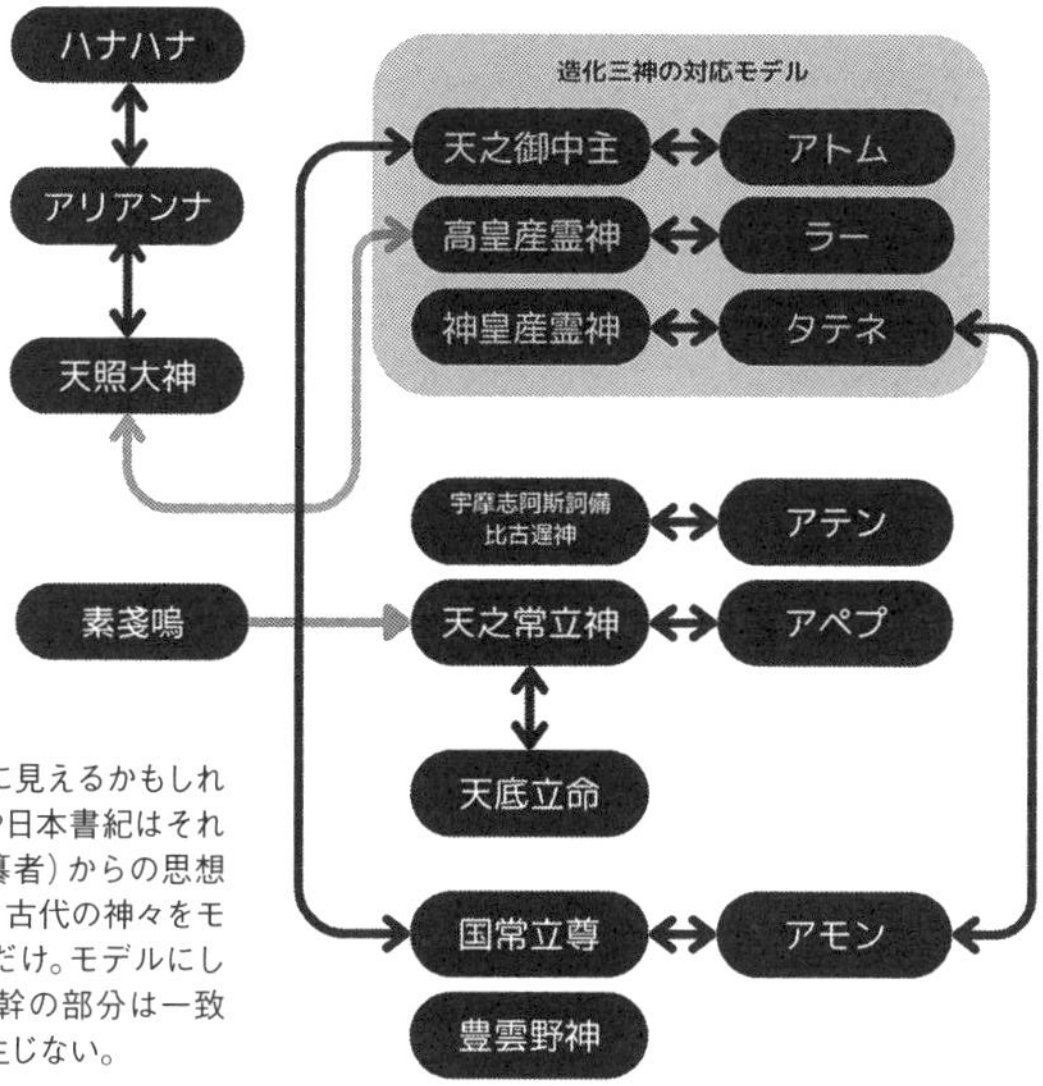

一見すると複雑に見えるかもしれないが、古事記や日本書紀はそれぞれの立場(編纂者)からの思想や信仰に基づき、古代の神々をモデルにしているだけ。モデルにしている神々の根幹の部分は一致するため矛盾は生じない。

古事記の神代七代（メンフィテ派）

国常立尊	プタ・タテネ
豊雲野神	アトム・ラー
宇比地邇神 須比智邇神	シュー テフヌト
角杙神 活杙神	ゲブ ヌト
意富斗能地神 大斗乃弁神	オリシス イシス
淤母陀琉神 阿夜訶志古泥神	セト ネフィシス
伊弉諾 伊奘冉	ホルス ハトホル

日本書紀の神代七代（オグドード派）

国常立尊	タテネ
国狭槌神	プタ
豊斟渟尊	アモン・ラー
泥土煮尊 沙土煮尊	シュー テフヌト
大戸之道尊 大苫辺尊	ゲブ ヌト
意富斗能地神 大斗乃弁神	オリシス イシス
面足尊 惶根尊	セト ネフィシス
伊弉諾 伊奘冉	ホルス ハトホル

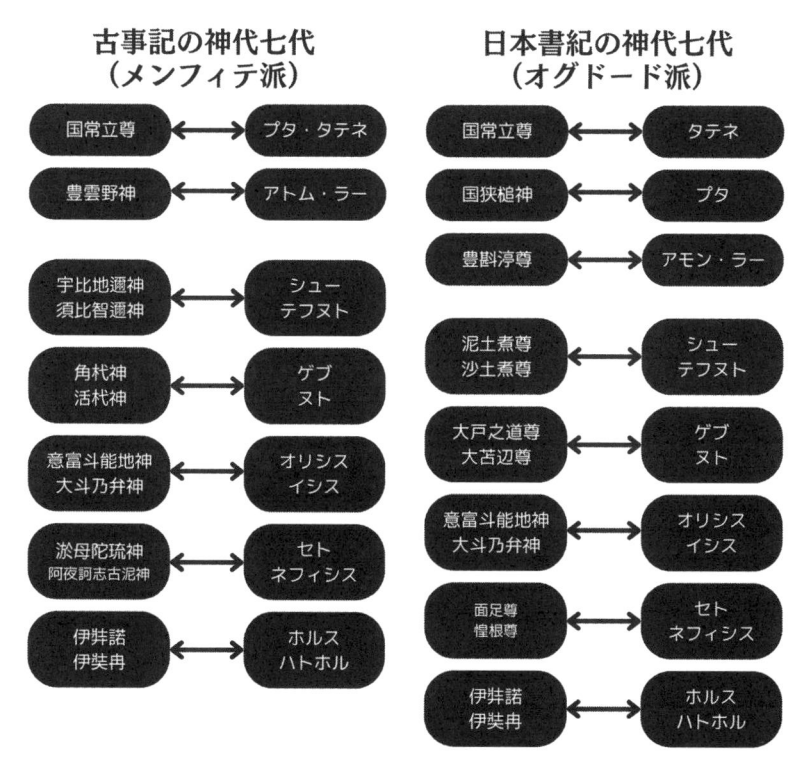

エジプト第18王朝から周。周から日本。歴史の大事な方程式

では、ここまで日本神話の別天津神《ことあまつかみ》と、古代エジプトの神々の構図の一致から、日本神話がエジプト神話を引用していることは間違いないというのが分かった。そして、日本神話がエジプトの神々を引用する理由は、日本神話を書いた天孫・大和民族の祖が、古代イスラエル人と同じく、古代エジプト、特に、エジプト第18王朝と深い縁がある「アムル人」だからだ。とは言うものの、日本神話は、旧約聖書ほど、エジプト第18王朝の栄光に焦点を当てていない。この理由は、あとで分かるだろう。

では、次にヤマァド王国から古代エジプトへ移住した天孫・大和民族の祖が、東アジアへ移住し周王朝を建国するまでの話をしよう。

アムル人の血が入ったエジプト第18王朝が、次のエジプト第19王朝に敗北し、しばらく経ったのちに中東に残ったエジプト第18王朝の残党たちは、「海の民」と呼ばれる海洋民族の襲来に合う。それにより、多くの民が東アジアへ移住した。そして、その絶妙なタイミングで東アジアに建国されるのが「周王朝」だ。エジプトからの移住者が中国大陸の周を建国したというのは信じ難いかもしれないが、それを証明する証拠がいくつも存在する。

① 周王朝の時代から始まった中国の年越しの祭り「春節／グゥオ・ニアン（Guo Nian）」で行われる、怪物を追い払うための、玄関に飾る赤い「ドゥリアン（Duilian）」などの風習は、エジプト第18王朝の末裔「イスラエル

人」の過越の祭りで行われる「子羊の血を家の玄関の柱に塗る」風習と同じ。

②ユダヤの暦過越の祭りの月「Nisan」と、古代中国の怪物「ニアン（Nian）／年獣」の別名「ニアン・ショウ（Nian shou）」との一致。

③古代エジプトで行われた赤い蛇アペプ退散の儀式が、中国の年越しの祭りでの怪物「ニアン（Nian）」の起源

④龍型のヤハウェ「デミウルゴス」と古代中国の怪物「ニアン（Nian）」の起源は、古代エジプトの伝説

⑤司馬遷《しばせん》が史記で書いた周王朝の前身の国「夏」の地理的特徴「北へ伸びる川は、9つの川に分かれ、最後は海へ流れる」は、古代エジプトのナイル川しか当てはまらない。

⑥海の民の侵入と周王朝建国のタイミングの一致、並びに、それを示唆する周王朝の始祖の王「古公亶父《ここうたんぽ》」の伝説

⑦考古学的に証拠がない「黄河の大洪水」を解決した「禹」伝説は、古代エジプトのナイル川洪水対策からの引用

⑧周王朝の王家「姫一族《きいちぞく》」の祖「后稷《こうしょく》」伝説と、后稷伝説と同一とされる東明伝説《とうめいでんせつ》が、モーセの物語と似ている

などが挙げられる。

これらの証拠から、古代エジプトからの移民が、古代中国の周王朝を建国したというは否定出来ないほどなのだが、この古代エジプトの儀式が、周王朝経由で日本に伝わったのが、牛頭天王《ごずてんのう》の「蘇民将来伝説《そみんしょうらいでんせつ》」だ。牛頭天王の姿は、エジプト第18王朝の最高神アモンと類似しており、牛頭天王の祭り「祇園祭」の起源が、アモン・ラーの移動式の社「バーク」だということから分かると思うが、蘇民将来伝説が「古代イスラエル」の過越の祭りと似ていると指摘される理由は、どちらも起源が同じエジプト第18王朝だからだ。

ここまでくれば、日ユ同祖論として語られる都市伝説の真実が見えたかと思う。ユダヤ人と呼ばれる人々の祖がエジプト第18王朝。そして、めぐりめぐって、日本建国の祖となる一族もエジプト第18王朝を起源としているからだ。ユダヤの祖がそれであるならば、習慣や風習、信仰などの奇妙な合致が見られるのも当然なのだ。

では、古代エジプトから、古代中国へ渡り周王朝を建国した元アムル人系の人々だが、この周王朝の王家「姫」一族が、現在の皇室の祖である。そして、日本神話の神武天皇から続く歴史は古代中国史を基盤に描かれている。それを証明してくれるのが、古史古伝の「ウエツフミ」だと前著のアマテラス解体新書にて解説させていただいた。

細かな解説は本書では割愛するが、ウエツフミによると、鸕鷀草葺不合尊朝《うがやふきあえずちょう》は女帝も含めて74代続き、神武天皇はその62代目だとされる。一方、古事記などの日本神話で神武天皇は、鸕鶿草葺不合尊《うがやふきあえずのみこと》の4人息子の1人だとされている。これらの記録を元に紐解いていくと神武天皇の正体が見えてくる。

本書では大小の過程をすっとばして結論から言うと、西周王朝の姫発こと「武王《ぶおう》」が、神武天皇のモデルと考察している。そうなると欠史八代《けっしはちだい》と呼ばれる、神武天皇から連なる皇統のモデルも見えてくる。

神武天皇《じんむてんのう》のモデルとなった人物と日本武尊《やまとたけるのみこと》の正体

その武王が周王朝、別名、西周を初めて建国してから国王は武王を含め全部で12代続く。しかし、問題だったのは、10代目の王が暴君だったので周の国内で暴動が起こり、王は逃げてしまう。これにより、10代目の後は共和制となる。そこからしばらくのち、11代目の王が王座に着くが、国は不安定のまま変わらず、12代目の王も、不思議な王だったため革命を起こされる。そして、その革命を起こしたのが、13代目の王となり、新たに東周を建国する「平王《へいおう》」なのだ。彼は他民族と結託し、西周と戦い勝利するわけだが、その革命に伴い当時の西周の首都が破壊された。それゆえに、都を東に移し、そこで東周を新たに建国する。

では、改めて、「姫《き》」一族が後に日本神話を編纂する天皇家の祖だとすると、都合が悪い歴史は、周王朝衰退を早めた10代目から12代目の王たちだ。そのため、歴史の汚点となる、この10代目と12代目の王を記録から抹消すると、ちょうど10代目に繰り上がるのが、先ほど話した、新たに西周を建国する「平王《へいおう》」になる。

そして、この平王が、日本神話で神武天皇から10代目にあたる崇神天皇《すじんてんのう》のモデルだ。それ故に、西周の建国者「武王」をモデルとした神武天皇と、東周の建国者「平王」をモデルにした崇神天皇の二人に「初めて国を作った」を意味する「御肇国天皇／始馭天下之天皇／はつくにしらすすめらみこと」という別名が付いている。

結論として、ウエツフミなどの古史古伝で語られる鸕鷀草葺不合尊《うがやふきあえずのみこと》は、周王朝の王家「姫一族」の歴史を土台に書いているといえるのだ。

この事実から分かることは、古事記で書かれる日本神話は、この男系約55代の周王家の歴史を隠し、鸕鶿草葺不合尊という1人の天皇にまとめたということだ。その代わりに、西周の建国者の武王を神武天皇のモデルにし、東周の建国者の平王を崇神天皇のモデルとして、日本神話に書き記したと言える。

日本武尊の根源的モデルは斉の桓公、東周の釐王。そう書くと直接的な『正体』と勘違いする人がいるかもしれないが、これは記紀がモデルとして採用・投影しただけで、後の時代の人が記紀の『日本武尊』をモデルにして誰かを表現することもある。

もし、ここまでの話が本当であれば、日本神話で書かれた崇神天皇以降の物語と、崇神天皇の起源「平王」から始まる東周の歴史は繋がるのか？ もちろん、繋がる。むしろ、日本神話で人気な「日本武尊《やまとたけるのみこと》」の起源や、彼と戦った「熊襲《くまそ》」と呼ばれる人々の正体も分かる。ただ、ウエツフミなどの約55代（この代数の計算方法も明確にある）

もの王たちを「鸕鷀草葺不合尊《うがやふきあえずのみこと》」という天皇一人だけで省略している所から分かるように、従来の日本神話は日本列島にいた周王朝出身以外の民族も、考慮して書かれている。

かの有名な、日本武尊のモデルについてかいつまんで書いておこう。斉の「桓公《かんこう》」は、成務天皇《せいむてんのう》のモデル、東周13代目の釐王《きおう》と協力し、クマソタケルのモデルの「楚《そ》」討伐に成功。そして、この斉の「桓公」と東周の「釐王《きおう》」、この二人の実話を足して完成したのが有名な古事記の逸話「日本武尊《やまとたけるのみこと》」の物語だ。

神武天皇・崇神天皇はそれぞれ、西周と東周の建国者がモデルだが、彼らの共通点は、名前に「神」が使われていること。名前に「神」が付く『天皇』は、神武天皇《じんむてんのう》・崇神天皇《すじんてんのう》・応神天皇《おうじんてんのう》の3代しか存在しない。神が名前に付く天皇は、王朝の「建国者」という法則がある。

応神天皇《おうじんてんのう》のモデルは秦始皇帝《しんのしこうてい》

ちなみに応神天皇のモデルはかの秦始皇帝だ。これについては、考古学の分野でも議論されているようだが、明確な論拠を私はすでに前書で提出している。関わりのあるところで付け加えると、古事記に再三登場する武内宿禰《たけのうちすくね》という人物は秦の宰相であった呂不韋《りょふい》がモデルとなる。

呂不韋の元妻&皇后「趙姫《ちょうき》」の夫「荘襄王《そうじょうおう》」が早くして亡くなったために、趙姫は女性として元夫の呂不韋との関係を密かに戻してしまう。

しかし、のちの始皇帝こと息子の「政《せい》」が成長するにつれて、王の補佐による皇后との肉体関係がバレるのは、危険だと呂不韋は作戦を練る。呂不韋が「趙姫」を遠ざけるために取った作戦が、「立派な逸物」を持つ男を、趙姫に紹介するということ。密やかに夜の営み行わせる必要があったため、呂不韋はその男を去勢されたように偽装させ、男子禁制の奥宮に通し、皇后・趙姫と密会させた。そして、趙姫は、その男の逸物に夢中となり、二人の子を産む。しかし、のちの始皇帝・政が王に即位したのち、その密会がバレてしまい、行き場の失ったその男は、政に対し謀反を起こした。しかし、すぐに鎮圧され彼の二人の息子も罰せられた。呂不韋は、これまでの功績を重んじた政により減刑で済んだのだ。

そんな呂不韋《りょふい》は、人生の晩期も得意な交渉術を活かし名声を上げていたが、あまりの名声の高さに政は呂不韋が謀反を企てていると考えるようになり、詰問状を送ったのち、流刑を呂不韋に言い渡す。政の行動に絶望した呂不韋は、自ら毒を飲みその生涯を終える。その一方、政は秦王として中華統一を成し遂げ「秦始皇帝《しんのしこうてい》」と名乗る。

王という位は、元々、周が使っていた最高権力の称号だったが戦国時代を経て王を名乗る者が増えたため、新たに王の上に君臨する「皇帝」の称号を、自らに与えた。そのため始皇帝と呼ばれている。万里の長城の建設など、政こと始皇帝が行ったことは多いのだが、彼は家柄ではなく、能力主義を基盤に国を発展させたと言われている。つまり、秦王朝以外の国々の民も利用したということ。そして、統一者となった始皇帝に、多くの使者が訪れたのは言うまでもない。もう分かると思うが、日本神話での「仲哀天皇《ちゅうあいてんのう》・神功皇后《じんぐうこうごう》・武内宿禰《たけのうちすくね》」の物語がモデルにしているのは、「荘襄王《そうじょうおう》・趙姫《ちょうき》・呂不韋《りょふい》」の実話で間違いない。

まとめると、

「皇后を補佐する権力者の存在」
「皇后の補佐の子が天皇に即位」
「王様崩御後の他国との戦い」
「王座に着けない皇后の息子二人による謀反と鎮圧」
「勝手に謀反を起こすと思われる皇后の補佐」
「外国人投与による国の発展」
「多くの来訪者」

など多少の違いはあれど「仲哀天皇・神功皇后・武内宿禰」の物語は「荘襄王・趙姫・呂不韋」の実話と合致する。そして、これにより、応神天皇に「神」が使われている理由がわかるのだ。

応神天皇を抜いて、神武天皇と崇神天皇のみに「神」は使われており、彼らはそれぞれ「西周」と「東周」の建国者がモデル。つまり、天皇名の「神」は「建国者」の証だ。また、この法則と合う様に、応神天皇のモデルは「秦始皇帝」という秦統一王朝の「建国者」のため、天皇名に「神」が使われている。また、応神天皇が「軍神・八幡神《やわたがみ》」として祀られるようになった理由は、彼のモデルが軍事力で中華統一を果した「始皇帝」だからだ。

また、「八幡（やはた／やわた）」という名前の由来は、日本神話で神功皇后が応神天皇を産んだ時に「屋根の上

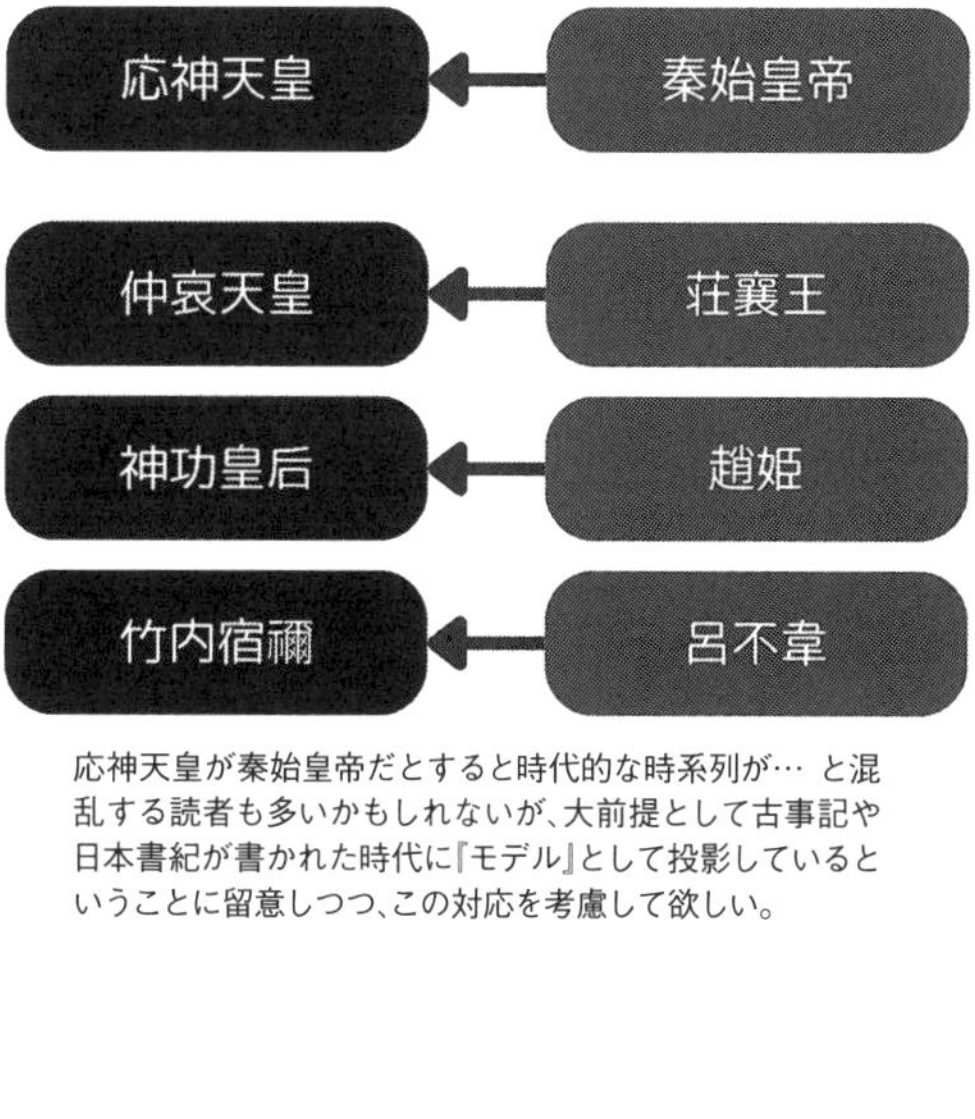

応神天皇が秦始皇帝だとすると時代的な時系列が… と混乱する読者も多いかもしれないが、大前提として古事記や日本書紀が書かれた時代に『モデル』として投影しているということに留意しつつ、この対応を考慮して欲しい。

で八つの旗がひらめいた」からだとされているのだが、これは神功皇后のモデル「趙姫」が始皇帝を産んだ際、古代中国には秦を含めて「戦国七雄」と呼ばれた中華の王を名乗る7つの王国（秦・楚・斉・燕・趙・魏・韓）が台頭していた。そして、ここに初代王家の東周を入れて8つの王国が存在した。

つまり、趙姫・呂不韋時代の八つの国を旗に見立て「八旗（八幡）」と呼び、それら全てを統一した王「始皇帝」を「八幡神」とし祀ったのだ。

応神天皇のモデルが「秦始皇帝」という説を裏付ける証拠はまだある。

では、もし、応神天皇のモデルが、秦始皇帝であれば、その先々代の日本武尊《やまとたけるのみこと》のモデル、斉の「桓公《かんこう》」と、かなりの年代のギャップがあることになってしまう。しかし、日本神話は上記（ウエツフミ）の周王朝55代を、ウガヤフキアエズ1代でまとめていることからわかるように、数世代の王の省略など気にしていない。また、日本神話のモデルが、斉の桓公から秦始皇帝まで一気に飛ぶ理由は、その間の歴史を書くと都合が悪いからだ。

「王族の都合が悪い話は書かない」

というのが、古代の歴史書を読む時の常識。ゆえに、桓公以降の「周王朝」は衰退の道を進むため、のちの王家が歴史として残さなくても不思議ではないのだ。

ただ、ウエツフミなどの古史古伝が、55代の周王朝の記録を残した理由は、その55世代目が「神武天皇」だからと言える。というのも、周王朝の王家・姫一族にとって、神武天皇は周の「武王」だが、ウエツフミを編纂させた民族にとって、神武天皇は男系55世代目であった。そして、その55代は、周王朝全ての世代数と同じ。つまり、ウエツフミにとっての55世代目の王とは、周王朝滅亡と同時に現れた存在になるのだ。

そして、その55代目とされる神武天皇は、従来の日本神話での応神天皇のモデル「秦始皇帝」となる。そう、ウエツフミから見た神武天皇は「秦始皇帝」だと主張しているのが読み取れるのだ。

応神天皇のモデルは秦始皇帝。神武天皇のモデルも記紀によっては秦始皇帝であり、周王朝の武王でもある。この類のロジックに気付けば、八百万の神々のモデルというのも、読者自身が気づくことができるはずだ。

日本建国の祖・天武天皇

では、ここまで、神功皇后・武内宿禰・応神天皇の物語は、秦始皇帝の時代の実話を引用しているという話をしたが、「神功皇后による三韓征伐」の話は、日本神話を書かせた天武天皇の母「斉明天皇《さいめいてんのう》／皇極天皇《こうぎょくてんのう》」がモデルでもあるという話をしよう。

日本神話で、神功皇后は九州まで出向き、「新羅《しらぎ》・百済《くだら》・高句麗《こうくり》」の三韓を征伐したと言われるが、その証拠とされるのが「好太王碑《こうたいおうひ》」という遺跡。好太王碑では4世紀末に倭が、海を越え新羅を攻撃してきたために高句麗が新羅を援助し倭を撤退させたと書かれている。このことから、倭が実際に三韓征伐を成し遂げようとした事実は、ほぼ確実言えるだろう。

しかし、朝鮮出兵を決行したのが、「神功皇后」という名の女帝と言える考古学的な証拠が一切ない。ましてや、神功皇后の物語は、始皇帝の母「趙姫」を土台にしているために、秦王朝の実話をあたかも、朝鮮半島の歴史のように書いたと言われてもおかしくない。注目すべきは、日本神話を書かせた天武天皇の母「斉明天皇／皇極天皇」は、神功皇后のように、九州に出向き、朝鮮半島で強大となっていた新羅の征伐を企てた、『実在した』とされる女帝だということだ。

神功皇后が高句麗より、対新羅に重点を置いていたことと斉明天皇の時代は繋がる。このことから、女帝・斉明天皇による新羅征伐の正当性を持たせるために、彼女の対外政策を投影して描かれたのが神話の神功皇后と言える。

しかし、三韓征伐での神功皇后のモデルは斉明天皇だけではない。というのも、倭には「卑弥呼《ひみこ》」という女帝が統べる国でもあったからだ。つまり、好太王碑で書かれた倭の新羅征伐は、卑弥呼の末裔の女帝の『誰か』が行った可能性があり、斉明天皇の新羅征伐計画を投影させた神功皇后の本筋のモデル「卑弥呼の末裔の女帝」かもしれないのだ。

そして、卑弥呼は、国々による戦乱の世を収めたとあることから連合国家の「建国者」でもある。彼女の末裔の倭の女帝をモデルとしために、神功皇后にも建国者を表わす「神」という字が使われているのだ。

そして、日本神話を編纂させた天武天皇《てんむてんのう》が秦の始皇帝の母だけでなく、卑弥呼の末裔の倭の女帝もモデルし、自らの母・斉明天皇の新羅征伐を神話に投影したのであれば「天皇」という称号に隠された『とある主張』を読み取ることができる。

それが、天皇とは周の王家だけでなく、倭の女帝と秦の始皇帝の正統な末裔でもあるというもの。天武天皇は、周の建国者「武王」の歴史をモデルにした神武の物語に、自らが行った「壬申《じんしん》の乱」での戦い方「東にまわり込み作戦」を投影させることで、神武の正統な後継者を示している。

そして、そこに自らの母・斉明天皇の新羅征伐計画を投影させた神功皇后の物語に、卑弥呼の末裔の倭の女帝と秦の始皇帝の母「趙姫」の実話を入れることで、自分は「倭の女帝の子孫」でありながら、趙姫の子「始皇帝」でもあると、日本神話を通して主張しているのだ。

それは、秦始皇帝の時代から使われ始めた、王よりも位が高い「天皇」という言葉を、自らの称号としていることからも理解できるだろう。というのも、天武天皇が天皇として日本の統一者となる前、日本列島には自らを大王《おおきみ》と呼ぶ豪族が多くいたからだ。つまり、天皇という新しい称号と、中華統一を果たした秦始皇帝の物語を自らの伝説に投影させることで、日本列島の国々を統一するという、天武天皇の意志が込められているのだ。そんな天武天皇が、この国の国号を「日本《にっぽん》」と定めた。

考古学／歴史学的に、天武天皇以前に、日本という国は存在しない。日本神話を土台に、天皇の地位を確立させ、日本という国を定めた天武天皇こそが、実質の日本の建国者なのだ。

もう、お気づきだと思うが、『天皇』という称号の始まりは天武天皇により創られた。つまり天武天皇以前の天皇は、称号が当てられているだけ。実質的な日本という国の創設者は考古学的には『天武天皇』と言える。

第2章

『天武朝』と『天智朝』。千年の時を紡ぐ、真実の日本史

では、ここまで話してきた、現在の皇室に繋がる民族移動の歴史を、少しおさらいすると。

①アナトリアが起源の天孫族の祖・セム語系アムル人の台頭と、古代メソポタミアの統一
②大和民族の祖・アムル人のヤマァド王国とウガヤ王朝の同盟と、古代エジプト王朝との交流
③アムル人系民族のエジプトへの大量移住と、エジプト王家との混血
④アムル人系エジプト第18王朝の繁栄と崩壊
⑤中東への海の民の侵入によるエジプト第18王朝の末裔の東への移住と周の建国
⑥皇室の祖「姫一族」の周王朝の繁栄と敗退、そして、秦王朝の中華統一

という、日本列島で天孫・大和民族と名乗る人々の民族の軌跡の話をしてきた。また、これらの歴史から実質の日本の建国者「天武天皇《てんむてんのう》」の日本神話を通した思惑も腑に落ちたと思う。しかし、周王朝の崩壊直後に、その末裔が日本列島に移住し、現在の皇室となった訳ではない。第1章の最後に話した通り、天武天皇が日本神話を土台に、「天皇」の称号を確固たるものにし、国号を「日本」する以前に、現在に続く「日本」という国は存在しない。そして、そんな天武天皇は7世紀後半の人物であるため周王朝の崩壊後から数百年も間があるのだ。そして、この間を埋めていくことにより、天武天皇の日本建国の前後に起きた、日本最大の禁忌が見えてくる。

では次に、周王朝崩壊後の古代の歴史と、天武天皇との繋がりの話をしていこう。

天武天皇の血族

天孫・大和民族の祖が、古代エジプト経由のアムル人であり、その歴史と神話が日本神話の物語に組み込まれ、その日本神話を編纂させたのが天武天皇ということから、天武天皇の先祖もアムル人だと言える。

そして、それは天武天皇の本名「大海人皇子《おおあまのみこ》」に、アムル人を表す「海／アマ」が入っていることからも、的を射ているのがわかるだろう。

また、天武天皇の「大海人《おおあま》」という名前から、古代の日本列島で力を持っていた「海部氏《あまべし》」と関係している。というのも、古代の部民制で使われた「部」と、氏族制の「氏」を取ると、海部氏の民族名は「海」人となり、天武天皇の大海人は、海人《あま》（海部氏《あまべし》）を表しているからだ。

ただ、天武天皇の起源が海部氏という証拠は、名前だけでない。

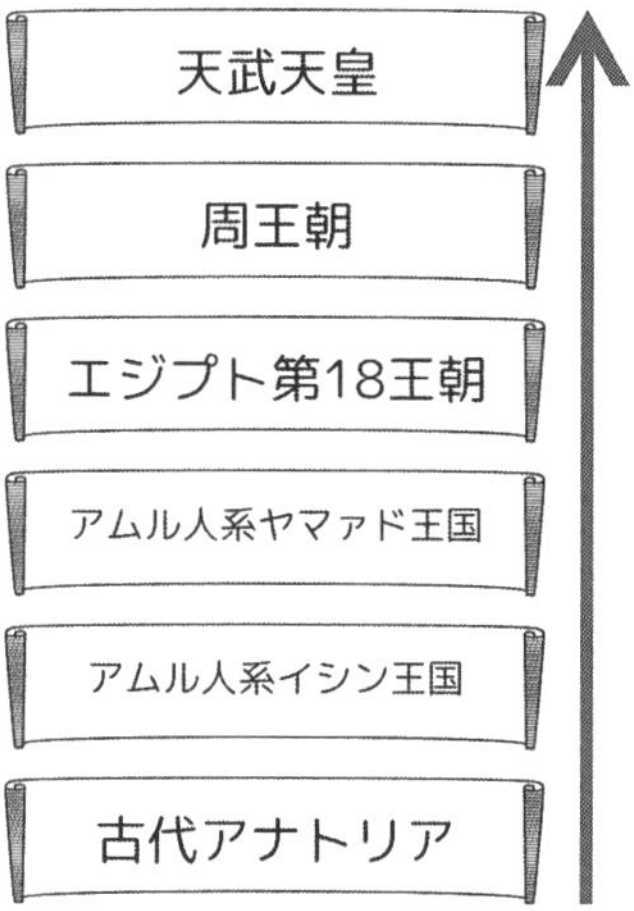

天武天皇は古代アナトリア、遊牧民族のアムル人に起源を持ち、エジプト第18王朝を経て、周王朝。そこから東に移動した一族『海部氏』を祖とする。

大海人こと天武天皇は、新たな国「日本」を建国し日本神話を編纂させただけでなく、最高神・天照大神を祀る神宮（伊勢神宮）の建立を指示した人物だ。現在の三重県にある伊勢神宮だが、この伊勢神宮には元宮・元伊勢籠神社《このじんじゃ》がある。そして、その場所が海部氏の拠点である京都の丹後《たんご》なのだ。

そんな京都の丹後は、秦始皇帝と繋がる地域だと言われている。

天武天皇の海部一族の拠点、「丹後《たんご》」の「丹」という漢字には「赤い土」という意味があり、元々は「不老不死の薬」を意味する漢字だったとされる。

というのも、古代中国には神仙思想という東の国には、空飛ぶ仙人がいて不老不死の霊薬があるという伝説が広まっており、不老不死の薬を生み出す技を「錬丹術《れんたんじゅつ》」と言う。そして、この「不老不死の霊薬」そのものを「仙丹《せんたん》」または「丹液《たんえき》」と呼んでいたのだ。つまり、海部氏の拠点「丹後」という地名の「丹」は、不老不死の霊薬と関わりが深い地名ということになる。

そして、古代中国と日本にはそんな不老不死の霊薬を探し求めた人物がいる。それが秦始皇帝の役人「徐福《じょふく》」。

徐福は元々「徐」という国があった地域の出身者で、徐という国が滅んだのち、秦始皇帝に仕える役人であった。

そんな徐福は、神仙思想を信じた秦の始皇帝に「不老不死の薬」を探すよう命じられ、東を目指したとされる。

そんな徐福が東で建てた国が朝鮮半島南部にあった古代朝鮮の王朝「新羅《しらぎ》」。

「新羅」という漢字を使う以前の新羅は、「徐」という漢字が多く使われており、「徐福」率いる「徐民族」が、新羅の建国に深く関わっているとされるからだ。そんな新羅を建てた「徐福」と徐民族は、かなり早い段階で京都北部の丹波や兵庫県の北部へ移住したと考えられる。

なぜなら、現在でも京都の丹後と「新羅」には深い繋がりがあった証拠がたくさんあるからだ。

例えば、丹後には「新井崎神社」という神社がある。この新井崎神社は、徐福がこの場所に渡来し生涯を終えたとされる伝承があり実際に徐福を祀っている。また、現在の丹後半島の弥栄町には「溝谷神社《みぞたにじんじゃ》」という神社がある。

この溝谷神社は、古くは新羅神社と呼ばれ「新羅明神《しらぎみょうじん》」を祀っていたのだ。この丹後地方は、徐福の伝説以外に、浦島太郎、天女の羽衣伝説、そして、ヤマァド王国を擬人化した海幸彦《うみさちひこ》の伝説の舞台だとも言われている。

では先ほど、弥栄町《やさかまち》の話をしたが、弥栄《やさか》と言えば「八坂神社」。京都の三大祭りの一つ「祇園祭」を取り仕切る八坂神社には「新羅牛頭山《しらぎごずさん》（で祀られていた素戔嗚《すさのお》を祀る」と書かれた社伝が残っている。これら以外にも、丹波国のあった京都の丹後地方と新羅が繋がる証拠を持つ新羅系の神社が多くある。

丹後地方以外に新羅との繋がりが濃いのが兵庫県。新羅の王子「天日矛《あめのひほこ》」が出石地方《いずしちほう》で定住したと言われており、「新羅」という名を持つ神社や、新羅明神／新羅国明神を祀る神社など、新羅系の渡来人がいた痕跡がある。

話せば長くなるので割愛するが、京都の丹後地方や兵庫県以外に、三重、大阪、福井も新羅系渡来人の影響を受けた地域とされ、新羅系神社が存在するのだ。

これ以外にも、新羅本紀にはこのような伝説が記されている。倭国から東北一千里の場所にある「多婆那《たばな》」という国の王が妻とした「とある国の王女」が卵を産んだ。しかし、その卵は不吉だと思われたために、海に捨てた所、辰韓こと、のちの新羅近辺の海辺で拾われ脱解《だっかい》と名付けられた。その脱解が新羅の４代目の王「脱解尼師今《だっかいにしきん》」となった、という伝説だ。

アマテラス解体新書で詳しく説明したので割愛するが、古代の倭国は北九州が拠点であった。そのため、そこから東北一千里という情報から、「多婆那《たばな》」は、丹後地方も統治していた丹波国だと言われている。つまり、この伝説は、日本列島の丹波国の王の息子が新羅の王となると言っている。そう、天武天皇こと大海人皇子の氏族・海部氏の拠点「丹後」と「新羅」は、秦始皇帝と関わる徐福伝説や牛頭天王以外にも、新羅の王家との深い繋がりがあるのだ。

そして、これは日本の古書でも書かれている。というのも、平安時代初期に書かれた「新撰姓氏録《しんせんしょうじろく》」で、西周の建国者・武王がモデルの神武天皇の兄・稲飯命《いないのみこと》は、新羅国の王の祖とも書かれている。つまり、日本の皇室と新羅の王は親戚だと言っているのだ。

そのため、皇室の先祖で日本の建国者・天武天皇こと大海人皇子の海部氏の拠点であった丹波国の王の子が、新羅の王となっても何も不思議ではない。むしろ、ここから分かるのは、周王朝の崩壊後、親戚が建国した新羅経由で丹波国を建国したのが、現在の皇室の祖「海部氏《あまべし》」だと言える。

ただ、新羅本紀の伝説で重要な所は、「海に捨てられた子がのちに王になる」という部分。旧約聖書で書かれた「川に捨てられたのち、王家に拾われ古代イスラエル人の英雄となる」というモーセの伝説とよく似ている。

しかし、古代史研究家 Michael S. Heiser によると、旧約聖書が書かれる以前から、「川に捨てられ、拾われた子が王となる」という流れの伝説は古代王朝定番の伝説であり、古代メソポタミア、古代エジプト、古代ギリシャ、ローマやインドで似た伝説が確認され、その数は全部で30個ほどあるとされる。日本神話の猿田彦《さるたひこ》のモデル・アッカド帝国のサルゴン王も同じく「川に捨てられ、拾われたのちに王となる」伝説を持っている。

このことから、新羅本紀で語られる「海に捨てられた卵が拾われ、そこから産まれた子が王となる」という話は、古代の中東・エジプト・ローマ辺りの神話の使い回しだ。そして、そう言える理由は、新羅の初期の名は「シラ(Silla)」にもある。

大和民族の祖はヤマァド王国のアムル人であるが、このヤマァド王国のあった場所が現在のシリアだ。そして、このシリアという名前は語源を遡ることができ、その最も古い「シリア」の語源の一つが「Sura（スラ）」。このシリアの語源「スラ」は、新羅の初期の名「シラ」と、ほぼ同音である。つまり、古代のシリア地方「スラ（Sura）」出身のヤマァド王国のアムル人が、同音の新羅（スラ）という国を建てたということだ。また、日本で「新羅」は

「シラギ」とも呼ぶが、古代の日本で「き／ぎ」は始祖を意味する。

例えば、日本神話の伊弉諾《いざなぎ》は「大きな魚（いさな）の始祖（ぎ）」という意味だ。「しらぎ」という呼び名から分かるように、古代の日本は「新羅《しらぎ》」を「シラの始祖」、つまり、「シリアの始祖」と理解して呼んでいたことになりその起源を理解していたと言える。

この説を後押しする考古学的証拠も存在する。新羅があった場所から古代のガラスカップがいくつか発掘されており、そのなかには、実際に古代ローマやシリア地方から輸入された物や、当時のローマグラスの技法を新羅に持ち込んで作ったとされるガラスカップが発見されている。

これら以外にも、4世紀～5世紀辺りにギリシャとローマで流行した陶製リュトンの系譜を引く角杯や、新羅の隣の百済とは全く無縁の土器、そして、紀元前1世紀辺りのローマで作られた小さなガラス玉とよく似た物も新羅で見つかっており、そこには、白い肌の鼻の通った眉毛がつながっている濃い顔が描かれている。

これらの遺物から、新羅とより西方の国々は、考古学的に繋がりを持ち続けていたのは確実であり、新羅がそもそもシリアなどの中東起源の民族によって建国された国だと考えれば合点がいくのだ。

それは新羅経由で日本列島に渡った「徐福」の徐という漢字に示されている。徐という漢字は、古代中国で「人が歩く」という意味を持つ「行人偏」と「余る」できた「遅い」という意味がある言葉だ。そして、新羅と深く関わった丹後の東にある現在の舞鶴市《まいづるし》には、行人偏を取った「余部《あまりべ》」という地域があるだけでなく、現在も余部（アマルベ／アマベ）という名字も存在する。見て分かるように、海部《あまべ》と同じ読み方も存在する。

では、「余」の読みは「アマリ」だが、この「アマリ」という言葉はそもそもアムル人の「アムル」とほぼ同音。つまり、徐に「余る」という意味があることから、「徐」という漢字を古代の日本人が解釈すると「歩いて遅れてやってきたアムル人たちの余り」という民族の成り立ちが隠れているのだ。

新羅の初期の国名に、何度も徐福《じょふく》の「徐」という漢字が使われていたことから、新羅とは徐民族は深く関わりを持っていると少し前に話したが、シリア地方などの中東が故郷のアムル人が、古代エジプトから中国大陸、そして、新羅に渡り、古代ローマやシリアなどの中東国々との交流を経ながら日本列島に上陸したのが、海部氏や余部氏だと言える。そんな「海」を受け継ぎ、海部氏の拠点・丹後にある元伊勢籠神社から、現在の三重県に移し、伊勢神宮の建立を支持したのが、日本の建国者で日本神話を編纂させた「大海人皇子《おおあまのみこ》」こと天武天皇《てんむてんのう》なのだ。

しかし、もし天武天皇の先祖が新羅経由で日本列島の丹後に渡来したアムル人であれば、なぜ日本神話の神功皇后の物語で、新羅征伐の話を描いたのか？

天武天皇が日本神話を編纂させた当時、朝鮮統一を果たした新羅は、日本列島にとって脅威となっていた。実際に、新羅統一前に、新羅と百済が戦った際、天武の兄とされる天智天皇は、百済に援軍を送り敗退している。このような時代背景もあり、天武天皇は、日本の外交上の対等な立場を主張するため過去に新羅征伐を果たしたという話を日本神話に入れたのだと考えられる。そして、それは新羅であろうが、百済であろうが天武天皇が「日本」という、自立した新たな帝国を始める決意の表れでもある。

だからこそ、天武天皇は、日本神話の物語に、西周の武王《ぶおう》・東周の平王《へいおう》・斉の桓公・秦始皇帝・倭国の女帝を暗示する存在を描いた。特に、日本神話で、秦始皇帝の末裔だと示唆することにより、「天皇」という称号を使う大義名分にするだけでなく、天武天皇の「日本」という国が、古代王朝の末裔が集合してできた最強の帝国ということを、国外に主張したのだ。

天武天皇と天智天皇の不可解な関係

では、ここまで話してきた現在の皇室に繋がる、天武天皇の先祖の軌跡をまとめると。

アナトリア出身のアムル人の台頭→古代メソポタミア統一→古代シリアのヤマァド王国→アムル人のエジプトへの大移動→アムル人との混血王家・エジプト第18王朝の台頭→エジプト第18王朝のエジプト追放と海の民の侵入→周王朝の建国→秦の中華統一→新羅と日本列島の丹後への移住→海部氏系・大海人皇子こと天武の日本建国と日本神話の編纂、という、日本列島で天皇が天皇と名乗る前の民族移動の歴史を話してきた。

では次に、大海人皇子こと天武の日本建国前の時代背景と、そこに絡む民族の因縁の話をしよう。まず、実質の日本の建国者・天武天皇は反乱により王座を手に入れたこと知っているだろうか？

日本神話によると、天武天皇には、中大兄皇子こと天智天皇という兄がいた。そんな天智天皇が崩御したのち、弟の大海人皇子ではなく、息子の大友皇子（弘文天皇）が皇位継承をする。そして、天武天皇が「壬申《じんしん》の乱」を成功させることで、大友皇子から皇位を略奪し天皇となる、というのが天武天皇の皇位継承の流れだ。

　では、『定説上』現在の皇室は天武天皇と天智天皇どちらの男系の末裔なのか？

　壬申の乱で皇位略奪を成功させた天武天皇だがしばらくのちに断絶してしまう。それゆえに、兄・天智の第7皇子である志貴皇子の男系子孫が皇位継承をし、南北朝時代を経て現在の皇室に至る。実際の日本の建国者が天武天皇であっても、日本神話では天武天皇《てんむてんのう》と天智天皇《てんちてんのう》が兄弟であるため、男系の血統は守られていることになる。

　しかし、天武天皇が新羅《しらぎ》と関わりが深い海部氏系なのに対し、なぜ天武の兄・天智天皇は百済《くだら》に援軍を送ったのか？　その理由は、天智天皇の真の出自、その起源にある。

　まず、天武天皇の兄・中大兄皇子《なかのおおえのおうじ》こと天智天皇の「天智《てんち》」の由来を知っているだろうか？

天智という諡号《しごう》は、古代中国の殷王朝の最後の「紂王《ちゅうおう》（帝辛《ていしん》）」が愛した宝「天智玉」から取ったものだとされる。

その殷の「紂王」は、古代中国史で最も悪名高き王とされ、当時、臣下であった周王朝の建国者・武王によって倒される存在だ。

　つまり、日本神話で書かれる中大兄皇子に与えられた「天智」という諡号は悪い意味なのだ。その一方、天智天皇の弟・大海人皇子こと天武天皇の「天武」という諡号には「武」が使われており、奇しくも殷を倒した周の初代国王「武王」の「武」が継承されている。

では、ここで大きな疑問が浮かび上がる。

日本神話での神武天皇のモデルが、周の建国者の武王だということから分かるように周の王家の末裔で、日本の建国者・大海人皇子こと天武天皇から見て殷は先祖の敵である。しかし、なぜ、皇室の先祖の敵国「殷」の王を示唆する「天智」という漢字を、天武天皇は自らの兄・中大兄皇子に付けたのか？

理由は簡単。天武天皇と天智天皇が兄弟ではないからだ。

天武天皇。大海人皇子。エジプト第18王朝、周王朝経由・新羅・海部氏の血族。いわゆる一般的な呼称で行くと天孫の一族。

天武天皇と天智天皇は兄弟ではない

天智天皇。中大兄皇子。天智天皇という諡号は天武天皇が命名したもので、天智という言葉は古代殷王朝の悪名を轟かせる紂王が語源。百済・藤原系の氏族の大王。

この2人の関係の不可解な点がいくつか指摘されている。

まず、崩御年から計算すると、大海人皇子《おおあまのみこ》（天武天皇）の方が年上なのだ。また、古代の日本では「中」と言う漢字が長男に使われることはなく、むしろ、「大」が長男を表すことから、大海人皇子の方が中大兄皇子より年上だという説にも合うのだ。しかし、実際は皇位継承の優先度が低い、中大兄皇子（天智天皇）が、先に皇位を継承している。

また日本神話では、天智天皇は天武天皇／大海人皇子ではなく自らの息子の大友皇子に、皇位を継承をさせようと計画していることを悟った天武天皇は身の危険を案じ野心がないことを示すため、奈良の吉野で隠居を迫られる。

長男ではないで天智天皇が、年上の大海人皇子より先に皇位を継承している矛盾だけでなく、皇位継承権が最優先の天武天皇が、さらに皇位継承の優先度が低い天智の子・大友皇子を恐れて、隠居しなくてはいけないというのは、やはり不可解なのだ。もし、大海人皇子が長男／年上であれば、中大兄皇子が皇位継承した時点で、謀反が起きていてもおかしくない。また、日本の皇室史において、近親婚がなかった訳ではないが、天智の実の娘4人が、天武天皇の妻となっておりこれは異常に多い。天智天皇、自らの娘4人も天武天皇に嫁がせながら天武天皇を裏切り、息子の大友皇子に皇位継承させる行為も普通ではないのがわかるだろう。

しかし、上記で挙げた不可解な点は、天武天皇と天智天皇が別民族の末裔であり、政略結婚を通じた同盟関係であったと見れば、すべて辻褄が合うのだ。つまり、天智天皇こと中大兄皇子の民族が統べる国と、同盟を結んだのが天武天皇の民族の国という関係であるため、年上であれど天武天皇が天智天皇の国の王位を継承できないということだ。それゆえに、自然の流れで大友皇子に、天智天皇の王位が継承されたといえる。何度も言うが、天武天皇が日本神話を編纂させ、日本を建国する前に日本列島に「天皇」という称号は制度も存在しない。

つまり、日本神話では、民族間の争いを無くすために、兄弟と言う設定にしたが当時の天武天皇と天智天皇の関係は、別の国の大王という関係だったとしてもおかしくないのだ。そう、天武天皇が起こした「壬申の乱」は、王朝交代の革命だったと言える。

もし、そうだとすると、天智天皇こと中大兄皇子の民族とは一体何なのか？
次に、それを理解するために、殷《いん》と倭国《わこく》、そして、百済《くだら》と高句麗《こうくり》の話をしよう。

殷の起源と倭国の始まり

古代中国最初の王朝「殷」、またの名「商」とは、古代中国で最初に繁栄した古代王朝だが、殷を建国した民族の起源が、中国大陸ではない。周王朝が古代エジプト経由のアムル人であるように、殷の先祖もより西にある。それが古代メソポタミアと古代イランだ。

こちらもアマテラス解体新書で詳しく説明しているため、要点だけをまとめるが、殷の起源が中東である理由は下記の通り。

①発展過程が不明である殷の甲骨文字の起源は、古代メソポタミアとペルシャ地方で広く使われた楔形文字
②甲骨文字から発展した漢字と楔形文字の共通点（古代中国の青銅版の漢字と楔形文字の類似）
③古代メソポタミア発祥の青銅器が、何の前触れもなく殷で作られ始める
④殷の祭司用の青銅器「Taotie」に刻まれた角の存在と、古代メソポタミアや古代エラム文明の角の神との一致
⑤殷の別名「商／シャン（Shang）」と、古代メソポタミア最大の貿易都市「Ur（ウル／ウゥ）」の神「Suen」がほぼ音の言語などの文明の共通点。

これ以外にも、殷王朝建国の時期は、古代メソポタミアでのとある大国の台頭の時期と完全に合致する。そして、その大国がバビロニア帝国（紀元前１７００年後半頃）だ。

第1章で話した通り、アナトリアからのメソポタミア地方に天孫降臨したアムル人たちが古代メソポタミアを統一するわけだが、そのアムル人帝国の名は「イシン王朝」と呼ぶ。そして、このイシン王朝のアムル人は、メソポタミアのシュメール人たちと共存し、その隣のイラン高原にあったエラム王国と同盟を結び政略結婚をした記録が残っている。ちなみに、天皇の呼び名の一つ「スメラミコト」は、シュメール人の呼び名「Sumer」と似ていることから、日本人の先祖をシュメール人だとする説があるのだが、シュメール人は自らを「ウンサンギガ（黒髪の意）」と呼んでおり、「Sumer」とは他民族から見た名称である。

そのため、天皇のことをシュメール人を意味する「スメラミコト」で呼ぶ民族はシュメール人ではない。つまり、先祖神をアムル人を表す「アマ（天）」を使って天津神と命名し、同時に、シュメール人を表す「Sumer」を使って自らの王を「天皇／スメラミコト」と呼べるのは、シュメール人を統べたアムル人系イシン帝国しかあり得ないのだ。

しかし、このアムル人系イシン帝国は、「目には目よ、歯には歯を」というハンムラビ法典で有名な、ハンムラビ国王率いるバビロニア帝国によって滅亡に追い込まれる（紀元前1800年頃）。これにより、行き場の失った多くのシュメール人とエラム人を含めたアムル人系イシン帝国の残党が各地に離散するのだが、ちょうど、そこから約100年後に、何の前触れもなく高度な文明を持った『殷《いん》』が、中国大陸で誕生する。そう、これがイシン帝国の残党が建てた国だ。

実際に、イシン帝国崩壊後、アムル人・エラム人・シュメール人の共同体が殷を立てたのが分かるように、殷での王位継承は世襲ではなく、それぞれの氏族から順番に出す制度だったのが最近の甲骨文字の調査でわかっている。

そんな古代メソポタミア起源の殷の多くの民は、周の武王によって滅ぼされたのち、日本列島に移住する。というのも、殷の滅亡時期（紀元前1100年頃）と、縄文晩期から始まった渡来人による弥生文化の開始時期が完全に一致し、古代メソポタミア発祥で、殷で発展した青銅器が日本列島内で作られるようになるからだ。そして、古代メソポタミア起源の民が、日本列島に来たの証拠が、日本神話や古代の記録に隠されている。いくつかピックアップしよう。

①国津神たちの始祖「素戔嗚《すさのお》」のモデルは、エラム王国の古代都市スサの最高神「インシュシナク（スサの王／神）」
②皇孫神であり、天孫神である「瓊瓊杵尊《ににぎのみこと》」の起源は、古代メソポタミアの「ナナ神」（ナナ神は、アムル人たちも崇拝する神となる）
③天孫降臨・国譲り神話のアムル人のメソポタミア統一の完全な一致
④「正哉吾勝勝速日天忍穂耳尊《まさかつあかつかちはやひあめのおしほみみのみこと》」の起源はアッカド人
⑤古代メソポタミアの古代都市キシが起源の殷の政治家「箕子」が、殷崩壊後に逃げた先「君子国」と、古文書「海内北経」で書かれた「倭国」の地理的一致。
⑥倭の女王・卑弥呼の名前の由来、古代メソポタミアのナナ神の娘「ピミコ（Pimiko）」

など、上記の証拠以外にも「契丹古伝」の「殷元これ倭国なり」という伝承もある。

インシュシナク。エラム王国の古代都市スサ／スーサで祀られていた最高神。さまざまな神の根源的モデルのひとつ。日本神話の素戔嗚もこの神を根源的なモデルとしている。

古来の中国の伝承をまとめた契丹古伝には「殷元これ倭国なり（殷は元々倭だった）」と書かれているのだが、この契丹古伝は殷の時代より遥か後の紀元後に書かれたものであり、契丹古伝を批判する歴史学者も少なくない。なぜなら、考古学的に、殷は倭国より古い国であるので、倭国が先に存在した国というのはあり得ないからだ。

そのため、現在の定説では「殷元これ倭国なり」は、「倭国の元が殷」だったという解釈がされる。しかし、真に契丹古伝が伝えたかった「殷元これ倭国」の「倭」とは、葦原中国のモデルである「貿易都市ウル／ウゥ（Ur）」が起源である。

都市ウゥ（Ur）を貿易の拠点にシュメール人とエラム人と共に発展した「アムル人系イシン王国」が崩壊後、中国大陸で「殷」を建て、その殷の残党が「倭国」を建てたというのが、契丹古伝に書かれた「殷元これ倭国なり」が意味することである。

すなわち、倭国が古代都市ウゥ（Ur）を前身に持つと知っていた民族が「殷の元は倭《わ》（都市Ur）」という伝承として語り継いだものだ。

百済と高句麗の遠祖・夫余族《ふよぞく》の起源はまさかの『エジプト第18王朝』

では、ここまで。

シュメール人とエラム人を含めたアムル人系イシン帝国の発足と崩壊、そして、その残党たちが殷王朝を建国し、周によって滅ぼされたのち、さらに東の日本列島へ移住し倭国となったという話をした。一方、大和民族の祖であるヤマァド王国・古代エジプト経由の周王朝は、中華の戦国時代に敗れたのち、新羅経由で、日本列島に移住し、海部氏と名乗る。

そして、この周王朝の残党が大和王権となり、先に日本列島に移住していた倭国を抑え権力を握る。こうして、日本列島を統べる大和王権と、彼らの親戚の朝鮮半島を統べる新羅という勢力図になる訳だが、その朝鮮半島に建国されるのが百済だ。

伝説上では、紀元前1世紀辺りから存在していたと語られる百済だが考古学的には、3世紀辺り以降からしか朝鮮半島での存在は確認されていない。

そして、突然、歴史に現れたのにも関わらず既に高度な文明だったと言われている。この理由は、日本神話と同じく、百済という国の根本の起源も西方の王国ということにも関わらず先祖の伝説をあたかも朝鮮半島での出来事として書いたためだ。では、百済の根本的な起源は何か？　それが、新羅と同じ古代エジプト経由の民族。そう言える理由は、百済と、古代朝鮮の大国・高句麗の先祖民族「夫余《ふよ》」の伝説にある。

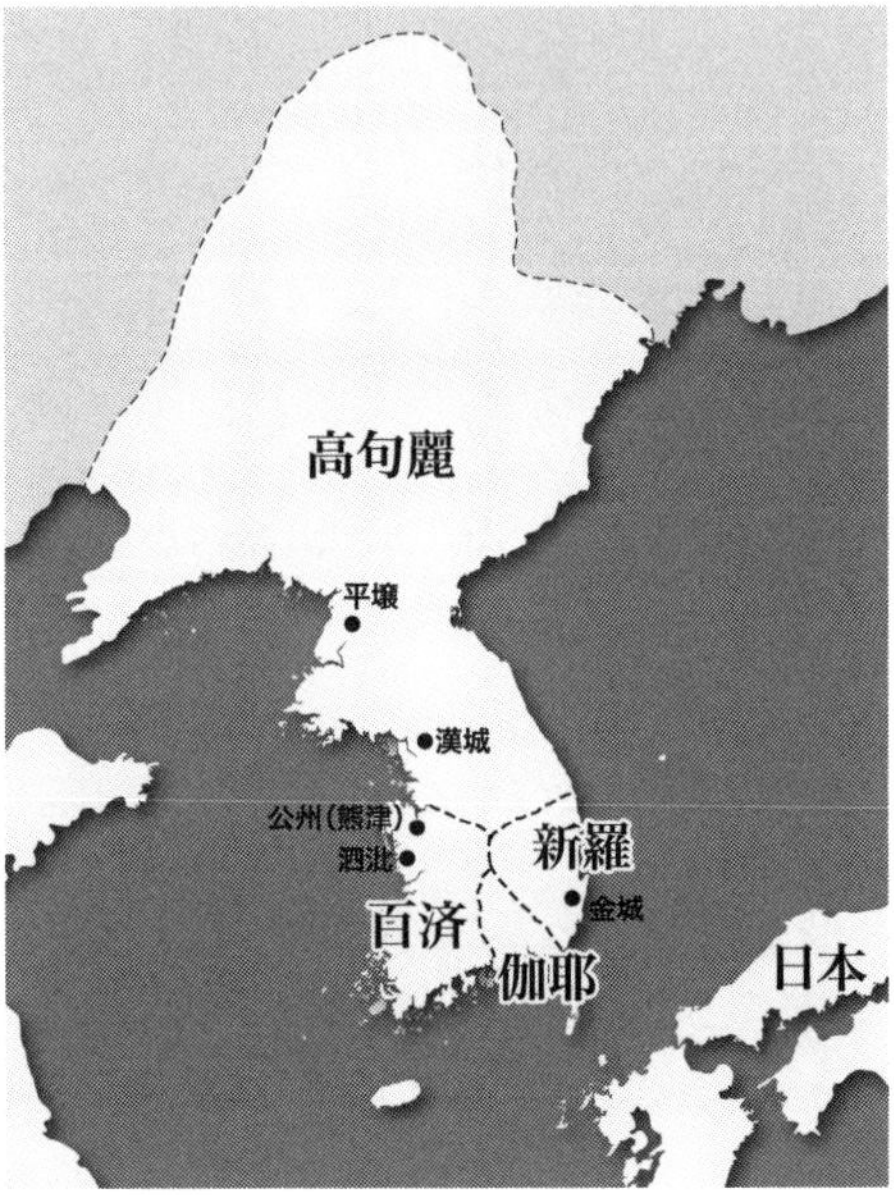

お隣の国、朝鮮史の王国の起源については考古学的資料が少なかったが、今回のその根源的なモデルが、朝鮮半島以外の国である可能性が示唆されている。

百済と高句麗の祖・夫余の伝説は、資料によって内容が少し違う。ただ、それでも、夫余国の祖とされる存在は共通している。それが「ハエ・モース（Hae Mosu）／解慕漱（へもす／かいぼそ）」という男だ。三国史記には、彼のこのような伝説が描かれている。

解慕漱（へもす／かいぼそ）の逸話からわかる扶余の正体

アムノク川には「ハバエク（Habaek）」という神が、美しい3人娘と暮らしていた。しかしある日、天帝の子であるハェ・モースが彼女たちを見つけた途端、迫ってきたので3人娘は逃げた。ハェ・モースは何とか3人娘を誘い出すべく、立派な宮殿を建て食事会を開く。そして、その会に出席した3人娘が、食事をしている間に、ハェ・モースは宮殿の扉を締め出口を封鎖した。このハェ・モースの策略により、3人娘の1人が捕まってしまう。その彼女の名が「ユフワ／柳花（Yuhwa）」。この誘拐に対し、父である神ハバエクはハェ・モースに怒りを伝えた。反省したハェ・モースは娘ユフワを帰そうとするが彼女がそれを拒否する。娘ユフワはすでにハェ・モースに恋に落ちていたのだ。そして、このとき日光がユフワを照らした。これにより、彼女は性交渉なく子を身籠り大きな卵を産んだ。その卵から生まれたのがのちに夫余を建国する「ジュモン／朱蒙（Jumong）」、またの名「東明」。

という伝説。この物語には続きがあるが、今は割愛する。

この伝説から、ハェ・モースの「Mosu」と妻ユフワ（Yuhwa）が、古代イスラエル人の祖「モーセ（Moses）」と唯一神「ヤハウェ（Yahweh）」に、似た名前なのが分かるだろう。

このハェ・モースの前には、東夫余を建国する「ハェブル／解夫婁（Hae Buru）」という王がおり、この「Hae Buru」は、イスラエル人の呼び名の一つ「ヒーブル（Hebrew）／ヘブライ」とほぼ同音だ。また、この「ハェブル（Hae Buru）」には、高齢になるまで後継ぎの男子を授かることができなかったという伝説がある。

これはイスラエル人の祖「アブラハム」と全く同じ。元々のアブラハムの名は「アブラ（Abram）」で、最初に「H」を付ければ「ハブラ（Habram）」となり、これは「ハエブル（Hae Buru）」とほぼ同じとなる。

このように、百済と高句麗の祖「夫余」の伝説は、古代イスラエルとの繋がりを感じさせる。そしてそれはハェ・モースと妻ユフワの子「ジュモン／朱蒙（Jumong）」も同じだ。

ハェ・モースの子「ジュモン／朱蒙（Jumong）」は、東明聖王《とうめいせいおう》（高句麗の初代王と伝えられる人物）とも呼ばれ、周王朝の姫一族の祖「后稷《こうしょく》」と似た伝説がある。伝わる伝説によって内容が少し違うため、共通している箇所の要点だけ言うと。

妻ユフワは性交渉なく卵を産んだが、不吉だと言うことで何度も捨てようとした。しかし、その卵は動物に守られたりなどの奇跡を何度も起こしたので、母ユフワは育てることを決心。そして、その卵から「ジュモン／朱蒙（Jumong）＝東明」が生まれる。しかし、大人になった東明は、国から暗殺を企てられ追われる身となり国を脱出。そして、脱出した先で「夫余国」を建国する。

東夷伝《とういでん》では、ジュモンと同一の東明の国からの脱出の様子をこう語っている。

母国からの追手の兵から、東明が逃げた先には川があり渡ることができなかった。そこで、東明は持っている弓で川の水面を叩くと魚やスッポンが浮かび橋を作った。東明が渡り終えると、その橋は消えたため追手の兵はそれ以上東明を追えなかった。

上記のジュモンと同一の東明伝説の流れを簡単にまとめると。

一度は捨てられるが拾われ。王家の子として育てられるが命を狙われ。逃げる時に川で奇跡を起こし追っ手を巻く。多少の違いはあれど、旧約聖書のモーセの伝説「捨てられたモーセが王家に育てられる→ファラオに命を狙われたので逃げる→エジプトを脱出する際、海で奇跡を起こし追っ手を巻く」と、東明伝説は、本質的に同じ物語だというのが分かるだろう。

似ているのは、物語だけではない。ジュモン／朱蒙という名前には、チュモ／鄒牟（Chumo）など、別の呼び名があるのだが、そもそも、どの種類の名前も彼が生まれ持った名という訳ではなく、夫余人が彼を尊敬を持って呼んだ名称だとされる。

そして、モーセも同じく旧約聖書では、かなりの数の名称が確認されており、その一つが「シェマ＝聞いた(Shema)」という言葉から派生した「シェマァィア（Shemaiah)」。この最初の「シェ」が「ジェマァィア」、または、「チェマァィア」と訛れば、それぞれ「ジュモン／朱蒙」や「チュモ（Chumo)」と似た音となる。

ではここまでの、「ハエモース（Hae Mosu）とモーセ（Moses)」、「ヤハウェ（Yahwe）とユフワ（Yuhwa)」、「ハエブル（Hae Buru）とアブラハム」、そして、「モーセ伝説とジュモン／東明伝説」という繋がりから、百済と高句麗の祖である「夫余」の伝説は、旧約聖書の物語と、『何かしら』の関わりがあるのが分かるだろう。

しかし、夫余伝説には物語の内容が少し違うものもある。例えば、上記では夫余国を建国するのはモーセと似た物語を持つ「ジュモン／東明」だと話したが、別の伝説では、ハェ・モースが夫余を建国し、ジュモンは、新たな王国「高句麗」を建国するとも書かれている。

なぜ、こんなにも違う伝説が残っているのか？

その原因は、夫余伝説は、旧約聖書の物語を引用したからではなく旧約聖書が土台にしたエジプト第18王朝の歴史を、直接、引用したからだ。言い換えれば、朝鮮半島での伝説という設定ではあるが、密かに、エジプト第18王朝の末裔だと主張しているのが夫余伝説だということ。

まず、夫余の始祖「ハェ・モース（Hae-Mosu）」だが、こは「モーセ（Moses）」を引用したのではなく、エジプト第18王朝の建国者「アモーセ1世（Ahmose）」の名前を引用している。「Ahmose」と「Hae-Mosu」は、初めの「H」の違いだけで、ほぼ同音。

また、「ハェ・モース（Hae-Mosu）」が、「アムノク（Amnok）」という川に住む3人娘の1人「ユフワ（Yuhwa）」を妻にするという話は、エジプト第18王朝の建国後の中東との関係を表している。

まず、エジプト第18王朝建国後、アモーセ1世は中東へ軍を遠征させシリアも超えてユーフラテス付近まで辿り着いたという記録がある。つまり、エジプト第18王朝は、イスラエル人の祖・アムル人を含めたセム語系民族の国家を支配し、帝国の一部として共存したということだ。

アモーセ1世の後のエジプト第18王朝は、中東での領地を減らすがダビデ王のモデル・トトメス3世のタイミングで再び遠征を成功させ、アクエンアテンの後の王朝の崩壊まで、中東支配は続いた。では、アモーセ1世の名を引用した夫余の祖「ハェ・モース」は、ヤハウェとよく似た名を持つ「ユフワ（Yuhwa）」を妻にするとあるが、これはアモーセ1世の中東遠征とそこで統治したセム語系アムル人のヤハウェ信仰を取り組んだという意味だ。

それを表すように「ユフワ（Yuhwa）」の父「ハバエク（Habaek）」は、アムル人を示唆する「アム（Am）」が入った「アムノク（Amnok）」という川に住む神というだけでなく、「ハバエク（Habaek）」という名は、ヘブライ語（と同語族のアラム語）の「ハバク（habaq）／抱き合う」という意味の言葉と同音である。

そう、「ハバエク（Habaek）」と「ハバク（抱き合う）」が同じということから、ハェ・モースの物語を通じてアモーセ1世のエジプト第18王朝と、中東にいたアムル人国家の同盟を意味しているのだ。

ヤハウェが男神なのに対し、同一の「ユフワ（Yuhwa）」が女神なのは、エジプト第18王朝の方が中東国家より立場が上であり、その中東の信仰者を自国に取り込んだからである。そして、このことから夫余伝説はエジプト第18王朝から見た立場であることが分かるだろう。

エジプト第18王朝と夫余伝説の共通点はこれだけではない。
ハエ・モースの子「ジュモン／朱蒙（Jumong）」と同一の「東明」には、モーセと似た伝説があるが、旧約聖書でのモーセのモデルは、エジプト第18王朝のアクエンアテンだと第1章で話した。そして、この考察と合うように、ジュモンの物語はアクエンアテンの人生を引用している。

モーセとジュモン／東明伝説には、「捨てられた後、王家に育てられる↓ファラオに命を狙われたので逃げる↓エジプトを脱出する際、海で奇跡を起こし、追っ手を巻く」という共通する物語があると話したが、これはアクエンアテンの生い立ちから引用している。

アクエンアテンは、母ティエの血統が王家ではなかったため生まれる前から神官たちに命を狙われていた。そのため、生まれてすぐ親元から離された。成人したアクエンアテンは、父アメンホテプ3世の元へ戻り王家の血筋を継ぐネフェリティティと婚約することで王位継承権を取り戻し、自ら「アマルナ」という新たな都市を建設する。

しかし、王位を父から継承しらあとから始めた一神教政策により国内が荒れてしまい、アクエンアテンは国外のシナイ半島南部へ逃亡。しばらくのち、エジプトに戻り王位奪還を試みるが、次のエジプト第19王朝の兵に追われ中東に逃げる途中で死去する。第1章で、アクエンアテンとモーセの同一説を話したが、ジュモンにも似た伝説がある。

ジュモンの妻「イェ（Ye）」が子を身籠った際、ジュモンは国から追われる身だったために、子が生まれる前に国外へ逃亡。そののち、生まれたのが「ユリ（Yuri）」という男子で彼は父親不在のまま育てられた。大きくなったユリは父親がいない理由を母に聞くと、「父は夫余から歓迎されていないため、より南に行きそこで新しい国を建てた」と母は言った、という物語がある。

まず、「国から追われたため、南に逃げる」というのは、エジプトの内乱からシナイ半島へ逃げたアクエンアテンと同じ。また、アクエンアテンの妻は「ネフェリティティ」だが、ネフェリティティの父親だとされる存在の名前が「アィ（Ay）」だ。

つまり、ジュモンの妻の名は「イェ（Ye）」は、ネフェリティティの父方の名前「アィ（Ay）」から取ってきたと考えられる。父ジュモン不在で母親に育てられる息子「ユリ（Yuri）」と似た名前を持つ、アクエンアテンの娘がいる。それが「メリタテン（Meritaten）」。「メリタテン（Meritaten）」の古代エジプト語の表記は「Mrii.t-itm」と、「メリ」と「タテン」に別れており、アテン神を表す「タテン」を外した「Meri/Mrii／メリ」は、「ユリ（Yuri）」と似ている。

アクエンアテンが夫余の建国者「ジュモン」のモデルと見ることで、そもそもの「夫余（フヨ（Fuyu）、プヨ（Puyo））」という真の意味も分かる。

まず、実在が確認された「夫余国」の当時の漢字は「夫餘」で、「夫」は「男」を意味し、「餘」は、その食偏から「食べ物が余ること」を意味する。

そして、「食べ物が余ること」は、豊かさの象徴ということから「満たされた状況」も表しているとされる。つまり、夫餘とは、「男が満たされた状態」という意味だ。では、「男が満たされる」という意味がある夫餘国の建国者ジュモンのモデルであるアクエンアテンには、母ティエがいた。彼女は、息子の生活を満たすために用意された家の「財務」や「ハーレム」の責任者を、とある貴族に指名した。

その貴族の名が「フヤ（Huya）」だ。そう、「夫余（Fuyu）」と「フヤ（Huya）」は、ほぼ同音だ。つまり、アクエンアテンの人生を引用したジュモンが建国した「男を満たす」という意味を持つ「夫餘」国という名称は、アクエンアテン本人を満足させる家の管理を任された「フヤ（Huya）」という貴族の名前とほぼ同音となるのだ。

先ほど、「フヤ（Huya）」が管理する家は「ハーレム」と話した通り、アクエンアテンが1人以上の女性と子作りをする場所でもある。このことから、夫餘という名称で、彼らはアクエンアテンの子孫を名乗っているのが読み取れるのだ。

ではここまで。

エジプト第18王朝と、18王朝の歴史を引用した旧約聖書が夫余伝説と繋がることから夫余国とはエジプト第18王朝の王家の末裔の国だという話をしてきた。次に明らかにするのは、この夫余の末裔である百済と高句麗の起源についてだ。

百済の正体を言語化しよう

百済の遠祖が夫余だということから、百済もエジプト第18王朝の末裔だと言える。しかし、百済の伝説を紐解くことにより、エジプト以外の民族の末裔であることも主張しているのが読み取れるのだ。そして、その民族が「ペルシャ人」。三国史記による百済の祖に繋がる系譜は、アクエンアテンがモデルの「ジュモン」と妻「ソセオノ（Soseono）」から始まる。このソセオノから生まれる「オンジョ（Onjo）」という男が、百済の建国者となる。

では、この妻「ソセオノ（Soseono）」という名前。

既にお気づきだと思うが、日本の国津神の祖神「素戔嗚《すさのお》（Susano）」と瓜二つの名前だ。そんな素戔嗚の名前の起源は、シュメール人の兄弟民族「エラム王国」の古代都市スサで崇拝された「インシュシナク（Inshushinak）」という神である。

この「インシュシナク」は、「イン／神」、「シュシ／スサ（神名）」、「ナク／～の」の三つの言葉が重なった「スサの神」を意味する名称だ。エラム王国の王にも使われた名称のため、「スサの王」とも言える。

そして、このスサの神・インシュシナクは、死後の世界で亡くなった人間の最後の審判をする神で、黄泉の国へ行った素戔嗚の特徴と合う。また、インシュシナクはシュメール人の最高神の嵐の神エンリルと同一とされ、人類の歴史上名前が分かる最古級の神だ。

素戔嗚《すさのお》はアナトリアの嵐の神「ターフナ（Tarfunna）」や「タル（Taru）」という牛の特徴を持つ嵐の男神がモデルであり、素戔嗚《すさのお》の八岐大蛇《やまたのおろち》伝説《でんせつ》と同じ話があると話したが、このアナトリアの二柱の嵐神と、インシュシナクやエンリルは、名前が違う同一神である。

素戔嗚の根源的モデルはインシュシナクと考察しているが、嵐神ターフナや、タル、エンリルなども辿ったり、合わせていくと同一と考えることができる。神々は結ばれていく。

エンリルといえばギリシャ神話のゼウスのモデルにもなっている神。太古より嵐や雷は神の象徴として畏怖されていた。申という時は雷を表す言葉。神という字にも意味がある。

こちらはエンリルの像。メソポタミアの神々の中でも存在感のある嵐神で、さまざまな神話にこの神が現れる。

特に、初期のエラム王国の人々は「ハタムティ（Hatamti）」または、「ハルタムティ（Haltamti）」と呼ばれ、最後の「it（～人）」を外した「ハタ／ハタム（Hatam）」に似た名前を持つのが、先ほどアナトリアの二柱の嵐神を崇拝した「ヒッタイト（Hittite）／ヒタ人や「ハッティ人（Hattian）」だ。同名の女神も崇拝していた事実から、彼らはより結びつきが強い元同民族と言える。

この「ハッティ人」、「ヒッタ人（ヒッタイト）」、「エラム人（ハタ）」が同一で、彼らが信じた同一の神々が、素戔嗚《すさのお》のモデルというのは、素戔嗚伝説からも読み取れる

日本書紀には、素戔嗚が高天原から追放された際は新羅《しらぎ》に降りたが居心地が悪いということで、粘土の船を使い東に渡り、出雲に着いたと書かれている。

新羅《しらぎ》とあることから、朝鮮半島の話だと多くの歴史研究家は考えているが、「高天原＝アナトリア（ハッテェ／ヒッタ人）」、「新羅＝シリア（ヤマァド人）」、「出雲＝エラム王国のスサ（ハタ人）」として見ると、標高が高いアナトリアから南に降りた場所がシリアであり、船でメソポタミアのチグリス・ユーフラテス川を通って東に進むと、エラム王国の都市スサに辿り着く。

そう、日本神話での素戔嗚の旅と完全に一致するのだ。そして、この物語により、素戔嗚がモデルにした同一神を信仰した民族が、「アナトリア→メソポタミア→エラム」という民族移動が存在したことが分かり「ハッティ人」、「ヒッタ人（ヒッタイト）」、「ハタ人（エラム人）」というアナトリアとエラム王国の民族名がそれを証明する。

そんなアナトリアの嵐の神と、エラム王国のインシュシナクをモデルにしたのが素戔嗚なのだが、名前は「インシュシナク」の「スサの神」が起源だ。よって、百済の建国者「オンジョ」の母「Soseono（ソセオノ）」は、エラム王国のスサ神の「インシュシナク」を意味しているということになる。

そして、この「オンジョ（Onjo）」という名は、エラム王国の古ペルシャ語の名称「フジャ（Hūja）」の音に似ており、イラン高原でのエラム王国時代からペルシャ王朝時代への移り変わりを表している。

そして、この説を後押しするようにそもそも「百済」の韓国名「バェクジェ（Baekje）」または、「パェクチェ（Paekche）」が、「ペルシャ（Pārsa）」の最も古い語源の一つ「パァクシュ（pārcuš（イラン祖語））」とほぼ同音なのだ。そう、百済とは古代のペルシャを起源に持つと言える。

ひとまず、この段階で考えられるのは百済の始祖伝説は朝鮮半島での歴史ではなく、中東での歴史をあたかも朝鮮半島の出来事として書いた可能性があるということ。

例えば、百済の建国者「オンジョ（Onjo）」は、エラム王国の古ペルシャ語名「フジャ（Hūja）」が起源と話したが、オンジョの次の王は「多婁《だる》（Daru）」と呼ぶ。そして、この「多婁（Daru）」は、ペルシャ発祥の「アケメネス朝ペルシャ」の帝王「ダリウス1世／Darius/Dārayauš（古ペルシャ語）」の「Dari/Dāra」と似ているだけでなく、その歴史も類似している。

百済の2第目の国王「Daru」は、国外との多くの戦争した王として知られているが、その中で最も争ったのが高句麗の北東にあった「Mohe /Malgal/ 靺鞨《まっかつ》」という国（現ウラジオストクあたりを含む北東）。

そして、この国の別名が「モグヘェー（Mogher）」と呼ぶ。一方、百済のダル王と似た名前を持つ、ダリウス1世は、ペルシャから東西に遠征を行い、ダル王と同じく戦いが多い王だったのだが、東方のインド地方の敵対国の一つに「Magadha/ マガダ王国」、別名、「Magahi/ マガヒ」という国があった。そう、百済とアケメネス朝ペルシャのそれぞれの敵対国「Mogher」と「Magahi」はかなり似ているのが分かるだろう。

ちなみに、朝鮮半島の百済の南には「伽耶／カヤ」という国があったとされるが、伽耶は「ガヤ（Gaya）」とも呼ばれる。では、先ほど話した、ダリウス1世の敵対国・マガダ王国があった地域には、古来から「ガヤ（Gaya）」という地名がある。そう「伽耶／ガヤ（Gaya）」と全くに同じである。

また、ゾロアスター教の聖典アヴェスターには、伽耶と似た名前を持つ「カヤ人（Kayanian）」が、古代ペルシャでの最古の王朝の民族として登場する。そんなカヤ人王朝の最後の2人の王名が百済のダル王や、ダリウス1世と似た「ダラ1世（Dara 1）」と「ダラ2世（Dara 2）」だ。

このカヤ人王朝のダラ1世が導入したペルシャ内の郵便システムが、アケメネス朝ペルシャのダリウス1世が実際に行った事業と同じであり、ダリウス1世と同じく、メソポタミアの都市バビロンに家を持っていたという伝説があることから、カヤ人王朝後半の伝説はアケメネス朝ペルシャの歴史からの引用だと指摘されている。

また、カヤ人王朝最後のダラ2世は、アケメネス朝最後の国王「ダリウス3世」を反映していることが確実だとされる。
つまり、「百済のダル王が戦ったマガヒ王国」と「ダリウス1世と戦ったマガダ王国」、「百済と伽耶国」と「マガダ王国付近の地名ガヤ」、「カヤ人王朝の歴史の一部はアケメネス朝の引用」ということから、マダガ王国付近のカヤ人たちは、ダリウス1世の遠征により、アケメネス朝ペルシャに吸収されたと考えられる。そして、この話はしばらくのちに話すとある氏族と繋がっていく。

ひとまず、百済は伝説を通して**アケメネス朝ペルシャのダリウス1世を始祖**として見ていたのを覚えておいてほしい。

では、次に注目するのが百済の初代国王のオンジョ（Onjo）の兄弟・沸流《びりゅう》という人物。沸流（Biryu/Piryu）は、伝説上、弟のオンジョ王と戦い負けてしまう伝説がある。その物語の一つには、オンジョ王と沸流王の国が合わさり「百済」となったという伝説もあるが、ペルシャ地方から北東にあるパキスタン北部には、古来から「沸流（Biryu）」と同音の「ビリュウ（Birir/Biriu）」という名の谷がある。

そして、そこに古代から現在に至るまで、暮らしているのが「カラス／カラシュ／Kalash」と呼ばれる民族だ。
そして、このカラス民族が住まうビリュウという地が高句麗の起源と繋がっていく。

高句麗の起源を言語化しよう

アマテラス解体新書で、このカラス民族と賀茂氏《かもし》には共通点が多いと話した。その理由は

① **賀茂氏の「八咫烏」こと「烏」と、カラス民族の繋がり**
② **カラス民族の「カガヤク」という名前の祭りと、日本語の共通点**
③ **カラス民族の神官名「カム（Kam）」と、賀茂氏の「カモ（Kamo）」**
④ **カラス民族の「ジョシ祭り」と日本の盆踊りの類似**
⑤ **カラス民族の別名「ワィ（Wai）」と「倭（Wa）」との一致**

上記の、カラス民族の「Wai」と倭の音が繋がる理由は、この二つの名前の起源が、日本神話での葦原中国《あしはらのなかつくに》のモデル・古代メソポタミアの古代都市「ウル／ウゥ（Ur）」だからである。つまり、古代メソポタミアから、殷経由で日本列島に移住したのが「倭」で、パキスタンに残ったのだカラス民族の「ワィ」となっていったと考えられる。

そして、カラス民族のカラスという民族名や、賀茂氏の太陽の化身「八咫烏《やたがらす》」という存在は、アケメネス朝ペルシャの初代国王「キュロス」のペルシャ語名「カラス／クルス（Kurus）」の語源・「クラス（Kuras）」に起因している。というのも、日本語のカラスに似た「Kuras」は、「コウロシュ（Kourosh）」と派生していって「太陽の神」を意味する言葉になるからだ。つまり、太陽の化身「八咫烏」とは、太陽の神を表す「Kourosh/Kuras」から派

生したものだと言える。

では、そんな賀茂氏《かもし》が崇拝する「八咫烏《やたがらす》」の姿は、三本足の烏で有名だが八咫烏が描かれる日本神話より昔の紀元前の時代から、既に古代中国の前漢や高句麗で「太陽神の三本足の烏」が確認されている。それゆえに、八咫烏の起源は日本列島より西方だとされているのだが、賀茂氏の八咫烏と繋がる「カラス」が、古代ペルシャの起源ということから、八咫型の起源は更に西方でなければいけない。そして、それを証明してくれるのが百済と祖が同じとされる「高句麗」の伝説だ

三国史記には、夫余国から追われた朱蒙《じゅもん》が「沸流《びりゅう》」という川に辿り着き、3人の仲間と出会い、その場所に高句麗を建国すると書かれている。この沸流は、百済の建国者「Onjo」の兄弟「沸流（Biryu）」と同じ名である。そんな高句麗の名前は、古韓国語で「句麗（Guryeo）」と呼ばれ、忽（Kuru）という漢字に由来しているとされる。

では、この高句麗の「忽（Kuru）」でピンときたかと思うが、先ほど話した、現在カラス民族が暮らす「ビリュウ（Biriu）」という谷の東方には、実際に「クル（Kuru）」という王国があった。そのクル王国が発足したのは、紀元前1200年辺りだとされ、消滅は紀元前500年辺り。ちょうど、エジプト第18王朝の崩壊に中東を襲った「海の民」のタイミングで建国され、アケメネス朝ペルシャ台頭のタイミングで消滅したのがクル王国なのだ。そんなクル王国は三つの地域に分かれて統治されていたのが確認されており、朱蒙の物語の「3人の仲間と出会い」という物語とも合致するのだ。

では、クルという国名と建国時期から分かると思うが、このクル王国が、朱蒙《じゅもん》伝説《でんせつ》で語られる高句麗の起源だ。

そして、これは三国史記で語られる別の種類の百済建国伝説からも読み取れる。

朱蒙が高句麗を建国する前、「ソセオノ（Soseono）」は、「ウタエ（Wu Tae）」という男性と既に結婚しており、このウタエの子が百済の建国者オンジョ王だというもの。そして、しばらくのち朱蒙がソセオノと再婚し高句麗ことクル王国を建国する。

この話と合致するように、クル王国の北方には「北クル王国」が存在し「ウタラクル（Uttara Kuru）」と呼ば

埼玉県日高市にある高麗神社。高句麗の国に関わりのある氏族が多く流れてきたこの地だが、高麗(koma)と賀茂氏の賀茂(kamo)の発音は大きく違わない。

関連性を模索していたら、この高麗の一族には賀茂氏の中にも根付く、八咫烏のモデルとも言える朱蒙の紋章が受け継がれている。起源の整合性が見えてくる。

れていた。そう、オンジョの父「ウタエ（Wu Tae）」と「ウタラ（Uttara）」はほぼ同音。つまり、この種類の朱蒙伝説は、高句麗の建国者・朱蒙と百済の建国者オンジョは、同じ男系ではないという主張だと考えられる。

とは言うものの、百済の元の名前を読み解くと、クル王国が起源だと言うのがわかる。三国史記や、百済本紀によると、百済は元々、オンジョ王が10人の家臣たちのサポートを得たことを由来に「十済」と呼ばれていた。この10人の家臣と合うように、高句麗のモデル・クル王国には、「十人の王の戦い」という伝説が古代インドの聖典リグ・ヴェーダに書かれている。

内容は、「バラタス（Bharatas）」という王と部族連合が争った結果、バラタス王が勝利。そののち、バラタス王が中心となって、敗れた部族連合を含めた「クル王国」が誕生するというもの。まさに、百済の前の名前「十済」の由来と同じなのだ。つまり、高句麗とはクル王国の「クル」から引用した名称で、百済の十済とは、連合状態のクル王国を表した名前だと言える。そして、この「十」は時代を経て「百」と変わり百済となる。百国を束ねる国となっていくのだ。

百済と高句麗の違いを理解する

では、ここまで。高句麗と百済の起源は、十人の王の戦いを経た、同じクル王国と話してきたが、百済の「パェクチェ（Paekche）」という呼び名と、ペルシャの語源「パァクシュ（párcuš/イラン祖語）」との類似、そして百済始祖伝説にダリウス1世のモデル・ダル王が描かれていることから、百済の起源はアケメネス朝ペルシャでもあるという話もした。では、百済と高句麗の違いは一体何なのか？　それは、アケメネス朝ペルシャでの王家の違いである。

まず、高句麗の起源・クル王国の「Kuru」という言葉を受け継ぎ、アケメネス朝ペルシャの伝説的帝王として語られるのが「キュロス国王」こと「クルス国王（Kurus）」だ。「Kuru」と「Kurus」がほぼ同音であるだけでなく、クル王国の首都の名前もキュロス国王と繋がる。

まず、古代エジプトからアナトリア地方に至るまでの広大な土地を支配したアケメネス朝ペルシャだが、その起源は、キュロス国王が書いたとされる「キュロス・シリンダー」という遺物、ダリウス1世が書いたとされる「ベヒストゥン碑文」という壁画、そして、古代ギリシャの歴史家によってのみ語られている。

これら遺物のよると、アケメネス朝ペルシャの大躍進を導いたキュロス国王こと「キュロス2世」は、初代国王の「アケメネス（Achaemenes）」から7代目である。

しかし、キュロス2世の前に、この「アケメネス」という名の王が存在した当時の記録は一切存在しない。一方、このアケメネス王の次の王は息子はテイスペスと言い、古代都市アンシャン（Anshan）の王と書かれている。このアンシャンという名前の古代都市は、エラム王国内に実際にあったとされるが、キュロス国王とダリウス1世が後世にそう書き記しているだけであり、実際に、テイスペスという名のペルシャ人の王が、都市アンシャンの王となった記録は存在しない。そのため、このキュロス・シリンダーとベヒストゥン碑文はダリウス1世などの後世の王による捏造だとされている。

しかし、アケメネス朝ペルシャの起源のヒントは、「アンシャン（Anshan）」という都市名にある。というのも、アケメネス朝ペルシャの国王「クルス（Kurus）＝キュロス国王」とほぼ同名のクル王国の首都は「アーサンディヴァット（Āsandivat）」と呼び、その名前には「アーサン」という「アンシャン（Anshan）」と似た名前である。また、アケメネス朝ペルシャの台頭の時期と、クル王国の消滅の時期は合致しているのだ

この「クルスとクル」、「アサーンとアンシャン」そして、「クル王国滅亡とアケメネス朝台頭の時期の一致」から、アケメネス朝の根本的な起源がクル王国の可能性がある。

そして、アケメネス朝の起源がクル王国だとすることでアケメネス朝のクルス国王の名称を起源に持つ太陽神の化身・八咫烏が、クル王国を起源に持つ高句麗で崇拝されていたことに合点がいくのだ。つまり、高句麗で発見された三本足の八咫烏を崇拝した賀茂一族とは、クル王国→アケメネス朝ペルシャ→高句麗→日本列島という流れで渡来していると考えられる。

また、百済と高句麗の起源がクル王国から発展するアケメネス朝ペルシャとすることで、百済と高句麗の遠祖・朱蒙が、伝説上、エラム王国の最高神インシュシナク（スサの王）を意味する「ソセオノ（Soseono）」と婚約した理由がわかる。というのも、アケメネス朝ペルシャはエラム王国にとって代わってイラン高原を統治するからだ。

つまり、少し前に話したアモーセ1世がモデルの夫余の祖「ハェ・モース」が「ユフワ（Yuhwa）」ことヤハウェ

（Yahweh）を取り込んだのと同じく、アケメネス朝ペルシャがインシュシナクを崇拝するエラム王国の民を傘下にしたため、スサの神を女性の「ソセオノ」とし、婚約関係にしたということ。

しかし、百済と高句麗の起源が同じクル王国とアケメネス朝ペルシャだとしても、その王家の血統には違いがあるのがわかる。なぜなら、クルス国王とダリウス1世は、二代目のテイスペス王から別れる遠い親戚関係ではあるが、百済はクルス国王（キュロス）ではなく、ダリウス1世の「ダル王」のみを自らの先祖としている。

その証拠に、伝説の中には、百済の初代国王オンジョが兄の沸流を倒し、沸流の民を百済の国内に加えるという

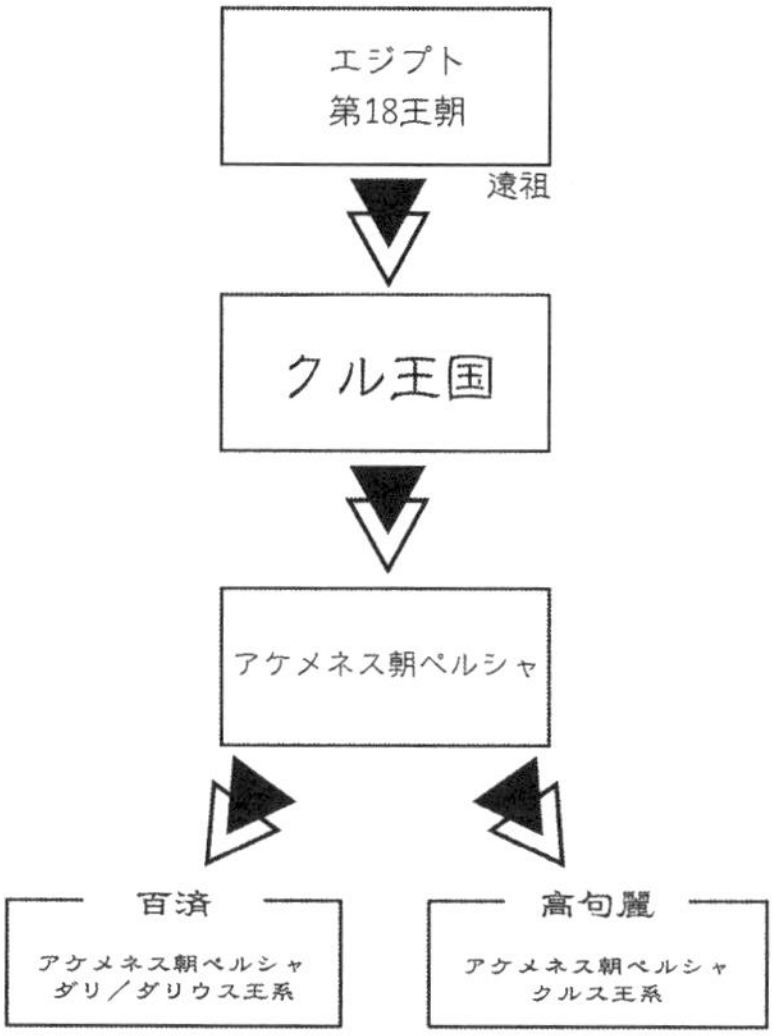

高句麗と百済の違い。遠祖は同じだが、アケメネス朝ペルシャ時代に氏族的な分岐がある。

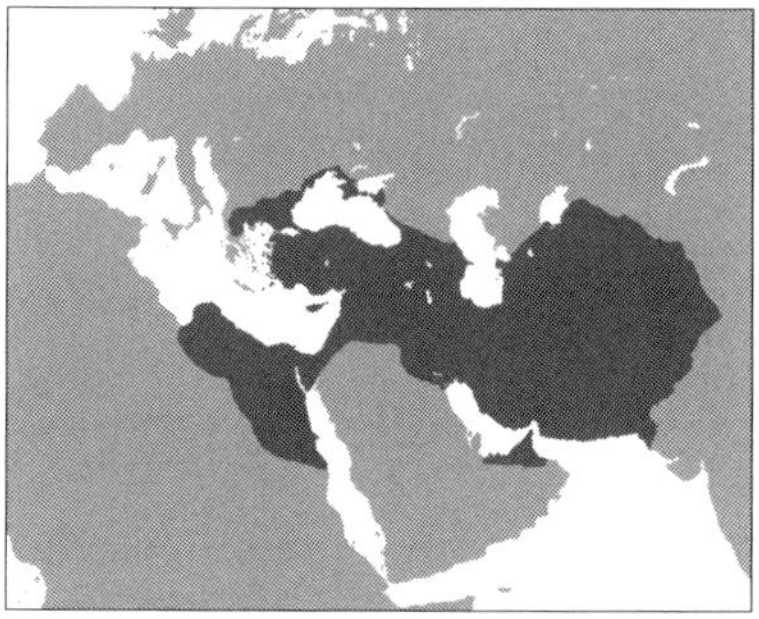
キーとなるアケメネス朝ペルシャ最大版図。ペルシャ王国、アケメネス朝（紀元前559-529年キュロス２世、紀元前522-486年ダリウス１世、最後が紀元前336-330ダリウス３世）、セレウコス朝、アルサケス朝、ササン朝と続いていく。

伝説もあるのだが、これはダリウス1世による、かつてクル王国があったビリュウ谷付近へ遠征した歴史を引用していると考えられる。

よって、エジプト第18王朝崩壊後の百済と高句麗の起源は、同じクル王国とアケメネス朝ペルシャであるが、百済の先祖はダリウス1世、高句麗の先祖はクルス国王（キュロス）に分かれていると言える。

アケメネス朝とエジプト第18王朝の繋がり

では、10ヵ国から100ヵ国を統べるアケメネス朝がモデルの百済と、その兄弟民族でクル王国がモデルの「高句麗」だが、この2国の祖は、エジプト第18王朝のファラオ「アクエンアテン」をモデルとする扶余の建国者「ジュモン」だとする伝説がある。

もし、そうだとすると、このクル王国やアケメネス朝ペルシャが、エジプト第18王朝や古代イスラエルと何かしらの繋がりがあるのか？

アクエンアテンの時代から古代メソポタミアの王国との交流は確認されており、実際にアクエンアテンの妻の1人は、メソポタミアの女王だ。しかし、アクエンアテンの中東との交流以外にも、エジプト第18王朝と、18王朝の歴史を引用した旧約聖書から、古代インドのクル王国とアケメネス朝ペルシャの繋がりがある。

その一つが、旧約聖書とヒンドゥー教の類似だ。

ユダヤ教とヒンドゥー教の類似説は、ヨーロッパの啓蒙時代から現在に至るまで盛んに行われている。長くなるので要点だけまとめるが、一神教か多神教かの違いを除けば、古代イスラエル人の祖「アブラハム」と妻「サラ」と、ヒンドゥー教の「ブラフマ」と妻「サラスバティ」の名前の類似や、アブラハムの物語とヴェーダの関連書物「ウパニシャッド」との類似などが挙げられる。

そんな旧約聖書と似ていると長年指摘されているヒンドゥー教には、「ラマ（Rama）」または「ラマン（Raman）」という神がおり、古代インドのカヤニアンなどから崇拝されていたが、この「Raman」の初めの「R」を除けば「アマン」で、エジプト第18王朝の「アモン（Amen/Amun）」神とほぼ同音となる。また、この二柱の神はどちらも青い肌を持つという共通点もある。

一方、高句麗の起源・クル王国は、ヴェーダに関連した宗教から、徐々に「バラモン教」へと代わっていったとされる。このバラモン教とは、ヒンドゥー教の前身にあたる宗教でブラフマンと言われる宇宙の源とされる存在を敬う宗教だ。

このバラモン教の宇宙観をまとめたのが、先ほどアブラハム物語との類似を指摘されているヴェーダの関連書物「ウパニシャッド」だ。クル／クルスという名前と似てるヒンドゥー教の神もいる。それが「クリシュナ（Krishna）」だ。サンスクリット語で「Kṛṣṇa」という書くクリシュナの意味は「濃い青」で、これもアモン神と同じく、青い肌の特徴を持っている。

一方、百済と高句麗の起源であり、クル王国の末裔であるアケメネス朝ペルシャでは、ゾロアスター教が主に崇拝された。そして、ゾロアスター教の「イマ（Yima）」の動物の全てのオスとメスを災害から守るという伝説は、旧約聖書のノアの方舟の物語と似ている。

そんなゾロアスター教を崇拝するアケメネス朝ペルシャの伝説的国王「キュロス国王（Kurus）」は、旧約聖書に英雄として登場する。

というのも、旧約聖書によると、新バビロニア帝国によって捕虜にされていた古代イスラエル人は、キュロス国王によって解放されたからだ。そのため、旧約聖書でキュロス国王は「ヤハウェに任命された者」や「救世主（メシア）」という肩書きを持っている。

なぜ、キュロス国王率いるアケメネス朝ペルシャは新バビロニアの古代イスラエル人を助けたのか？その理由は簡単。どちらも同じ「エジプト第18王朝」が起源だからだ。

ペルシャから朝鮮半島へ百済建国

では、ここまでを簡単にまとめると。

夫余伝説は、アモーセ1世やアクエンアテンなどのエジプト第18王朝の歴史を引用した伝説で、夫余を遠祖に持つ百済と高句麗はクル王国が起源であり百済はクル王国から発展したアケメネス朝ペルシャのダリウス1世を起源とする国と話した。しかし、このアケメネス朝ペルシャが崩壊したのちすぐに、朝鮮半島で百済ができた訳ではない。次に、アケメネス朝と朝鮮半島での百済の建国まで話をしよう。

ダリウス1世の領地拡大の時代からしばらくのち、アケメネス朝ペルシャは古代ギリシャのマケドニア帝国のアレクサンダー大王によって滅ぼされ、その領地を奪われてしまう。そののちセレウコス朝が台頭し、また、そのセレウコス朝に取って代わる王朝が「パルティア帝国（Parthian）」こと「アルサケス朝」だ。

このアルサケス朝の始まりは、紀元前3世紀の初代国王・アルサケス1世、こと「アーサク（Arsak／ペルシャ語）」から始まったとされる。ただ、この「アーサク」という名前は古イラン語で「Aršan＝英雄」という意味があり、先代のペルシャの帝国・アケメネス朝に存在した「アーセス2世（Arses II/Artaxerxes II）」という王の名前が由来であるため、パルティア帝国ことアルサケス朝の起源はこのアケメネス朝の王家の末裔だと言われている。

そんなアルサケス朝ペルシャは、紀元前171年に即位したミトラダテス1世の時代に大躍進を遂げ、先代のアケメネス朝以上の範囲を統治する大帝国となる。ただ、西暦20年にはアルサケス朝の東側に、現在のアフガニスタンからパキスタンにまたがる「インド・パルティア帝国」という国が独立する。この2つのパルティア帝国は、ローマ帝国との戦争によって弱体化し、西暦230年辺りに台頭したササン朝ペルシャにより滅亡する。

このように分裂しながらも影響力を広げた歴史を持つパルティア帝国ことアルサケス朝だが、その王朝名は別の古代の資料から「Ashkânián/アシュカニアン」とも呼ばれていた。この「ニアン」は「〜人」という意味なので、「アシュカ人」ということになる。そう、百済から日本列島に伝来した仏教を中心に発展した「飛鳥文化」の「飛鳥（Asuka）」とほぼ同じ名前なのだ。

百済（パェクチェ）とペルシャの語源「パァクシュ（pârcuš）」がほぼ同音ということからわかるように、このアルサケス朝の「アシュカ人」が、朝鮮半島の百済経由で日本列島に飛鳥文化を伝えた者たち、むしろ、朝鮮半島での百済を建国した者たちである。というのも、古代中国の歴史書「三国志」の「伯済国」の記述から、朝鮮半島での百済の建国は3世紀前半だと考えられており、これはササン朝ペルシャの台頭によってパルティア帝国が滅亡した230年辺りと時代も合致するからだ。

ペルシャ起源の百済と仏教

しかし、飛鳥文化と言えば、仏教だが、「百済とペルシャ」や「アシュカ人と飛鳥」という名称の類似からは、仏教との繋がりが見つからない。

というのも、アシュカ人のアルサケス朝ペルシャは仏教国ではなくゾロアスター教や古代ギリシャの神々の信仰が主な宗教だったとされているからだ。ただ、この仏教と百済とアシュカ人を繋げてくれる王朝が存在する。それがマウリヤ朝という王朝だ。

百済のダル王のモデル・ダリウス1世が遠征した先として紹介した「マガダ王国」が起源のマウリア朝だが、全盛期は南部を除くインド亜大陸全体を統一した。マウリア朝は、紀元前322年から紀元前185年まで存在したとされ、これは紀元前247年から始まったアルサケス朝より75年早く古代インドに存在した王朝であった。そんなマウリア朝の全盛期を導いたのが3代目の「アショカ（Ashoka）」またの名「アソカ（Asoka）」という王である。

マウリア朝の「アショカ王」とアルサケス朝の「アシュカ人」が、ほぼ同音であるのは見て分かるだろう。また、アショカ王がマリウス朝の国王であった期間は紀元前268年から紀元前232年で、アルサケス朝の建国者「アーサク（Arsak）」王は、紀元前247年から紀元前217年だとされており、2人の名前が類似しているだけでなく、15年間ほど、王位期間が被っている。そのため、アショカ王とアーサク王の同一説が指摘されている。

実際に、マウリア朝では王が変わるたびに、新たな硬貨が作られるのが普通であったが、なぜか全盛期を導いたアショカ王には存在しない。この理由は、アショカ王としてではなく、アルサケス朝のアーサク王としてコインが作られたからだと考察されている。そして、この説に、少し前に話した「アルサケス朝のアーサク王の名の起源は、アケメネス朝のアーセス2世なので、アルサケス朝の起源はアケメネス朝である」という考察を加えると、「アケメネス朝→マウリア朝アショカ王→アルサケス朝」という繋がりが見えてくる。

歴史を交えて話すと、古代ギリシャのマケドニア帝国に敗北し、セレウコス朝シリアに支配されたアケメネス朝ペルシャの末裔は、より東方の古代インドの「マガダ王国」付近へ移住し、マウリア王朝を建国。そして、大躍進を遂げたアショカ王の流れから、同一の可能性があるアーサク王がアルサケス王朝をペルシャ地方で建国したと考えられる。

そんなアルサケス朝の建国者アーサク王と似た名前を持つマウリア朝のアショカ王は、両親の信仰を受け継ぐのではなく、自らの意志で仏教徒になった人物だと仏教の古書で説明されている。その伝説の中には、8万4000個もの仏舎利塔を建てたと書かれるほど、仏教の拡大に貢献したとされる。ただ、アショカ王ののちのマウリア朝の王たちは、仏教を国教とはせずほかの宗教とバランスを取った政策をしたとされる。

つまり、マウリア朝のアショカ王とアケメネス朝のアーサク王が同一だったとすると、マウリア朝に仏教を大々的に推奨したが、ペルシャのアルサケス朝では、先代のアケメネス朝と同じゾロアスター教などの既存の宗教に重きを置いたのがアーサク王（アショカ王）ということになる。よって、ペルシャを起源に持つ百済などから日本列島にもたらされた飛鳥文化には、古代ペルシャの信仰と仏教どちらの要素もあったと言える。

というのも、マウリア朝の時代のアーサク王（アショカ王）に仕えたものたち（アシュカ人）は仏教を信じ、アルサケス朝の時代に支えた者たちは仏教徒ではないからだ。つまり、百済出身の豪族であったとしても、必ずしも、日本列島で仏教容認派ではないということを意味する。

ただ、確実に仏教を容認派だと言える氏族が日本列島にいた。それが秦氏だ。

弓月君《ゆづきのきみ》と秦氏《はたし》の軌跡

葛城秦氏の祖とも言われている弓月君は、応神天皇の時代に120県の民を率いて百済から日本に帰化しようとしたが新羅の妨害があったため、葛城襲津彦《かつらぎそつひこ》（竹内宿禰《たけうちすくね》の息子と言われている）の援助により、伽耶／加羅国が弓月君の人々の帰化を任されていた。しかし、数年経っても日本に来ないため、応神天皇は援助を加羅に送り、新羅を牽制した。この作戦が功を奏し、弓月君とその民は日本列島に帰化することができたというもの。

ほかにも、中国古代王朝の西方に起源がある弓月国が、朝鮮半島で秦韓《しんかん》（辰韓）となり、新羅に滅ぼされたのち、日本に帰化したという説があり、帰化後の弓月君の末裔は、養蚕《ようさん》や織物に力を入れ、彼らが作る絹織物が「肌」のように心地良いことから「波多《はた》」という名字を与えられ、今日の「秦」になったと言われている。

また、葛城襲津彦《かつらぎそつひこ》と同一の沙至比跪《さちひこ》の物語から、葛城襲津彦は加羅を滅ぼすという伝説もある。

では、第1章で話した通り、応神天皇のモデルは「秦始皇帝」であった。そして、この「応神天皇＝秦始皇帝」を土台に「百済＝ペルシャ」として考えれば、日本神話での弓月君の物語と完全に合致する民族が浮かび上がる。それが「ユエジ（Yuezhi）」という民族だ。

ユエジ族とは、古代中国の資料で初めて登場する、中国大陸北西部を拠点にした民族だが、彼らが使用していた言語がインド・ヨーロッパ祖語系だったという事実がすでに分かっている。よって、中国大陸より西方が起源の民族だとされる。

弓月君の「弓月」には「ユンヅ」という呼び名だけでなく、「融通王《ゆうづうおう》」という存在でもあるとする説もあることから、先ほどの「ユェジ（Yuezhi）」はよく似ているだけでなく、古代の日本には始祖名には「キ／ギ」を付ける文化があるため、「ユェジ（Yuezhi/）」に「キ（始祖）」を付けると「ユェジキ」となり、「弓月」とほぼ同音となるのだ。また、弓月の「月」の漢字と合うように、中国の歴史家・司馬遷は「ユェジ（Yuezhi）」を「月氏」という漢字を使っている。

この月氏（ユェジ）人は、紀元前1世紀頃に書かれたとされる古代中国の書・管子（かんし）では「ユェヅ人」と呼ばれ、紀元前から翡翠を中国王朝に輸出していたと書かれていた。一方、司馬遷は、シルクロードでの貿易をしていた「Yuezhi」は、「Wūzhi」と呼び、秦王朝に翡翠と質の高い馬を輸出し絹を輸入していたと書いている。

このように古代の中国資料に多く登場するユェジ人だが、秦王朝が崩壊した紀元前206年から約30年後の紀元前176年に、中国大陸から西方のシルクロード上にあるインド・バクトリア地方に移住したのが確認されている。そんな彼らは同民族で連合を組むことにより、インド・パルティア帝国の領地の一部を征服しクシャン（Kushan）王朝（国／帝国）を建国する。そして、この王朝の建国者が「クジュラ（Kujula）」王だ。

この「クジュラ（Kujula）」は、百済の日本語読み「クダラ（Kudala）」と似ているだけでなく、「葛城」の「葛（Katsula）」にも似ている。また、古代日本の「キ／ギ（始祖）」を付ける文化で見ると「葛城」は「葛の始祖（ギ）」

という意味が隠れていることから、クシャン王朝の始祖「クジュラ（Kujula）」に「ギ（始祖）」を加えると「クジュラギ（Kujulaki）」となり、「葛城」とほぼ同音になるのだ。

つまり、上記の実際の歴史を応神天皇と弓月君の物語と照らし合わせると。

百済から応神天皇が統べる日本に帰化しようとする弓月君と120県の民というのは、古代のペルシャ地方から秦王朝へ行こうとするユェズ(Yuezhi)国ということになる。そして、そのためには、ペルシャの東方、カヤ人(Kaya)人伝説があった「マガダ（Magadha）」付近を超え、北方インドからシルクロードを渡ってくる必要があり、これは日本書紀で加羅国がその任務を任されたという地理的状況と合う。

日本書紀では、加羅国に援助を要請するのは葛城襲津彦だが、彼のモデル・クシャン王国の建国者クジュラ王は北方インドを統治をするため、加羅国が葛城襲津彦の要請を聞いて当然という関係なのだ。

また、中国大陸北西部を拠点にしていたユェズ国と秦王朝には、共通の敵「匈奴《きょうど》」という民族がモンゴル高原に存在した。秦の万里の長城は、この匈奴の侵入を阻止するために建設されている。

この秦王朝による匈奴への軍事対策により、ユェズ国との貿易が安全に行われるようになる訳だが、日本書紀では、匈奴を新羅という設定にすることで、応神天皇の援軍により弓月君が日本列島で帰化できるようになった、という物語にしたと考えられる。

また、弓月君は上質な絹織物を作っていたとあるが、彼らのモデル・ユェズ国は、秦王朝から絹を輸入していた。その理由は、アケメネス朝ペルシャ時代にはすでに人気であったペルシャ絨毯に使用されるからだ。そして、秦王朝崩壊後に、ユェズ国がバクトリア地方に建国するクシャン（Kushan）王国の領地にはカシミヤ地方もあり、カシミヤヤギなどの上質な羊毛が手に入る場所でもある。そう、弓月君の末裔の秦氏が上質な絹織物を作っていたという話と完全に一致する。

秦王朝と月氏の関係

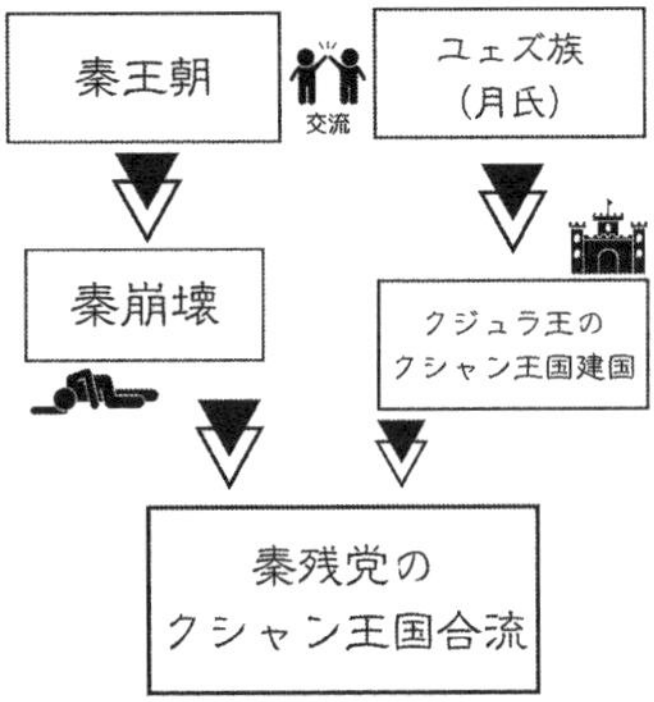

この中央アジアから北インドにかけて存在したクシャン王朝建国までの歴史を見れば、月氏と秦王朝の関係。そして秦王朝滅亡後の軌跡が赤裸々になる。そう、秦王朝の残党は東へ移動したのではなく、まず西でクシャン王国に合流したのだ。

日本書紀

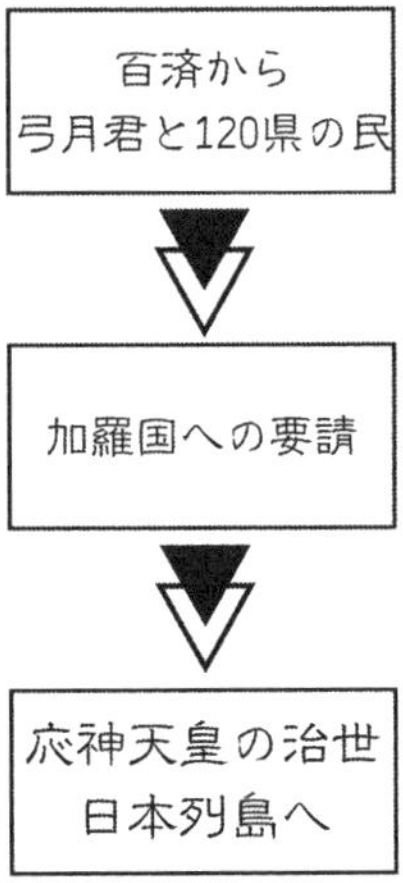

日本書紀での応神天皇と弓月君の話は、この秦王朝とユェズ族の関係や歴史の投影と言える。ここの完全一致からも、著者の応神天皇＝秦始皇帝説の裏付けがとれる。

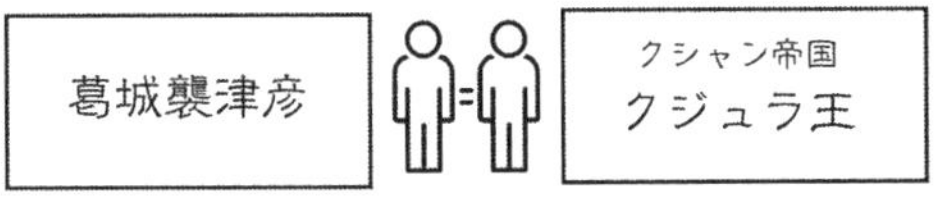

クジュラとカツラの音の一致から、始祖を意味する『ギ』もしくは『キ』をつけると、クジュラギ→カツラギ。あの葛城秦氏の祖が見えてくる。クジュラは百済の読みにも似ていることからここの関連性もわかるだろう。葛城襲津彦はクジュラ王と比定できる。

また、日本列島での秦氏と言えば、織物以外に、土木技術・砂鉄・銅等の精錬技術などに長けていた技術者集団だとされるが、クシャン王国は、ギリシャ文化と仏教が融合した「ギリシャ仏教文化」を継承した国だったことが確認されており、ギリシャ／ローマの建築技術を使った豪華な仏塔を建てている。特に、1世紀半ば～3世紀半ばにかけて、シルクロードを介して、中国大陸やアジア圏への仏教の伝播に貢献した。

ここまで弓月君の秦氏の特徴と合致する民族は、ユェズ国とそののちのクシャン王国以外、存在しない。しかし、日本書紀での弓月君は応神天皇がいる日本に帰化するとあるが、実際は、弓月君のモデル・ユェズ王国の民が秦に帰化した記録はない。理由は、秦とユェズ王国の状況が逆だからだ。

日本神話では、秦始皇帝がモデルであっても、応神天皇が他国へ帰化させるという物語は天皇の立場的にありえない。そのため、葛城襲津彦《かつらぎそつひこ》は、バクトリア地方で建国された秦氏の祖・クシャン王国の建国者「クジュラ」がモデルなのにもの関わらず、彼を日本列島にいる存在にした。しかし、実際は、秦王朝の残党（応神）がクシャン王国（秦／弓月）へ帰化している可能性が高い。というのも、中華統一を成し遂げた秦王朝の首都は、中国大陸の比較的西方に位置している「咸陽《かんよう》」という場所で秦の最後の皇帝もここで亡くなったとされる。

元々、秦王朝がアナトリア起源のヒッタイト民族だということから、中国大陸の西方から発展したのは想像できると思うが、滅亡のタイミングで、秦王朝の残党が逃げるのであれば、シルクロードがある西方しかない。

そんなシルクロード付近にいたユェズ国は、秦王朝の弱体化に伴い力を取り戻した匈奴によって西方に追いやられていた。つまり、秦王朝の滅亡とユェズ国の西方への移住、そして、クシャン王国建国のタイミングが完全に一致することから、秦王朝の残党の多くがユェズ国の民と共に西方に移住した可能性が高いのだ。

秦始皇帝の兵馬俑は、古代ギリシャの彫刻家の指導により建設されたという事実もあることから、秦には元々、シルクロードを超えた西方国家との繋がりがあったため、不思議ではない。そして、この解釈により、日本書紀の「秦氏の先祖は秦始皇帝」という記述が嘘ではないという言える。というもの、弓月君ことユェズ国のクシャン王国が崩壊後、彼らは秦王朝の残党とともに日本列島にやってくるのだから。

これ以外にも、秦氏には秦酒公《はたのさけのきみ》という先祖や、聖徳太子を支えた秦河勝《はたのかわかつ》が祀られている「大避神社《おおさけじんじゃ》」、そして、秦氏が建立した広隆寺の隣にある「大酒神社《おおさけじんじゃ》」の「大酒大明神」という神の存在から、秦氏は「サケ（Sake）」という言葉と縁がある。この理由は、彼ら秦氏の先祖・クシャン王国が仏教を手厚く保護したことに由来する。

というのも、仏教の開祖ブッダの出身民族名が「サカ（Saka）」人だからだ。

ブッダの別の名称「釈迦《しゃか》」の起源・サカ人は、中央アジア北部からカスピ海の東側に及ぶ広大な範囲で活動した民族で、彼らが信じた仏教の思想と世界観が古代インドの国々に受け入れられた。

その理由の一つが葛城秦氏の祖がクシャン王国だったために、秦氏が信仰する秦酒公や大酒大明神に「酒」の文字が使われていると言える。それゆえに、秦氏も仏教との関わりも深く、大酒神社の近くには、秦河勝《はたのかわかつ》が建てたとされる広隆寺《こうりゅうじ》があり、聖徳太子を祀る秦氏の氏寺でもある。

聖徳太子の右腕として国造に貢献したとされる重要人物。葛城秦氏は仏教との関わりが深かったが、それもそのはず。その祖がクシャン王国であれば全ての筋道が通る。本書ではこの秦氏の起源がほぼ解明された。

聖徳太子。謎に包まれているこの人物も、前提がわかればさまざまな考察が生まれてくる。今回、書籍ではピックアップしないが、この人物も日本史における鍵となるひとり。

中臣氏《なかとみし》と中大兄皇子《なかのおおえのおうじ》

サカ人が拠点とした地域と、秦氏の祖クシャン帝国のすぐ近くには、シルクロードの要所「カシュガー（Kashger）」と呼ばれている都市があった。カシュガーの名称は、東イラン語の都市名「Kâš」と山「ğar」の二つの言葉を合わせた「カシュガー（Kâšğar）」が起源、または、すぐ近くの川「Kashgar」が起源だとされる。この名称から分かるように、この地が春日神《かすがのかみ》と繋がる。

春日神の仏教名「春日権現」と言えば大阪にある四天王寺が有名だが、春日神とは四柱の神々の総称名で、その一柱が「天児屋命《あめのこやねのみこと》／天児屋根命」と呼び、「中臣氏《なかとみし》」及び「藤原氏」の祖神だ。

中臣氏と言えば、中大兄皇子こと天智天皇の大化の改新を補佐した中臣鎌足《なかとみのかまたり》が有名だが、中臣氏の起源とは？

まず、歴史学者が長年かけて、中臣鎌足や息子・藤原不比等《ふじわらのふひと》の出自の研究を試みたが、確信を得た答えはない。なぜなら、明らかに不自然なほど記録が残ってないからだ。しかし、7世紀後半以降の日本史は、中臣氏から派生した藤原史の歴史と言われるほどの中心氏族であったのにも関わらず、その始祖の記録が殆ど存在しないというのは、隠す必要があったからだと推測されている。

ただ、中臣氏に繋がる「春日神」、「天児屋根命」、そして、「中」という字から、古代ペルシャ・インド経由の人々だったのが読み解けるのだ。

春日という言葉は、シルクロードの要所の都市カシュガー（Kashger）が起源だと話したが、カシュガーが四柱の神々の総称・春日神の由来となった理由は、この地が古代インドとアジアを繋ぐ貿易と文化交流の中心都市であったからだ。

仏教は成立してからすぐ、いくつかの宗派に分かれ、教義がバラバラになってしまったために、何度か他宗派間の評議会が開かれた。そんな宗派が別れた仏教が都市カシュガーからシルクロードを渡ってアジアに広まったため、日本列島では、不空羂索観音《ふくうけんさくかんのん》、薬師如来《やくしにょらい》、地蔵菩薩《じぞうぼさつ》、十一面観音が「春日大明神」という総称で四天王寺に祀られ、神仏習合した武甕槌神《たけみかずちのかみ》・経津主《ふつぬし》神・天児屋根命《あめのこやねのみこと》・比売神《ひめかみ》を「春日神《かすがのかみ》」として春日大社で祀っている。つまり、春日こと「カシュガー」とは、日本列島の仏教徒の起源を最も包括できる名称であったと言える。

このことから、春日神の一柱「天児屋根命」を祀る中臣氏の起源も古代インドと考えられるが、天児屋根命の「コヤネ」は古代インドの『とある民族名』とほぼ同音である。

それが、伽耶国《かやこく》の起源であり、ゾロアスター教の聖典「アヴェスター」では、伝説上、イラン／ペルシャでの最古の王朝を建てたとされる「カヤ人」だ。このカヤ人の別名「カヤニ(Kayani)」が天児屋根命の「コヤネ(Koyane)」とほぼ同音である。つまり、ここから、中臣氏は古代インドに縁がある古代ペルシャ系の人々だというのが読み取れる。そして、この説を確実にするのが「中臣《なかとみ》」という氏族名。

伽耶と繋がる「ガヤ」という地域があるマガド王国は、アケメネス朝ペルシャのダリウス1世によって倒されるが、その後のゾロアスター教の聖典では、カヤ人の末裔にダリウス1世を表す王「ダル王」がいることからアケメネス朝時代以降のカヤ人は古代ペルシャ人と混血しているのが分かる。

そして、この「カヤ人」を表す「天児屋根」を始祖としながらも古代ペルシャ系民族と混血した人々の末裔が「中臣氏」だと考えられる。なぜなら、中臣という氏族名は、百済と高句麗の始祖「朱蒙《じゅもん》／東明聖王」に縁がある名前だからだ。

まず、天武天皇によって日本が建国される前、中臣の「臣《おみ》」という字は、ヤマト王権の有力豪族に与えられた姓のひとつであり、君主の従属／家来を意味していた。つまり、わざわざ、その「臣《おみ》」を付けた「中臣《なかとみ》」という氏族名は、「中」の家来という意味があると考えられる。実際に、中臣鎌足《なかとみのかまたり》は、「中」が名にある君主・中大兄皇子と手を組み革命を起こすことになるので、理にかなった氏族名だ。

一方、中臣の「中」は「ナカ／チュウ」と読むが、この両方の読みと繋がるのが「朱蒙／ジュモン」の別称である。旧約聖書のモーセと同じく、エジプト第18王朝アクエンアテンをモデルにした百済・高句麗の祖「ジュモン」だが、彼の別称が中牟《じゅもん》（Jungmo）で「中」という漢字が使われており、奈良時代の日本列島では「仲牟」と表記され、同じジュモン（Jungmo）または、ナカム（Nakamu）と読まれていたとされる。そして、彼の名は平安時代には「都慕《ども》」とされた。

では、この「中」という漢字が、古くから百済や高句麗の祖ジュモン（朱蒙）の名に使われていた事実と中臣の意味を合わせると、中臣とは「ジュモンに仕える者」という意味になり、その「中」ことジュモンの末裔が中大兄皇子《なかのおおえのおうじ》だと考察できる。そして、この説に合うように、中大兄皇子の息子の名は「大友皇子《おおとものおうじ》」で、「友《とも》」という漢字は、後の日本列島での「仲牟」の「仲」と意味が同じなだけでなく、「ドモ（都慕）」という読みもほぼ同じとなる。現在、友を意味する「仲間《なかま》（Nakama）」と、ジュモンの「仲牟《なかむ》（Nakamu）」がほぼ同音ということから、仲牟の派生が「仲間」の可能性もあるため、中大兄皇子《なかのおおえのおうじ》が「友」という漢字で「朱蒙（仲牟《なかむ》）」を表していてもおかしくはない。※チュモンと言う発音もあります。

そして、「仲」が中臣氏と関係した漢字だと分かるように中臣鎌足《なかとみのかまたり》の別名は「仲郎」である。

つまり、中臣氏とは、春日《かすが》こと都市カシュガー等の古代インドに縁がある古代ペルシャ人と混血したカヤ人が始祖で、古代ペルシャが起源の百済や高句麗の祖・ジュモン（朱蒙）の子孫に仕える氏族ということになる。すなわちそれは、朱蒙のモデルであるエジプト第18王朝のアクエンアテンの末裔に仕える氏族だ。

そして、「中」が朱蒙を意味することから、中臣氏の君主である中大兄皇子《なかのおおえのおうじ》は古代のペルシャ・インド経由のアクエンアテンの末裔となる。そう、民族の軌跡は違うが、天武天皇こと大海人皇子《おおあまのみこ》と同じエジプト第18王朝の王家の末裔となるのだ。ただ、周王朝経由で日本列島に渡来した大海人皇子の祖・海部氏系の人々と違うところは、中臣氏や中大兄皇子の祖は、アケメネス朝ペルシャ〜アルサケス朝ペルシャを経ているため古代ペルシャ人としての誇りがあると考えられる。

また、これにより中臣氏が高句麗よりも百済に縁が深い氏族だというのが分かる。というのも、ゾロアスター教の聖典でのカヤ人の末裔には、アケメネス朝ペルシャのダリウス1世をモデルにした「ダラ1世」がいる一方、百済の伝説ではダル王がダリウス1世のモデルだと少し前に話した。

よって、同じアケメネス朝が起源ではあるがクルス国王（キュロス）の末裔と暗示する高句麗とは違い、カヤ人は百済の先祖となる。それ故に、カヤ人の別名「カヤニ」を意味する天児屋根命を始祖とする中臣氏は、百済系、すなわち、ダリウス1世の末裔を主張していると言える。

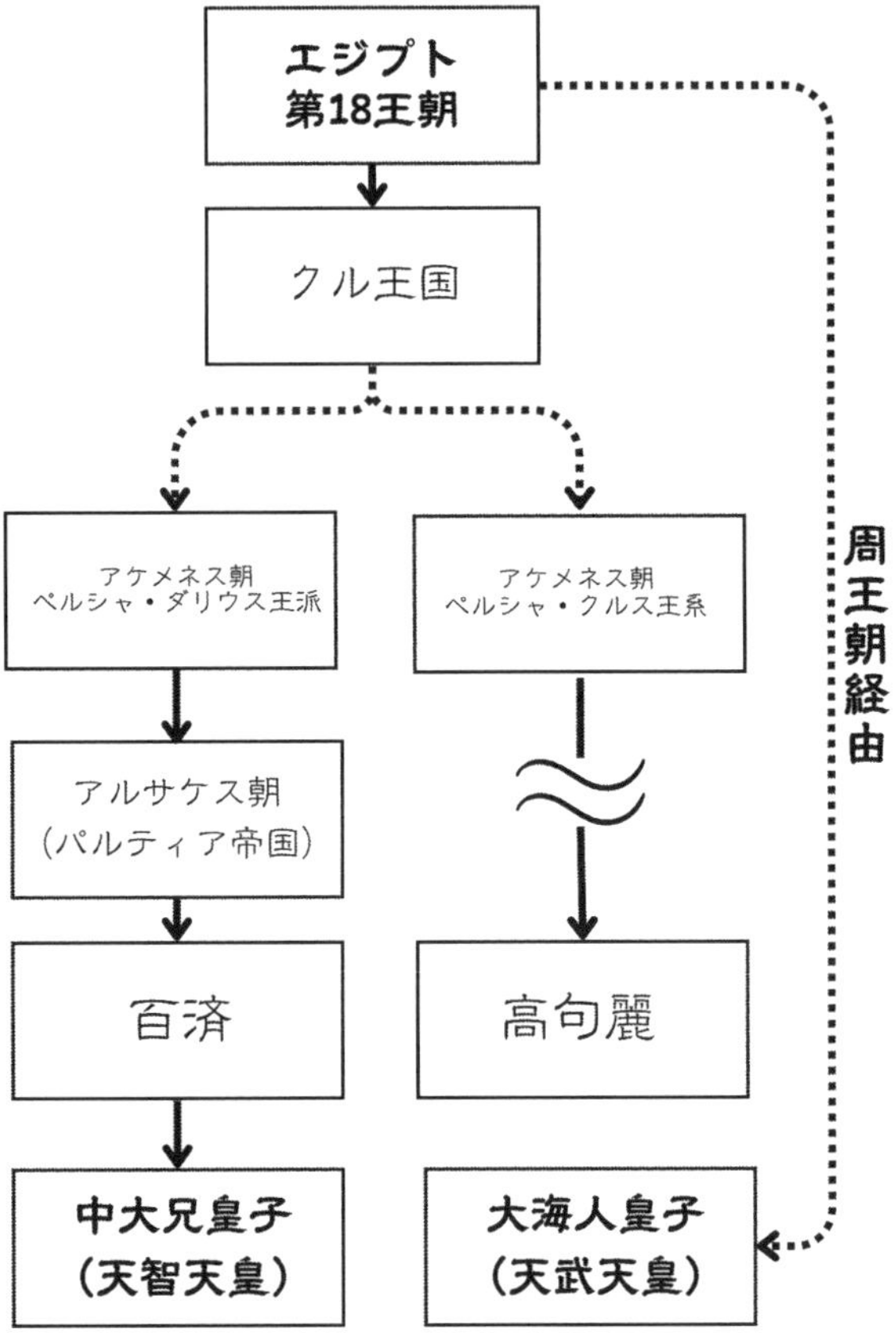

究極的な根源は同じ民族（エジプト第18王朝）起源だが、日本列島に渡来するまでの歴史の差によりそれぞれのアイデンテティが異なってくる。

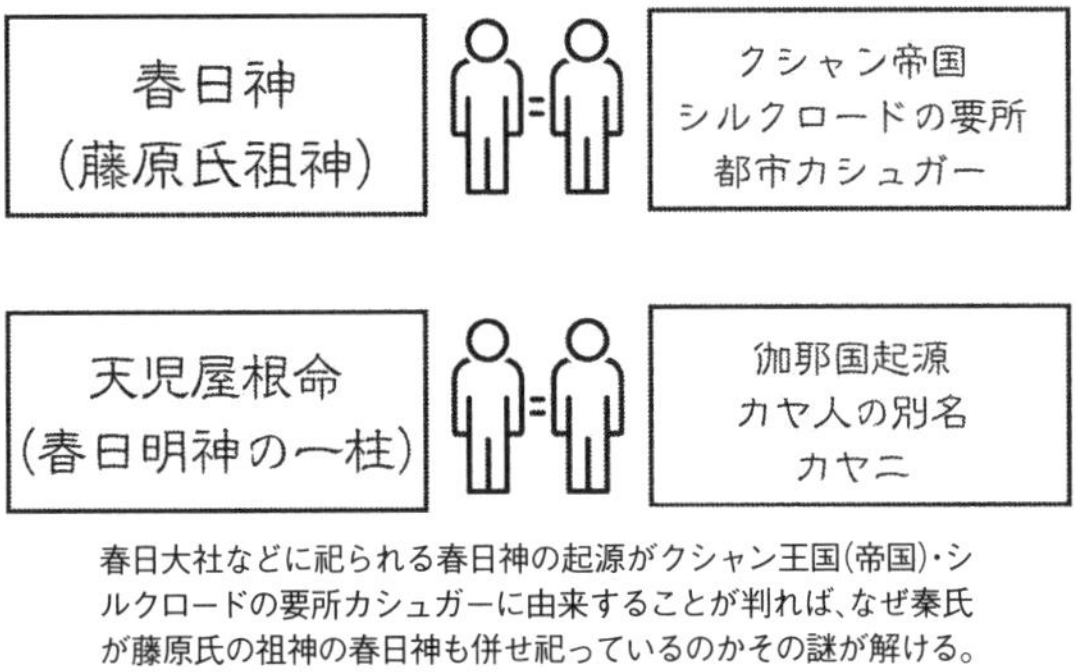

春日大社などに祀られる春日神の起源がクシャン王国（帝国）・シルクロードの要所カシュガーに由来することが判れば、なぜ秦氏が藤原氏の祖神の春日神も併せ祀っているのかその謎が解ける。天児屋命は伽耶国に根源があることも興味深い。

天智天皇の百済援助・白村江の戦い

ここまでをまとめると。

①弓月君《ゆづきのきみ》を祖にする秦氏とは、秦王朝崩壊後のユェズ人が西方のバクトリア地方で「クシャン王国」を建国し、ギリシャ文化に触れながら、サカ族の仏教を容認した民族。

②中臣＝カヤ人を始祖とし、ペルシャが起源の百済の祖・朱蒙を君主として支える氏族

③中大兄皇子＝ペルシャが起源の百済・高句麗の祖・朱蒙のモデル・アクエンアテンの末裔

そして、この氏族の起源から飛鳥時代の裏事情が少し見えてくる。

中大兄皇子の大化の改新の少し前。葛城地方を中心に百済などからの渡来人を従えた蘇我氏は、皇室との血縁関係を濃くしながら、仏教を容認。

これに反対した廃仏派の物部守屋《もののべのもりや》と中臣勝海《なかとみのかつみ》は、蘇我馬子の追討軍によって敗北する。この際、蘇我馬子を支持したのが、仏教容認派の聖徳太子《しょうとくたいし》として知られる厩戸皇子《うまやどのおうじ》。また、彼の側近であったのが秦河勝《はたのかわかつ》であった。

仏教を容認した弓月君系秦氏《ゆずきのきみけいはたし》の祖、クシャン王国の建国者クジュラが起源の葛城《かつらぎ》という地名で、蘇我氏が台頭し

たということ。そして、その仏教を認めた聖徳太子の側近が、クシャン王国の末裔の秦河勝だったということから、当時の日本列島に大々的に仏教を持ち込んだのは、葛城秦氏だったと考えられ、仏教の釈迦族《しゃかぞく》ことサカ族を意味する大避神社の隣に、わざわざ、聖徳太子を祀る広隆寺を建てた動機と合致する。

また、中臣氏の「中」が、百済と高句麗の祖・朱蒙の別名と繋がり、葛城秦氏と違って、百済と高句麗は仏教よりも、ゾロアスター教などの古代ペルシャ文化を重んじていたと考えると、中臣勝海が仏教容認派の蘇我馬子と対立するのも理にかなっている。ちなみに、ここでは深く話さないが、古代インドのマウリア朝のマウリアは、物部守屋の「守屋」とほぼ同音であり、このマウリア朝は、蘇我氏《そがし》の「蘇我《そが》」とほぼ同音のシュンガ王朝（Shunga）によって滅ぼされる。もし、この二つの王朝が彼らの起源であれば、もともと因縁関係であった可能性がある。

では、物部守屋と中臣勝海が蘇我馬子に敗北したために、蘇我氏が政治権力を握るわけだが、そこからしばらくのち、権力を譲り受けた蘇我入鹿《そがのいるか》は、自らが望まない厩戸皇子の子・山背大兄王《やましろおおえのおう》を自害に追い込み、独裁権力を振るうことで、実質の最高権力者としての地位を固めた。そして、この蘇我氏の全盛に終止符を打ったのが中臣鎌足《なかとみのかまたり》と中大兄皇子《なかのおおえのおうじ》で、蘇我入鹿を乙巳《いっし》の変で殺害。そこから、中大兄皇子（天智天皇）の中心の政治・大化の改新が始まり、有力な皇子たちは全て一掃され、中大兄皇子と中臣氏（藤原氏）の世が始まる。

しかし、この新たな政権は国外の問題に巻き込まれてしまう。

朝鮮半島には百済・高句麗・新羅があり、日本書紀によると、すでに5世紀辺りから百済が新羅を攻めており、当時から倭国と百済の関係は深かったこともあり、倭国からの援軍が百済に送られていたとされる。そして、7世紀。新羅への侵攻を繰り返し行った百済に対し、新羅は中国王朝の唐と手を組み百済打倒へ突き進む。

660年、唐と新羅の連合軍により百済は滅亡。しかし、百済の残党勢力が新羅への攻撃を開始し、関係が深かった倭国《わこく》に援助を求めた。倭国は百済の援助を決め、663年、倭国・百済連合軍は、白村江《はくすきえ》で新羅・唐軍と戦うが大敗する。この際、多くの百済人が倭国の船に乗り日本列島へ到着し帰化したと言われている。また、この白村江の戦いと並行して、唐は高句麗を攻め、668年には高句麗も滅亡。

これにより、新羅の朝鮮半島統一が達成され、唐と敵対する国は倭国のみとなる。

この倭国の危機に対し、天智天皇は唐との関係を修復を試みて遣唐使を送る一方、防衛力が高い現在の滋賀県・近江大津宮に都を移す。朝鮮半島から攻め込まれた場合、琵琶湖は船を使って敵軍を挟み撃ちにできるという有利な土地だからだ。つまり、唐との戦争に備えていたと考えられる。

また、このタイミングで弟とされる大海人皇子を皇太弟とした。これも外交に直結する策略である。ここからは、この章の前半で話したように、大海人皇子は吉野へ隠居したため、天智天皇の崩御後、天智天皇の息子・大友皇子が皇位を継承した。このタイミングで大海人皇子は壬申の乱で大友皇子を倒し、皇位奪取に成功し天武天皇として即位。国号を倭国から日本にし、律令制を敷き日本神話の編纂と伊勢神宮の建立の指示を出した。

さて、天智天皇こと中大兄皇子は、すでに敗北した百済を白村江の戦いで援助した理由は、ここまで話してきた考察から分かるように、中大兄皇子も、側近の中臣氏も、ペルシャ起源の百済に縁がある人物だからだ。しかし、ただ縁があった訳ではなく、中大兄皇子が天皇となる以前から、天皇家は百済の末裔だったと言える。そして、この説を証明するのが、古事記と藤原氏の手が加わった日本書紀の違いである。

古事記は周・天武朝、日本書紀は百済・藤原天智朝

日本には古事記と日本書紀という二つの歴史書があり、古事記は天武天皇の指示によって編纂され、７１２年に完成したもの。

日本書紀は、少し後の７２０年に書かれたものとされ、あとで詳しく話すがこの時代はすでに、中臣鎌足の息子・藤原不比等《ふじわらのふひと》が政治の裏で暗躍していた。それゆえに、記紀のおおまかな流れは同じだが、古事記と日本書紀で内容が少し違うだけでなく、日本書紀には百済三書という百済の歴史が詳しく書かれている。言ってしまえば、藤原氏の前身の中臣氏は百済系であることから分かるように、日本書紀は百済寄りの歴史書である。ここではそれを証明しよう。

古事記編纂を指示した、実質の日本の建国者である天武天皇には「武」という漢字が使われているが、この武が付く天皇は全員で６人。日本神話上の建国者・神武天皇《じんむてんのう》、武烈天皇《ぶれつてんのう》、天武天皇《てんむてんのう》、文武天皇《もんむてんのう》、聖武天皇《しょうむてんのう》、そして、桓武天皇《かんむてんのう》だ。

そして、神武天皇が周王朝の建国者・武王がモデルだと第1章で話した。つまり、天武天皇は自らの天皇名に武王を表す「武」を付け、彼が書かせた日本神話では、中大兄皇子に殷の最のちの王に縁がある「天智」という名称を付けることにより、周王朝が殷王朝を倒した歴史と、自らの壬申の乱での革命をかけている。言い換えれば、天武王朝が天智王朝を倒したということを意味している。

藤原不比等。藤原家を歴史の本道に押し上げた政略家。当時の読みでプディパラ・プピトゥと考察されるように、渡来人(百済・ペルシャ系)であることは確定的。ちなみに古事記の編纂は天武天皇系。藤原不比等が政治の裏で暗躍していた時代の日本書紀は百済よりの内容。今までは古事記は日本向け、日本書紀は海外向けなどと言われていたが、その内容を精査すれば、民族の立場の違いで描かれていることがわかる。

また、第1章で話した「殷元これ倭国」が表すように、天智天皇率いる倭国と、周王朝の末裔である天武天皇は、因縁関係だったというのが分かるだろう。天武天皇が国号を変えて当然だと言える。

周王朝と「武」が繋がるのはこれだけではない。

新撰姓氏録では、周の武王を投影した神武天皇の兄弟・稲飯命《いないのみこと》は新羅国の王の祖と書かれていたり、天武天皇の起源である海部《あまべし》氏の拠点であった丹後地方が新羅と深い関わりを持っていたりと、天武天皇と新羅が繋がる証拠が多々あると少し前に話したが、なぜ、百済が新羅を攻めた際、中国王朝の唐は新羅を援助したのか?

唐は高句麗と敵対関係であったため、新羅と手を組み先に百済を倒したかったというのが定説だがそれだけではない。新羅と手を組み百済と高句麗を滅亡に追い込んだ唐は、当時、実質的には「周」だったからだ。

7世紀半ば、唐には武照という優れた女性が皇后となり、皇帝の代わりに政治を動かしていた。そして、この時代に唐は新羅を援助し、百済と高句麗を滅ぼすことになる。

そして、唐の皇帝が崩御した後、皇后の武照は、敵対し挙兵してきた皇族たちを打ち破り、自ら女帝となり、周《しゅう》（武周）を建国する。そう、彼女が中国史唯一の女帝となった「則天武后《そくてんぶこう》」、またの名、「武則天《ぶそくてん》」だ。武則天の姓が「武」であり、周（武周）という、周王朝と全く同じ名の国を建国した事実から分かるように、彼女は周王朝の武王の末裔だと自称していたとされる。

この武則天の周は、武則天が退位したのちの705年に唐に戻るのだが、重要なのは新羅の援助を決めたのが武王の末裔と名乗る武則天だったことだ。つまり、百済と高句麗は、実質、周王朝の末裔と戦ったということになる。これで、中大兄皇子が白村江の戦いで敗れたあとに、わざわざ、大海人皇子を皇太弟にした理由が分かるだろう。

周の末裔である大海人皇子が皇太弟であると、同じく周の末裔である唐の武則天に示すことで、天智天皇は唐からの敵対関係を解消しようとしたのだ。

壬申の乱によって天皇となった大海人皇子は、自らを「武」が入った天武天皇と名乗り、武則天こと武照の「照」が入った天照大神を日本神話で最高神とする。ここから分かるように武王の末裔である天武天皇が編纂させた日本神話で登場する「武」の付いた天皇とは、天武天皇と同じ周の末裔を意味していると言える。

では、武王のモデルである神武天皇の次に「武」付く天皇が「武烈天皇《ぶれってんのう》」だ。古事記での武烈天皇の説明はいたって普通であるだが、藤原不比等が関わった日本書紀は、武烈天皇が道徳性が欠けた異常な人物として描くだけでなく百済との不仲だったということも書かれている。一般的に、自らの先祖を悪く書かないのが王家の歴史書なのだが、日本書紀は天武天皇ではなく、藤原不比等こと百済系氏族の思惑が反映された歴史であるため、武烈天皇を悪者扱いしている。

そして、この武烈天皇の次に天皇になるのが「継体天皇《けいたいてんのう》」である。

継体天皇は、武烈天皇からかなり遠い親戚で不可思議な点が多いことから、昔から継体王朝から王朝が変わったとする「王朝交代説」が指摘されている。そして、それを表すかのように、継体天皇は、新羅と対立し、百済との本格的な交流を開始する天皇なのだ。そして、この継体天皇の末裔が天智天皇であり、武烈天皇の次に「武」が付く天皇が天武天皇である。

もう分かると思うが、この武烈天皇と継体天皇の移り変わりが真に意味するのは、周・新羅系の王朝から百済系王朝への交代であり、百済系王朝から周・新羅系王朝へ戻した革命が天武天皇の壬申の乱だと考えれば全てが合致するのだ。

周王朝・武王が投影されているのが、日本の初代天皇と設定される神武天皇。『武』の文字は天武天皇に至るまで(あとの文武天皇s、聖武天皇は天武朝の皇統)、周王朝起源血族である大王である可能性が高い。この武がつく7人のうち、この法則から外れるのは桓武天皇(百済・天智朝の皇統)。しかし、時代背景を考えれば(国外)、それがカムフラージュであることが考えられる。

第3章

秘密結社が知るキリスト教の禁忌。『イエス・キリスト』の正体

第1章では、現在の皇室に繋がる日本人の先祖が日本列島で日本人と名乗る以前に、古代のアナトリア、中東、エジプト、古代中国から、どのような軌跡を歩んできたのかという話をした。

第2章は、同じエジプト第18王朝という起源を持ちながらも、途中、古代のペルシャやインドで国家を築き新たな文化とアイデンティティー持って、朝鮮半島の百済から渡来してきた日本人の先祖の話と天武天皇の日本神話編纂によって、日本という新たな国がどのような願いで誕生したのかという話をした。

そして、この章ではそんな天武朝が明治時代に復活するキッカケとなった明治維新を、なぜ、英国が援助したのか？という問いの答えを話していく。

明治維新の裏で暗躍した英国人たち

明治維新によって樹立された明治政府。その初代内閣総理大臣となった伊藤博文《いとうひろぶみ》は22歳のとき、長州ファイブの一員として英国のロンドン大学（University College London）に留学をしている。そして、その長州ファイブの英国留学を援助したのが、スコットランド出身のジャーディンとマセソンによって創設された「ジャーディン・マセソン商会」だ。

実際に、2013年、長州ファイブのロンドン大学への留学を記念してジャーディン・マセソン商会の会長のヘンリー・ケジック氏は、「我々は、若い日本の彼らを英国へ導きロンドン大学へ紹介したという役割を果たしたことを誇りに思っている。それは、彼らの人生と日本の未来への成長に、多大な違いをもたらしただけでなく、日本と英国との長期的な関係を育むきっかけの助けとなったからだ」と、ロンドン大学の公式ウェブで述べている。

そんな長州ファイブを援助したジャーディン・マセソン商会の子会社が同じくスコットランド出身のトマス・グラバーの「グラバー商会」だ。グラバーの故郷のスコットランドでは、日本の発展に多大な影響を与えた人物として「スコッティッシュ・サムライ（スコットランド人の侍）」と呼ばれている。

グラバーは武器商人として幕末の日本で活躍しただけでなく、長州ファイブや薩摩藩遣英使節団の英国留学の手続きをした人物だとされ、明治維新の影の立役者と言っても過言ではない。

しかし、そもそもなぜトマス・グラバーとジャーディン・マセソン商会は明治維新を援助したのか？その影には「ロスチャイルド」家がいる。

アシュケナジ系と呼ばれるユダヤ人の末裔で、銀行ビジネスで成り上がったロスチャイルド家。その内の英国を拠点とするロスチャイルド家はアメリカで南北戦争が起きていた時代、アメリカより日本でのビジネスに目を向けていた。その理由は、ロスチャイルドからアメリカの市場調査を依頼されていた「アーロン・H・パーマー」という男の「誰もアメリカに来る必要はない」という助言が関係している。

パルマーは当時の米国政府からかなりの信頼を得ていた1人で、ロスチャイルド・アーカイブによると、彼の積極的な働きかけにより黒船来航で有名なペリーの日本渡航の許可が米国政府から降りただけでなく、ペリーは、パルマーが書いた「日本との貿易プラン」という書類を持って日本に来航している。そう、日本の歴史では一切教わらないが、このパルマーこそが日本開国のキーマンであり、英国のロスチャイルドに日本との貿易を進めていたのだ。

ただ、たとえ日本でのビジネスを勧められたとしても、遠く離れた謎多き日本で、ロスチャイルド家本人たちが現地調査することはできない。それゆえに、英国ロスチャイルドは、1838年、東アジアに詳しい「ジャーディン・マセソン商会」とパートナーシップを結び彼らから日本国内の情報を得ていた。そんなジャーディン・マセソン商会の子会社「グラバー商会」を率いるトマス・グラバーが、明治維新を裏から直接援助したのだ。つまり、明治維新の裏には間接的にロスチャイルド家がいたのだ。

ここだけを聞くと、よく陰謀論者が語る、ロスチャイルド家を含めたイギリス人による日本の乗っ取りが明治維新という風に聞こえるかもしれないがそんな浅い話ではない。英国も同様、日本と同じように、隠れた民族の因縁の歴史がある。そして、その因縁を理解すれば、スコットランド出身の英国人とロスチャイルド家が、日本の明治維新を援助した真の理由が見えてくるのだ。そして、そのヒントとなるのが「秘密結社フリーメイソン」。

英国フリーメイソンの起源・テンプル騎士団

秘密結社フリーメイソンとは、世界中に約600万人を超える会員数を誇るとされる友愛団体。しかし、秘密結社というだけあり、彼らの真の起源や教義の多くが外に漏れることは少ない。

それゆえに、長年、ロスチャイルド家と同じく、世界を裏で牛耳っているという陰謀論を囁かれ続けてきた。第一資料的な証拠が見つかっている訳ではないが、トマス・グラバーもフリーメイソン会員だったという考察がある。

そんなフリーメイソンを語る上で、英国は欠かせない国の一つだ。というのも、英国の首都ロンドンには、1717年から続く、フリーメイソンの総本山的グランドロッジ「The United Grand Lodge of England」が存在するからである。しかし、そんな英国の中で、最もフリーメイソンと関わりが深い場所が「スコットランド」。スコットランドは、英国の本州「グレートブリテン島」の北部に位置する国。

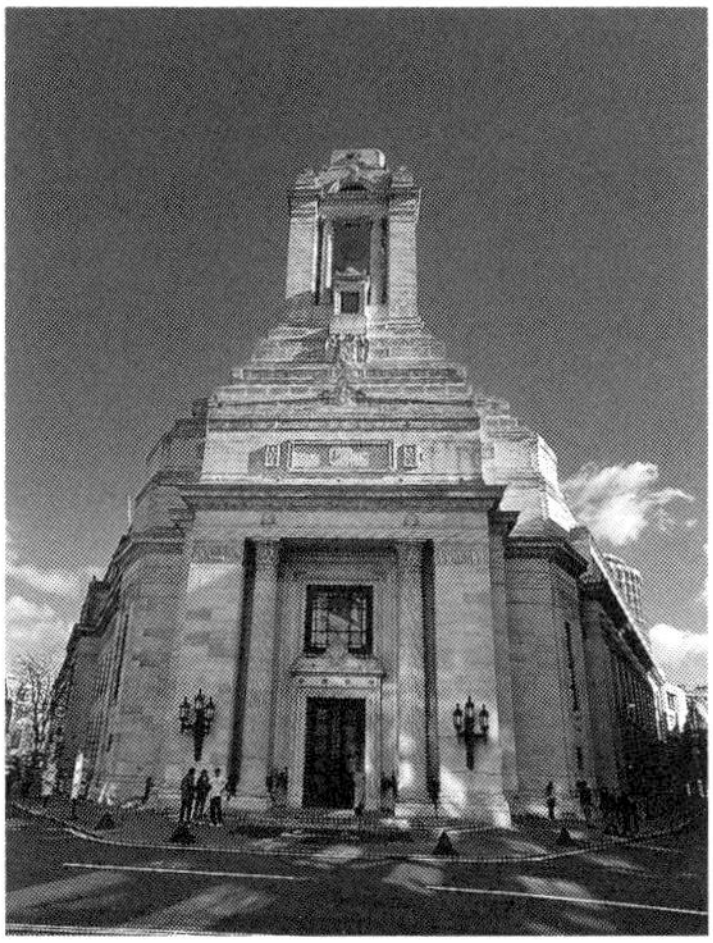

ユナイテッド・グランドロッジ・オブ・イングランド。英国の首都ロンドンにあるフリーメイソンの総本山的ロッジ。

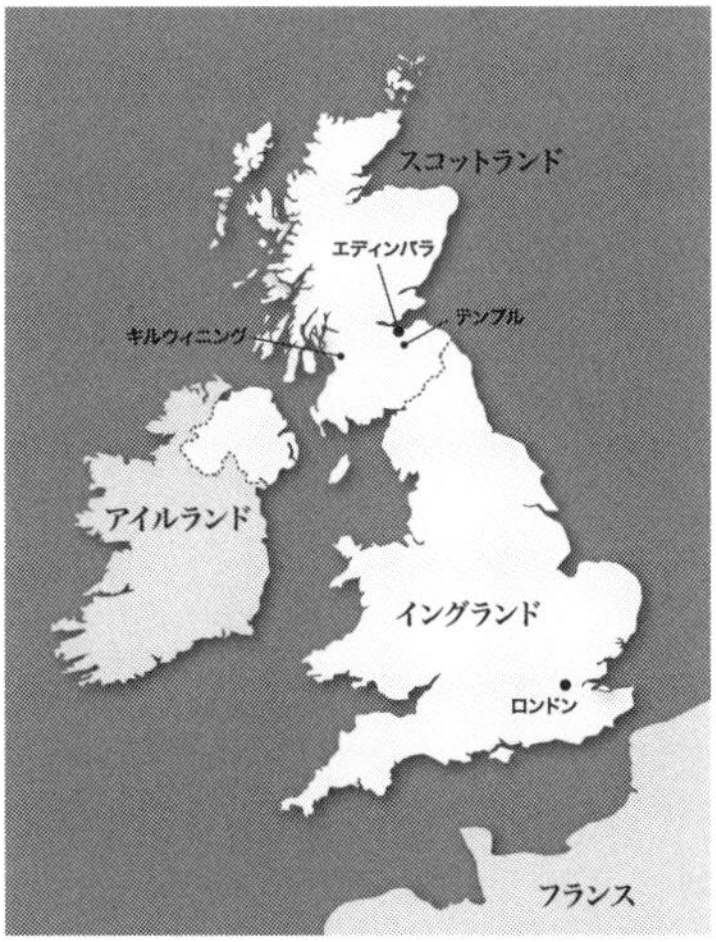

英国の歴史を知れば、さまざまな世界の相関図が見えてくる。ロスチャイルドにせよ、フリーメイソンにせよ『フラット』にその成り立ちを知れば世界の歴史の一部だということを実感できるはずだ。

では、なぜこの「スコットランド」がフリーメイソンにとって重要なのか？

その理由は、フリーメイソン発祥の地がスコットランドでありそのスコットランド系フリーメイソンたちが米国を建国したのだ。とんでもない話に聞こえるかもしれないが、ひとつひとつの歴史を読み解けばその可能性を否定できないほど繋がっていく。

では、まずフリーメイソンの起源の話をしよう。

世界的に有名なグランド・ロッジは、先ほど話したロンドンにある「The United Grand Lodge of England」だが、フリーメイソンの最も古い活動記録は、1600年辺りに記録されたスコットランドの首都エディンバラにある「エディンバラ・ロッジ」で、ロンドンのグランドロッジより50年以上前から存在が確認されている。

活動記録は残ってはいないが、この「エディンバラ・ロッジ」より、古いとされるロッジが、スコットランドの「キルウィリング」という小さな都市にある。そして、このスコットランドのロッジが世界最古だと言われていることからスコットランドがフリーメイソン発祥の地だというのがわかる。

しかし、なぜ、スコットランドでフリーメイソンが誕生したのか？　その理由の一つは、フリーメイソンの前身団体の一つとされるテンプル騎士団に起因している。

一般的に、テンプル騎士団はキリスト教の聖地エルサレムの防衛と、巡礼者の保護を目的として中世に設立された騎士修道会であり、独自の金融システムを構築することで巨万の富を得ていたとされる。しかし、最後の総長のジャック・D・モレーの時代に、フランス国王によって弾圧され多くが処刑された。

この理由の一つが、彼らテンプル騎士団が「バフォメット」と呼ばれる悪魔を崇拝していたからだとされる。そして、そこから数百年後。スコットランドでフリーメイソンが誕生し、「Order of the temple」や「House of the Temple」等といった、テンプル騎士団と繋がる名称を、自らの階級や建物名に使うようになる。

スコットランドの首都エディンバラにあるのが、エディンバラ・ロッジ。ロンドンのグランド・ロッジより歴史が古いが、これよりも古いフリーメイソンのロッジがスコットランドのキルウィングという小さな都市にあるという。つまりフリーメイソン発祥の地は、スコットランドということになる。

このテンプル騎士団との繋がりからか、フリーメイソンたちも隠れて悪魔バフォメットを崇拝していると言われるようになり、実際に、19世紀、最も位が高い33階級の称号を持った「アルバート・パイク」という人物が自らの書籍で悪魔崇拝を公言していることからも、テンプル騎士団との繋がりは確実だと言えるだろう。

しかし、テンプル騎士団とフリーメイソンが誕生するスコットランドはどのように繋がるのか？

この2つのキーワードを繋げてくれる存在が、歴史上、最も活躍したテンプルの騎士「ウィリアム・マーシャル」という男だ。

マーシャルは、12～13世紀にかけて数代のイングランド王に仕え、５００戦５００勝という無敗伝説を持つテンプルの騎士。

そんなマーシャルを表すエンブレムが「赤いライオン」で、その赤いライオンの紋章を引き継いだ孫がスコットランドの国王「ロバート・ザ・ブルース（１２７４～１３２９年）」だ。ブルース王の母方の先祖にテンプル騎士団のウィリアム・マーシャルがおり、彼はスコットランド王国のイングランドからの独立を成功させた人物で、現在でもスコットランドの英雄である。そんな彼が、国王になってから使われ始めたのがマーシャルと同じ「赤いライオン」のエンブレムである。

それゆえに、赤いライオンの紋章は現在のスコットランドの国章の一つなのだ。スコットランドと言えば、青い下地に白い「X」でデザインされた国旗が有名だが、スコットランドには正式に「Royal Banner of Scotland」というテンプル騎士団のマーシャルの赤いライオンの紋章と似た国旗も存在する。つまり、スコットランド王家の血統に、過去最強のテンプル騎士団のマーシャルの血が入り、彼の「赤いライオン」のエンブレムが、ブルース王の時代から、現在まで王家のシンボルとして受け継がれていると言える。

伝説的テンプルの騎士、ウィリムアム・マーシャルを表すエンブレムが赤いライオン。これはスコットランドの国章のひとつにもなっている。

テンプル騎士団とスコットランドの繋がりはこれだけではない。

フランスで多くが処刑されたテンプル騎士団はイングランドでも弾圧されたため、彼らの多くがスコットランドへ逃げたと言われている。そして、その同時期にスコットランド国王だったのがブルース王だった。当時、ブルース王は、キリスト教の教皇庁と対立していたこともありスコットランドではテンプル騎士団の弾圧は一切、行われていない。その一方、多くのテンプル騎士団がスコットランド王国へ逃げたのち、ブルース王は、戦略的にイングランドを攻めスコットランドの独立を達成する。

この繋がりから、亡命したテンプル騎士団がブルース王のスコットランド軍に手を貸したと言われている。ブルース王が母方の先祖がテンプルの騎士・マーシャルなのだから当然だろう。そして、その名残りは現在にも残っている。

スコットランドの首都エディンバラの南にある「テンプル」という地域に、ゴシック建築で作られた「ロスリン礼拝堂」がある。映画ダヴィンチ・コードで一躍有名になったロスリン礼拝堂の建設にはテンプル騎士団が関わっているとされ、柱の一つには縄で指を繋がれた男性の壁画が存在する。これは、フリーメイソンの儀式で行われるものと同じだ。ロスリン礼拝堂のすぐ近くの首都エディンバラでフリーメイソンが誕生することから、テンプル騎士団とフリーメイソン生誕地のスコットランドとの繋がりが確実なのがわかるだろう。

フリーメイソンとテンプル騎士団が繋がりを確実とするヒントとなるのが「ゴシック建築」だ。

12世紀のフランスの神学者「クレルヴォーのベルナルドゥス」という人物がキリスト教会のゴシック建築を推し進めた。そんな彼がテンプル騎士団の設立者の1人である。それゆえに、テンプル騎士団に関わる建造物にはゴシック建築が使われていると言われている。そして、テンプル騎士団誕生から解体されるまでに、ノートルダム大聖堂、シャルトル大聖堂、ブールジュ大聖堂がゴシック建築で作られている。

ロスリン礼拝堂。ダヴィンチ・コードでも一躍
有名になったゴシック建築物のひとつ。

では、少し前に、スコットランドのロスリン礼拝堂もテンプル騎士団が関わっているゴシック建築の建物だと話したが、このロスリン礼拝堂とフランス最大級の大きさを誇るブールジュ大聖堂を一本の線で結ぶと、その線はロンドンの中心街を通る。そして、そのちょうど線上にあるのが、あの英国最大のグランド・ロッジ「The United Grand Lodge of England」なのだ。もちろん、これは偶然ではない。フリーメイソンは、天文学や幾何学を理解した上での建築技術があるので、その線上に自らのロッジを建てることができる。

ではここまで、英国でのフリーメイソンの創設にはテンプル騎士団とスコットランドが関係しているという話をしたが、ここから更にスコットランドの起源を遡ることで、フリーメイソンだけでなく日本人の先祖と同じ、エジプト第18王朝との繋がりが見えてくるのだ。

スコットランド人のDNAとエジプト王家の血統

では、スコットランドとエジプト第18王朝を繋げるもの。それがDNAだ。

系統学者の Yates 氏の書「苗字と宗教に関するDNA」によると、ブルース王の末裔「ブルース家」に多かった宗教が「ユダヤ教」だとされ、ブルース家の男系のDNAで多いのが「R1b」Y染色体DNAだとわかっている。

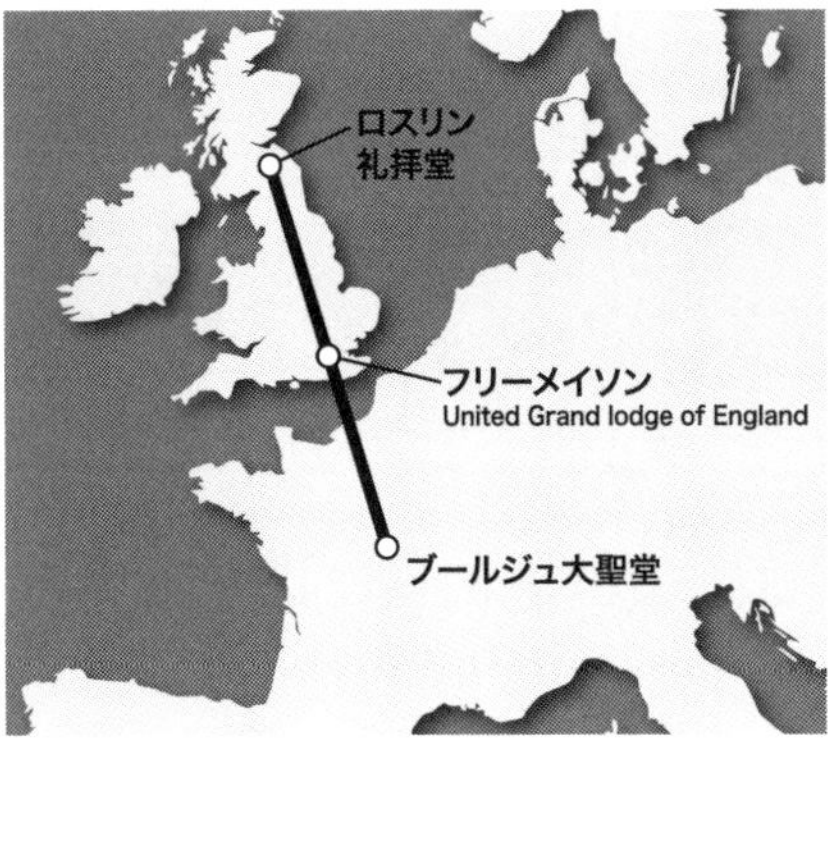

スコットランドのロスリン礼拝堂とフランスのブールジュ大聖堂を線で結ぶと、その線はイギリスのロンドンの中心街を通る。また、英国グランド・ロッジも線上に乗る。

「Ｒ１ｂ」のＤＮＡは英国では珍しくなく、２０１１年に掲載されたロイター通信の記事「Half of European men share King Tut's DNA」によると、英国人男性の70％、西欧州人男性では50％が「Ｒ１ｂ」を持ち、その起源はエジプト18王朝のファラオ「ツタンカーメン」だ。つまり、エジプト第18王朝の王家のＤＮＡを受け継ぐのが、ブルース王のブルース家や多くの英国人ということになる。

実際に、英国・エジプト第18王朝説を証明するかのように、英国には古代エジプトのモニュメントが多々ある。例えば、弾圧前のテンプル騎士団が拠点にしていた英国・ロンドンの「テンプル」という地区の近くには、エジプト第18王朝の王で、旧約聖書のダビデ王のモデル「トトメス３世」の時代に作られたオベリスクがありロンドンの中央を流れるテムズ川の別名は、エジプト神話の女神イシスと同じ「イシス川」だ。

英国王朝の起源がエジプト第18王朝起源である可能性はDNAの裏付けだけではない。英国には古代エジプトのモニュメントが多くあったり、地名に反映されている。こちらはロンドンのテンプル地区にある、トトメス３世（ダビデ王のモデル）の時代に作られたオベリスク。

この古代エジプトと繋がる名称、モニュメントやDNAから「イギリス・古代エジプト起源説」と言っても過言ではない。また、スコットランドには上記の説を後押しする伝説が存在する。それが「スコティア伝説」。

スコットランドの「スコット」の起源は、スコットランドと隣のアイルランドに伝わる彼らの先祖の伝説を起源としている。それが、古代エジプトのファラオの娘「スコティア（Scotia）」または「Scota」という名前。スコットランドとアイルランドの伝説は時代や種類によって少し違うが、大まかな流れはというとこうだ。

バベルの塔が崩壊したのち、バビロニアから古代エジプトへ向かったスキタイ人の王が、ファラオの娘スコティアと結婚。そして、その子孫たちが古代エジプトで繁栄し、旧約聖書で登場するモーセの時代にモーセたちとエジプトを脱出。そののち、数百年かけてイベリア半島に住みつき、そこからアイルランド、そして、スコットランドに辿り着くというもの。

スコットランドの「スコット」の起源に関するのがエジプトのファラオの娘、スコティア（スコータ）の伝説。逸話を紐解けば、スコットランドが古代エジプト、およびイスラエルに繋がりがあることがわかる。

この子孫の物語には蛇に噛まれたあと、モーセの使いによって癒されるという伝説があったりと旧約聖書の話と通じるものも多く、古代イスラエル人との繋がりが読み取れる。また、統計学者Yetes氏とHirchman氏は、12世紀までのスコットランド移住者の多くが、ユダヤ教徒だったと指摘していることからスコットランド人と古代イスラエル人が元同族だった可能性は高く、ブルース王のブルース家にユダヤ教徒が多かったという話と合致する。

また、スコットランドの独立を果たしたブルース王の時代から、英国の戴冠式で使われ始めた「運名の石」という神聖な石がある。そして、この石は古代エジプトから持ち出したもの、または、古代イスラエル人の祖ヤコブが、神の天啓を夢で受け取る際に寝転がっていた石だと伝わっているということから、スコットランドが古代エジプトとイスラエルに繋がりを持っているのは確実だと言える。

しかし、スコットランドのブルース王の先祖・エジプト第18王朝の王家と古代イスラエル人はどう繋がるのか？これは、『アマテラス解体新書』または第1章で少し話した通り、古代イスラエル人の真の起源がエジプト第18王朝の王家だと分かれば全て合点がいく。

モーセのモデルがアクエンアテン、ダビデ王のモデルがトトメス3世、ソロモン王のモデルがアメンホテプ3世であることから、旧約聖書の物語の中で古代イスラエル人の祖と呼ばれる者たちはエジプト第18王朝の王家の末裔だということ。しかし、次のエジプト第19王朝によって滅ぼされたために、アクエンアテンをモデルにしたモーセを、ダビデ王やソロモン王の物語の前に移し、あたかも中東での物語にした、という話をした。

つまり、アクエンアテンの子・ツタンカーメンと同じ男系のDNAを持つスコットランドの英雄「ブルース王」のブルース家を含めた、多くのイギリス人はエジプト第18王朝の末裔だけでなく、エジプト第18王朝の王家の末裔だと信じた古代イスラエル人と元同族ということになる。

そして、これを証明してくれるのが、アシュケナジ系ユダヤ人だ。

スコットランド人とユダヤ人・エジプト第18王朝の同祖説

白人系とも言われるアシュケナジ系ユダヤ人は、ヨーロッパに移住した古代イスラエル人の末裔とされる。ただ、アシュケナジ系ユダヤ人は、ハザール王国でユダヤ教に改宗した人々が起源だとする一部の歴史学者の主張から、血統的に古代イスラエル人とは無関係だと言われてもいる。

この説は、19世紀頃の欧米で盛んに行われたユダヤ人差別が土台にあると考えられ現在に至るまで欧州の研究者たちが、客観的なDNA検査を通した議論を続けてきた。実際に、2022年、ヘブライ大学が行った、ドイツのアシュケナジ系ユダヤ人の墓地での発掘・DNA調査では、アシュケナジ系ユダヤ人には、中東と中央ヨーロッパの2つのルートがあることが証明された。

また、Behar氏の調査では、男子世襲制のアシュケナジ系レビ族の約半数の男系DNAは「R1a」で、この「R

1a」は、ツタンカーメンやブルース家の「R1b」と同じ起源「R1」から派生したDNAである。ただ、この「R1a」のDNAが、東ヨーロッパやカザフスタン（ハザール王国付近）にも存在することから、アシュケナジ系ユダヤ人のハザール王国起源説は消えていない。

しかし、既存のユダヤ人に関するDNA研究の問題点は、考古学的な証拠がほとんどない旧約聖書の物語を土台にしているため、そもそもの「古代イスラエル人」を定義できていない。言い換えればモーセが誰なのか、アブラハムが誰なのか、ソロモン王が誰なのかを考古学的に特定できていないのにも関わらず、宗教ということで、『何となく』の枠組みで「古代イスラエル人」を想像し、その延長線上で「ユダヤ人」を定義していると言える。よって、現在のDNA研究者が、どんなにユダヤ人のDNAを調べたとしてもユダヤ人のDNAの種類が分かるだけで、肝心のユダヤ人の起源が何かわかっていないためアシュケナジ系が遺伝的に古代イスラエル人／ユダヤ人の末裔かどうかを、そのDNAの研究で結論付けることはできない。

その一方、第1章で話したように、ユダヤ人の起源がエジプト第18王朝とアムル人系遊牧民であり、ヤハウェの別名「エロヒム」が多数系であり、実際にヤハウェの同一神がエジプトや中東に存在することから分かるように、旧約聖書とは**別々になった元同民族を一つにまとめる目的で作られた書物**だと分かれば、アシュケナジ系ユダヤ人が古代イスラエル人の末裔と同族だということが導き出される。

モーセのモデルであるアクエンアテンなどのエジプト第18王朝の男系DNAが「R系統」の「R1b」であり、西洋のアシュケナジ系ユダヤ人の男系レビの半数が同じ「R系統」の「R1a」なので、エジプト第18王朝を経由したかの違いはあるかもしれないが、同系統の民族であることに間違いない。実際に、エジプト第18王朝出身以外の民族でも、元アムル人系民族であれば、古代イスラエル人になり得たことから、第18王朝が崩壊したのち中東で合流したアムル人の末裔がアシュケナジ系ユダヤ人だとも考えられる。

よって、ハザール王国を通過しようがしまいが、ハザール王国でユダヤ教に改宗しようがしまいが、エジプト第18王朝の「R系統」との繋がりから、アシュケナジ系ユダヤ人のレビ族の半数と、オリジナルの古代イスラエル人（エジプト第18王朝の末裔）は同族系統である。むしろ、一部のDNA研究者が、アシュケナジ系ユダヤ人とハザール王国の人々は共に「R1a」が多いとするのであれば、ハザール王国経由のユダヤ人こそ最もオリジナルに近い古代イスラエル人の末裔（R系統）だと言っても過言ではない。

では、エジプト第18王朝の末裔である古代イスラエル人と同じDNA系統ということから、アシュケナジ系ユダヤ

アシュケナジの語源、アシュクーザは別民族から見た名称で正しい民族名は「スキタイ人」

人が、古代イスラエル人と同じ起源があると話したがこの説は「アシュケナジ」という名称からも証明できる。アシュケナジの語源は「アシュクーザ」という言葉で、「アシュクーザ」とは、アルメニア王国から北部へ移住した民族の『アッシリア人』から見た名称である。アルメニア王国は、世界で初めてキリスト教を国教とした国だが、ユダヤ教徒を悪者として見るキリスト教を国教としたアルメリア王国から、北部へ逃げるアシュケナジ系ユダヤ人の先祖という構図は歴史的に合致する。

そんなアシュケナジ系ユダヤ人は、そこからより西のヨーロッパへ移住していくがこの「アシュケナジ」の語源「アシュクーザ」はあくまで別民族から見た名称で、正しい民族名が存在する。それが「スキタイ人」だ。

そう、スコティア伝説で語られるスコットランド人の先祖「スキタイ人」と全く同じ民族。つまり、スコットランド人とアシュケナジ系ユダヤ人は祖を同じとしていることになる。ちなみに、このスキタイ人とアシュクーザたちは、アルメニア王国から北部へ移住したと話したが、ちょうどその付近にしばらくあとに建国されるのがハザール王国である。

少し前に、アシュケナジ系ユダヤ人に多いDNA「R1a」の話をし、そのアシュケナジの正式名称「スキタイ人アルメニア王国から北部へ逃げた先で建国されるハザール王国付近や東ヨーロッパに、同じ「R1a」のDNAを持った人々が多いため、「ハザール王国起源説」があると話したが、同じスキタイ人を祖に持つスコットランド人はアクエンアテンの息子ツタンカーメンと同じ「R系統」だ。つまり、「ハザール王国・エジプト第18王朝（古代イスラエル人の起源）の末裔と遺伝的同族説」も、あながち間違いではないと言える。

そして、この「スコットランド・アシュケナジ系ユダヤ人の元同族説」の証拠となるのが「赤髪」と「かぎ鼻」だ。まず、赤髪はアシュケナジ系ユダヤ人に多い身体的特徴の一つだ。自然人類学者のFishberg氏によると、ユダヤ人の女性の3・69%が赤髪だったとされ、10・9%のユダヤ人男性が赤髭と多い。実際に、アシュケナジ系ユダヤ人の多くが赤髪だったことから、18世紀のドイツ人は彼らをドイツ語で「赤」を意味する「ロス（Roth）」と呼んだ。

そして、世界で最も赤髪率が高い国が「スコットランド（約6%）」と「アイルランド（約10%）」で、最も赤髪たちが集まる都市が、フリーメイソン発祥の地、スコットランドの首都「エディンバラ」なのだ。つまり、スキタイ人という共通の祖が示すように、スコットランドとアシュケナジ系ユダヤ人に赤髪という同じ身体的特徴が受け継がれていると言える。

かぎ鼻も、この二つの民族に受け継がれた身体的特徴の一つである。

かぎ鼻と言えば、魔女の特徴として有名だが、スコットランドには魔女伝説が多くあり、あのハリーポッターの魔法学校もスコットランドに存在するという設定だ。実際に、15〜18世紀にかけて、ヨーロッパ中でキリスト教徒による「魔女狩り」が行われたのだが、魔女狩りの裏には、ユダヤ人差別の意図があった。

かぎ鼻は、魔女の特徴とされる以前からユダヤ人の特徴とされ、かぎ鼻と魔女を結びつけることで、キリスト教徒による、隠れたユダヤ教徒の迫害の意図があった。実際に、魔女の集会をユダヤ教徒の安息日「サバト」という言葉で呼ばれていたのだ。

スコットランドでも魔女狩りが行われたが、魔女とエジプト第18王朝も繋がる。

というのも、魔女は杖を使って魔術を唱えるイメージがあると思うが、杖を使った魔術は古代エジプト発祥だからだ。古代エジプトには「Birth Tusks」という杖を使い、母子を悪霊から守る儀式が多く行われていた。そして、その魔法の杖のほとんどが発見された場所が、古代エジプトの都市テーベ。

テーベは、エジプト第18王朝の主祭神「アモン神」が祀られた場所である。つまり、エジプト第18王朝の都市テーベ発祥の杖を使った儀式が、その王家の末裔が移住したスコットランドで、魔女の杖を使った魔術として受け継がれたということだ。

ではここまで、スコットランド人とアシュケナジ系ユダヤ人を繋げる「赤髪」と「かぎ鼻」という遺伝的特徴の話をした。そして、このスコットランド人とアシュケナジ系を含めたユダヤ人はエジプト第18王朝が起源であるとも話した。しかし、もしここまでの話が真実であれば、「赤髪」と「かぎ鼻」という特徴を持ったエジプト第18王朝の存在がいたのか？

近年の発掘調査から、その2つの身体的特徴を持った存在が発見された。それが「ユーヤ（Yuya）」だ。日本人男性のような名前を持つエジプト第18王朝の「ユーヤ」とは一体どんな人物なのか？

エジプト第18王朝で有名なツタンカーメンの父親が、モーセのモデル「アクエンアテン」。このアクエンアテンの両親が「アメンホテプ3世（父）」と「ティエ（Tiye・母）」である。そして、このティエの父親が「ユーヤ」だ。つまり、ツタンカーメンの曽祖父だ。

近年、ユーヤと妻「トゥヤ（Thuya）」のミイラが赤髪なだけでなく、ユーヤは「かぎ鼻」だったのが分かった。赤髪とかぎ鼻は、のちのユダヤ人を含めたセム語系民族の特徴。それゆえに、このユーヤの娘ティエと、アメンホテプ3世婚約により、赤髪とかぎ鼻という身体的特徴を持ったセム語系民族の血が、エジプト第18王朝に入ったことになる。

スコティア伝説の「スキタイ人がエジプト王家の娘に嫁いだ」という話と、実際の「エジプト王家のアメンホテプ3世に、セム語系民族のユーヤが自らの娘を嫁がせた」という男女の違いはあるが、このユーヤの身体的特徴から、スコットランドとアシュケナジ系ユダヤ人に共通する「赤髪」と「かぎ鼻」はエジプト第18王朝では、アメンホテプ3世以降の子孫によって受け継がれたのが分かる。

そして、スコットランドの英雄ブルース王の男系子孫が、ツタンカーメンと同じ「R1b」であり、スコットランドには元々、エジプト第18王朝が起源のユダヤ教徒が多くいたことにも合致するのだ。そう、「スコットランド・古代イスラエル人元同族説」並びに、「スコットランド人とユダヤ人・エジプト第18王朝起源説」は、DNA、遺伝的特徴、そして、民族の伝承と文化的類似を見れば確実なのだ。

エジプト第18王朝の主祭神はヤギ頭のアモン神。

象徴的な魔術で使う杖。杖を使った魔術は古代エジプト発祥。写真は古代エジプトの魔法の杖「Brith Tusk」

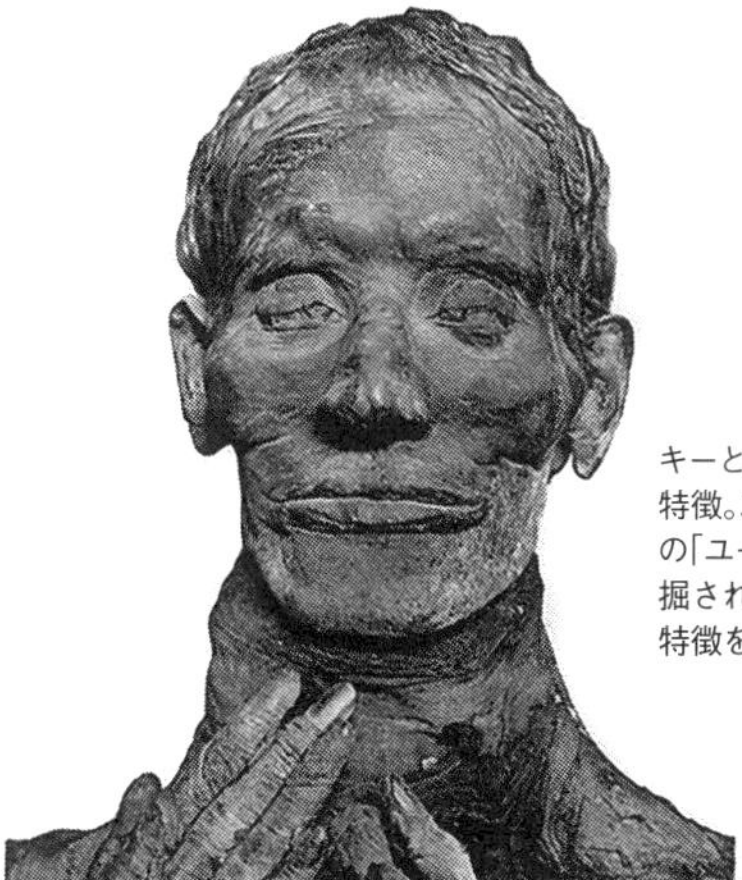
キーとなる赤髪と鉤鼻の特徴。エジプト第18王朝の「ユーヤ」のミイラが発掘されたが、その2つの特徴を併せ持っていた。

悪魔崇拝の始まりの地

14世紀初頭、そんなエジプト第18王朝の末裔が住むスコットランドに、弾圧から逃れてきたのがテンプル騎士団だ。そこから数百年後、テンプル騎士団の影響を受け、フリーメイソンがスコットランドで誕生する。ではテンプル騎士団が弾圧された理由を覚えているだろうか？

彼らは「バフォメット」という悪魔を隠れて崇拝していた事を理由に弾圧された。彼らの裁判の記録では、バフォメットの姿の証言はほとんどない。しかし、テンプル騎士団の意志を受け継ぐフリーメイソンたちが山羊頭のバフォメットを崇拝していたという証言があり、キリスト教が山羊を悪魔の象徴にしていたため、フリーメイソンが悪魔崇拝の集団と言われるようになった。

キリスト教では悪魔の象徴であったり、神に選ばれぬ者の象徴として描かれるヤギだがヤギ頭のバフォメットは、フリーメイソンに崇拝されていた。

しかし、エジプト第18王朝とスコットランドの繋がりを見ればスコットランド起源のフリーメイソンたちが、山羊頭の神を崇拝していても何もおかしくなければ、山羊頭の神が悪魔というわけでもない。キリスト教の繁栄と共に悪魔とされてしまっただけだ。というのも、ブルース王を含めたスコットランド人の起源「エジプト第18王朝」の王家が、都市テーベで崇拝し、国家の最高神まで成り上がらせた「アモン神」は、山羊頭の神だからだ。

アモン神には、長い角が生えた人型の壁画や、大きな山羊が頭の上に被さる彫刻などがあるが、現在、フランスにあるルーブル美術館にはバフォメットによく似た人の体に山羊の顔のアモン神の彫刻がある。そして、ここまで話した証拠と合うように、山羊の角を持つ神という存在は、魔女狩りとも、古代イスラエル人の起源とも繋がる。

ユダヤ教徒の集会「サバト」という集会をしていた魔女たちを描く絵には、悪魔や山羊に戯れるものが多い。エジプト第18王朝の山羊の姿のアモン神が崇拝された都市テーベの魔術を受け継ぐスコットランドの魔女たちが、山羊を神として祀っていても何も不思議ではないのは、ここまでの話から分かるだろう。そして、魔女狩りの背景には、かぎ鼻を通してユダヤ教徒の迫害の意図もあったということから分かるように、ユダヤ教とアモン神も繋がる。というのも第1章で話した通り、ユダヤ教の唯一神「ヤハウェ」のモデルは「アモン神」でもあるからだ。

余談ではあるが、山羊を象徴するアモン神の信仰は、エジプト第18王朝から、アシュケナジ系ユダヤ人（ヤハウェ）とスコットランド人（魔女）へ受け継がれるが、キリスト教の台頭によってそのアモン神の信仰者たちは、悪魔崇拝者として差別され、弾圧されてきた。

その一方、古代エジプトから東の日本列島に移住した者たちは、エジプトのバークがモデルの鉾《ほこ》を使い、現在も祇園祭を通して、アモン神こと「牛頭天王《ごずてんのう》（武塔神）」を盛大に祀っている、ということになる。

西洋とは違い、日本では、天武天皇が日本神話で採用した「八百万の神」という包括的な多神教設定により、民族間での宗教対立をできるだけ減らしたと考えられる。言い換えれば、もし、天武天皇が多民族をまとめるために「一神教」を採用していたら、神仏習合も起きることもなく、西洋でのキリスト教徒によるユダヤ人迫害のように、今も日本人同士で血の争い続けていたかも知れない。

いま、我々が持つ「日本人」というアイデンティティーは、紙一重の歴史で、全く違うものになり得た可能性があったことを忘れてはならない。

キリスト教では悪魔の象徴であったり、神に選ばれぬ者の象徴として描かれるヤギだがヤギ頭のバフォメットは、フリーメイソンに崇拝されていた。牛頭天王は牛頭だが根本は同じ。

フリーメイソンの古代の起源

ではここまで、フリーメイソンの起源を遡ると、スコットランドのブルース王を通して、テンプル騎士団だけでなく、旧約聖書が引用した「エジプト第18王朝」の王家に辿り着くという話をしてきた。そして、この説に合うように、一部のフリーメイソン団体は「ヒラム・アビフ」という古代イスラエル人の建築士が起源だとしている。

ヒラム・アビフとは、旧約聖書に登場するティルス出身（現在のレバノン）のフェニキア人建築家で古代のイスラエル王国のソロモン王のソロモン神殿の建設を指揮したした親方だとされる。物語はというと。

ソロモンの父・ダビデ王は国外への勢力拡大を成功させることで貿易により巨万の富を得たが、国外戦争に明け暮れていたために、神を祀る豪華な神殿を建設する時間がなかった。そのため、ダビデ王の死去後、王位を受け継いだソロモン王は父が果たせなかった巨大な神殿の建設を計画する。

その計画を達成させるため、ソロモン王は、現在のレバノン辺りに存在した、セム語系民族の国「ティルス王国」のヒラム王（建築家ヒラム・アビフとは別人）へ手紙を送る。神殿の建設にはレバノン杉が必要だからだ。

ヒラム国王は、ダビデ王と親しい中だったこともあり、ソロモン王の神殿建設に賛同し、レバノン杉だけでなく、高度な建築技術を持つヒラム・アビフも派遣した。このヒラム・アビフの指揮により巨大なソロモン神殿が完成した、というのがヒラム・アビフの物語だ。

しかし、第1章で話した通り、ソロモン王のモデルはアメンホテプ3世であった。また、ティルス王国は、実際に存在した国だが「ヒラム」という名の国王は存在した記録はない。そう、このフリーメイソンの起源「ヒラム・アビフ」にもエジプト第18王朝にモデルがいる。それが赤髪とかぎ鼻の特徴を持った「ユーヤ」だ。

まず、ヒラム・アビフの特徴は、「セム語系フェニキア人」、「ソロモン王への遣いの外国人」、「未亡人の息子」、「ティルス王国出身」の四つ。

最初のセム語系フェニキア人というヒラム・アビフの特徴は、同じくセム語系のヘブライ語を話すユダヤ人と同じであるためアシュケナジ系ユダヤ人の起源である「ユーヤ」とも合う。

また、ユーヤには「王の中尉」や「神の父」という称号が与えられるほど、義息子のアメンホテプ3世の相談役だったとされることから、ソロモン王に遣わされた外国人のヒラム・アビフと同じく、ユーヤもソロモン王のモデルのアメンホテプ3世の有能な外国人の側近であった。

また、ヒラム・アビフは未亡人の息子と言われ、父方の家系は語られず彼の母方の家系は、旧約聖書では「ナフタリ（Naphtali）」一族だとされる。その一方、外国人のユーヤの詳しい家系の歴史は上エジプトの裕福な非王室の家系出身という情報以外は、古代エジプトの遺跡に残っていない。しかし、ユーヤの妻である「トゥヤ（Thuya）」は「アモーセ・ネフェタリ（日本語：ネフェリタリ）」という女王の末裔だとされる。

見て分かるように、このヒラム・アビフの母方家系の「ナフタリ（Naphtali）」と、ユーヤの妻トゥヤの先祖「ネフェタリ（Nefertari）」がほぼ同音なのだ。

おそらく、旧約聖書でヒラム・アビフを「未亡人の息子」という設定にしたのは、ユーヤの妻トゥヤの母方の起源が「Nefertari」というのは判明しているがユーヤ本人が不明だったために、「未亡人の息子」というキャラクター設定にし妻の起源を母親として書いたのだろう。

そんな「ユーヤ」と「トゥヤ」の娘が「ティエ（Tiye）」、別名「Tye」だ。このティエが、ソロモン王のモデル・アメンホテプ3世の妻となり、モーセのモデル・アクエンアテンを産む。彼女は父のユーヤ同様、アメンホテプ3世とアクエンアテンの重要な相談役の一人であったのが分かっている。

その一方、ヒラム・アビフの出身地・ティルスは、エジプト第18王朝の末裔のイギリス人の言語・英語で「ティレ（Tyre）」と呼ぶ。そう、ユーヤの娘「ティエ」とほぼ同音なのだ。言い換えれば、ヒラム・アビフのモデル・ユーヤは、ティルス王国こと「Tyre」とよく似た「ティエ（Tiye）」という名の娘を、アメンホテプ3世を嫁がせたことになる。

ユーヤがセム語系ティルス王国からの移民だとすることで、娘の「ティエ」とアメンホテプ3世の婚約は、ティルス王国とエジプト第18王朝のより良い関係を築く為の政略結婚だというのが分かり、この同盟があったからこそ、アメンホテプ3世は、神殿用の上質なレバノン杉を手に入れることができたのだ。

これ以外にも、ティエという名前から面白いことが分かる。

旧約聖書では、ソロモン王の妻とされている一人に、エチオピアのサバ王国の「シェバ女王／サバ女王」がいる。そんな彼女の別名が「Eteye Azeb」だ。しかし、ソロモン王のモデルがアメンホテプ3世だとすると、その時代にはまだ、サバ王国が存在した記録はない。考古学的に、サバ王国の建国は早くてもエジプト第18王朝の滅亡と同時期の紀元前1200年辺りだ。

ソロモン王のモデルがアメンホテプ3世であれば、存在しないサバ王国の女王を嫁にもらうことはできないが、アメンホテプ3世の妻「ティエ（Tiye）」という名前を、エチオピアの文法で見ると「エティエ（Etiye）」となり、ソロモン王の妻「シェバ女王」の別名「Eteye Azeb」の「Eteye」とほぼ同音になると一部の歴史学者が指摘している。

しかし、なぜ、セム語系のユーヤの娘「ティエ」の名前が、旧約聖書でのエチオピアの「シェバ王」の名前と繋がるのか？

考古学的に、エジプト第18王朝は、エチオピア付近の人々と貿易をし、交流をしていた記録が残っている。そして、アメンホテプ3世と、妻ティエのタイミングで、第18王朝は全盛期を迎え、アクエンアテンとツタンカーメンの時代、紀元前1200年辺りに滅亡する。その際、ほとんどの第18王朝の残党が中東へ逃げたが、その子孫の一部が南にも逃げそこで王国を建てたのがエチオピアのサバ王国の起源だと考えられる。

それゆえに、それを知る古代ギリシャ人は、エジプト南部の地域を「Ethiopia」という「エティエ（Eteye＝女王ティエのエチオピア名）」が起源の名を付けたと考えられる。そして、エジプト第18王朝の残党が、散り散りになった同士を、旧約聖書の編纂により団結させるために、アメンホテプ3世をモデルとするソロモン王と、エチオピアのシェバ女王の婚約物語を付け足したと考えれば、筋が通るのだ。

エジプト第18王朝の末裔のスコットランド

ここまでをまとめると。

①スコティア伝説・魔女・DNA「R1b」等から証明された「スコットランド・エジプト第18王朝起源説」

②モーセ・ダビデ王・ソロモン王のモデルがエジプト第18王朝の王家という事から分かる「古代イスラエル人・エジプト第18王朝起源説」

③スキタイ人という共通の先祖と、赤髪などの遺伝的特徴から導き出せる「スコットランド・古代イスラエルの元同族説」

④スコットランド・古代イスラエル人エジプト起源説を証明する、赤髪とかぎ鼻を持つエジプト第18王朝のセム語系外国人の側近「ユーヤ」のミイラ

⑤「アメンホテプ世・ソロモン王同一説」と「ヒラム・アビフとユーヤ同一説」

これにより、フリーメイソンの伝説上の起源はエジプト第18王朝の側近「ユーヤ」となることから、フリーメイソンが古代エジプトのピラミッドが描かれた「プロビデンスの目」を自らの紋章にして当然なのが分かるだろう。

しかし、フリーメイソンのもう一つの起源であるテンプル騎士団はスコットランドへ逃亡し、第18王朝の末裔ス

コットランド人と合流する前、エジプト王家と血統が繋がっていないにも関わらず弾圧された。なぜ、彼らは弾圧されたのか？

我々がよく想像するテンプル騎士団は、聖地を守る戦う騎士修道会だが、テンプル騎士団が創設された初期のミッションは考古学的発掘調査であった。彼らは、ソロモン神殿とその地下に眠るとされる聖遺物を発見するためだけの団体だったのだ。その証拠にテンプル騎士団のテンプルとは、ソロモン神殿こと「Temple of Solomon」テンプルが起源である。

歴史研究家Michael Lamy氏やRengstorf教授によると、テンプル騎士団を創設者は、聖地エルサレムの旧市街にある「神殿の丘」の地下に、ソロモン神殿の遺跡があると信じており、初期のテンプル騎士団はその場所で発掘調査をし続けたが、見つかったのはエジプト様式の神殿の遺跡ばかりだったという。

これが事実だと分かるように、エルサレム・ポスト紙によると、２０２０年、エルサレムのアトリットという海辺の町の海中で、約３４００年前の古代エジプトのヒエログリフが描かれた遺物が発見された。発見者のラフィ氏はダイビング中に偶然海中で遺跡を発見し、そこから数十メートル先に進むと、そこは古代エジプトの神殿のようだったと述べている。

今から３４００年前とは、紀元前１４００年辺りで、ちょうど、広範囲の中東を支配したダビデ王のモデル・トトメス３世の時代だ。すでに説明した通り、エルサレムの地下にソロモン神殿があるはずもなく、見つかるのは、旧約聖書が引用したエジプト第18王朝の神殿だ。

しかし、12世紀にエルサレムの地下で、古代エジプトの遺物ばかりを発見するテンプル騎士団は困りはて、現地の「スーフィー神秘主義者」に助けを求めたとされる。というのも、その神秘主義者たちはソロモン神殿が、古代エジプト様式だと、代々受け継がれる知恵のなかから知っていたからだ。

しかし、そのスーフィー神秘主義者はソロモン神殿の正体以外にも、キリスト教の重要な秘密を知っていた。そして、彼は、キリスト教徒であるテンプル騎士団に「君たちは十字架を持っているが、我々は十字架の意味を持っている」と言ったとされ、そこから彼らを通じて、テンプル騎士団達は古代の知恵のみならずキリスト教の禁忌も知っていったとされる。

そんなテンプル騎士団が知った禁断の知恵を恐れてか、彼らは異端の神「バフォメット」を崇拝していたとして、弾圧され、多くがスコットランドに逃げる。そこで、偶然にも、スコットランドにエジプト第18王朝の末裔が暮らしていたので、混血していった。その1人がスコットランドの英雄ブルース王だ。そして、そのスコットランドから、古代エジプトとテンプル騎士団に影響を受けたフリーメイソンが誕生する。

しかし、テンプル騎士団が知ったキリスト教の禁忌とは一体何か？ そのヒントをくれるのが、彼らに知恵を授けたスーフィー神秘主義者だ。

騎士団が知ったキリスト教の禁忌

Order of the Temple of Solomon の公式サイトによると、スーフィー教徒の知恵は、紀元前5世紀に台頭したメディア王国の「マギ司祭」から受け継いだものだとされる。マギとはゾロアスター教系の信仰を持ったペルシャ人司祭の名称でマギ（Magi）という言葉は、いつしか人智を超越した存在を意味するようになり、マジック（Magic）の語源となる。

しかし、なぜペルシャ人系のマギの知恵がキリスト教の禁忌なのか？

その理由は、キリスト教の新約聖書とは古代のペルシャ人も関わった創作物だからだ。旧約聖書と同様に、**新約聖書のイエス・キリストも実際に存在したと言える考古学的証拠は存在しない**。しかし、これだけ聞いても納得いかないと思うので、ローマ帝国の時代からキリスト教がどのように誕生したのかを話そう。

ローマ帝国とは、紀元前27年頃から皇帝がすべる「帝政」が始まり、1453年のオスマン帝国によって完全に滅ぼされるまで1000年以上続いた帝国。そんな、ローマ帝国が他宗教を信じる多民族の広大な土地を統治していた時代にキリスト教が誕生した。聖書関連書物ではなく、考古学的資料を元に言われているキリスト教が初めて認知された時期は、イエス・キリストが生きたとされる時代の約90年後の西暦93年ごろ。ユダヤ人の「フラヴィウス」の書物が最初だ。

そして、そこから約３００年間、ローマ皇帝による弾圧を経て、キリスト教は西暦３８０年にローマ帝国の国教となった。しかし、イエス・キリストという名前の人物が聖書通りに奇跡を起こしながら存在したとされる考古学的証拠は全く存在しない。

その一方、イエス・キリストという存在はいくつかの宗教の伝説を融合して作られたとする説が、多くの歴史研究家たちにより指摘されている。そのなかで似ているとされる一つが、キリスト教よりも古いゾロアスター教だ。

全て話せば長くなるので要点だけをまとめると。

①処女マリアから生まれた救世主イエス・キリストと同じく、ゾロアスター教の救世主的存在「シャオシャヤント（Saoshyant）」も処女から生まれる。また、後半にできたゾロアスター教の伝統では、ゾロアスター教の開祖ザラシュトラも処女から生まれている。

②太陽のシンボルを持つイエス・キリストと、同じく太陽のシンボルを持つゾロアスター教のミトラ神を祝う日は、12月25日で、キリストの生誕祭と同じ。また、旧約聖書での神聖なシンボル「赤いワイン」と合うように、ミトラ教では牛の血を神聖なものとして扱っている

③ミトラ教も含めて、ゾロアスター教の道徳的美徳の教えは、キリスト教のそれとかなり似ていると多くの歴史学者から指摘されている

④キリスト教のカトリックの最高位「Pope（法皇）」と、ミトラ教の司祭職の最高位「Pater」という名称の類似。

などが挙げられる。

新約聖書でイエス・キリストが誕生したのち、「マギ（Magi）」と呼ばれる賢者が現れるとあるがこのマギの語源は、ギリシャ語の「マゴス（magos）」で、古代ペルシャ語の「マゴス（maguŝ）」から派生したものである。そして、この古代ペルシャ語の「マゴス（maguŝ）」は、ゾロアスター教の司祭「マガウノ（magâunô）」が語源だ。そう、テンプル騎士団がスーフィー神秘主義者から聞いた禁断の知恵の出発地点、ペルシャ人司祭「マギ」のことである。こういった証拠から、キリスト教とゾロアスター教は何らかの繋がりがあるのが分かるだろう。

ただ、もちろんゾロアスター教と全てが同じではない。というのも、ゾロアスター教以外にもギリシャ神話の神「ディオニソス」も、イエス・キリストの物語に影響を与えた存在とされていたりと、あとで詳しく話すが、ゾロアスター教以外の宗教の伝説も引用しているとされるからだ。

そして、それはキリスト教ができた時代背景に焦点を当てればより明らかになる。

では、次にキリスト教ができた真の意図を知るために、キリスト教がローマ帝国で広まった時代にペルシャにあったササン朝ペルシャの話をしよう。

イエス・キリストの起源

ササン朝ペルシャは、キリスト教と多くの共通点を持つゾロアスター教を全面的にバックアップした王国。そして、偶然にも、ササン朝が建国後、一気にローマ帝国の領地内でキリスト教徒が増えている。

ただ、最も重要なのは、このササン朝ペルシャが統治していた「アルメニア」という国。

アルメニア王国は元々、ゾロアスター教の国であったがササン朝ペルシャが支配下に置いたのちの西暦３０１年に、世界で初めてキリスト教を国の宗教とした。しかし、ゾロアスター教からキリスト教への移り変わりの際、アルメニア王国とササン朝ペルシャは揉めていない。

その一方、アルメニア王国の土地を巡りササン朝と揉めていたローマ帝国は、アルメニア王国がキリスト教国家になったすぐのちに、過去最大の『キリスト教徒の弾圧』を行った。しかし、キリスト教徒の数は増え続け、最終的にローマ帝国は、キリスト教を国教とした。

では、アルメニア王国は、ゾロアスター教のササン朝ペルシャの支配下のなか、キリスト教を国教として新たに定めることができた理由は、もうわかるはずだ。ササン朝ペルシャからすれば、ゾロアスター教とキリスト教の教義や伝説には共通点が多く、当時は共存できたからだ。

しかし、問題だったのはローマの神々を国民に崇拝させていたローマ帝国。キリスト教の影響で、ローマ皇帝の命令に背くものが現れており、ローマ帝国内の混乱はキリスト教を国教としたあとも続く。というのも、迫害されていたキリスト教徒たちは国教化により立場が逆転したために、ローマ神話の信者たちを迫害しただけでなく、聖書で悪く描かれていたユダヤ教の人々とも揉めるのだ。そんなローマ帝国の混乱を、横目で見ていたのがローマ帝国の敵対国・ササン朝ペルシャ。

もう、分かると思うが、**イエス・キリストというキャラクターを土台に作られたキリスト教とは、ローマ帝国を倒すために作られたもの**。そして、その仕掛け人のひとりは、ササン朝ペルシャだ。

しかし、古代ギリシャのディオニソス神も、キリストに影響を与えた存在と話したように古代ギリシャも仕掛け人である。というのも、ササン朝の王家の先祖の国は「アケメネス朝」だとされ、第二章では、高句麗や百済の祖とされる帝国だと話したが、アケメネス朝は、古代ギリシャのアレクサンダー大王のマケドニア帝国によって滅亡。そののち、アレクサンダー大王は、両国の平和を兼ねて王族同士の政略結婚を行なっている。

そんなアケメネス朝の王家を祖に持つササン朝と、古代ギリシャ人は親戚関係であったと言える。そんな古代ギリシャ人のマケドニア帝国はローマ帝国に敗北。ギリシャの神々をローマ神話に取り込んだローマ帝国に怒りを持つ古代ギリシャ人もいた。そして、ギリシャ人の兄弟のササン朝ペルシャからすれば、ローマ帝国はアルメニア王国の領地を争う敵同士。そう、この両国がローマ帝国を陥れるために結託する動機があるのだ。

そして、この話と合うように、旧約聖書系の書物はヘブライ語で書かれているのにも関わらず、ローマ帝国で書かれた初期の新約聖書は、すべてギリシャ語で書かれている。少し前に話したユダヤ人が書いた「フラヴィウスの書物」もギリシャ語だ。つまり、ササン朝ペルシャ建国後にキリスト教徒がローマ帝国内で急増したと話したが、初期のキリスト教徒が皆、ギリシャ語を読めるものたちだったということだ。

そんなササン朝の先祖の国・アケメネス朝と、古代ギリシャの両王家の政略結婚を「スサの合同結婚式」と呼び、それが行われた古代都市が「スサ」だ。都市スサは古代のギリシャ語で「ソーゥサ（Soûsa）」である。一夫多妻制ということで、アレキサンダー大王も政略結婚に参加したのだが、この都市で崇拝されていたのが、スサノオの起源でもある、「インシュシナク」という古代神。

忘れていると思うのでもう一度説明するが、この名のインは「神」、シュシは神名「スサ」、ナクは助詞の「の」を意味し、合わせて「スサの神」である。つまり、古代ギリシャ語で都市スサは「ソーゥサ（Soûsa）」と呼ばれていたということから、神インシュシナクは「イン・ソーゥサ・ナク」だったと言える。

その一方で、イエス・キリストの「イエス」のヘブライ語の語源が「ヨシュア」。このヨシュアの古代ギリシャ語バージョンが「イエ・ソーゥス（Iēsous）」。よって、新約聖書が出回った初期の「イエス」の呼び名は「イエ・ソーゥス」だったと言える。

そう、「スサの神」のギリシャ語名の「イン・ソーゥサ・ナク」の「ナク（〜の）」を除いた「イン・ソーゥサ」

とイエスのギリシャ語名「イェ・ソーゥス」がほぼ同音なのだ。言い換えれば、イエスの語源「イェ・ソーゥス」は当時、古代のペルシャ王国に縁がある古代ギリシャ人には「スサ神」と聞こえていたということ。

つまり、イエスの物語は、アケメネス朝とササン朝ペルシャのゾロアスター教やギリシャ神話と類似点があり、アケメネス朝と古代ギリシャの王家はスサでの政略結婚により親戚関係。アケメネス朝の王家の末裔の国「ササン朝」建国後にギリシャ語で書かれ始めた聖書を信じたキリスト教徒が一気に増え、奇しくもイエスの語源「イェ・ソーゥス」は、ペルシャ縁のギリシャ人には「スサ神」だと分かる名前だったということ。そして、ササン朝の支配下にあったアルメニア王国がキリスト教を国教した際、ローマ帝国が焦って国内のキリスト教徒弾圧を始め、国内が大荒れになる。

キリストの起源とダリウス王

ゾロアスター教を公式の宗教としたアケメネス朝に焦点を当てれば、イエス・キリストのの起源も見えてくる。

アケメネス朝ペルシャと言えば、高句麗の祖・クル王と繋がるキュロス国王こと、ペルシャ語名「クルス（Kurus）」国王だが、古代ギリシャの歴史家たちからは「クロス（Kuros）」と呼んでいた。そんなキュロス国王は、新バビロニア帝国に囚われていた古代イスラエル人を救ったとされ、旧約聖書では「救世主」扱いされていたと第二章で話した。

そんなキュロス国王のギリシャ語名「クロス（Kuros）」は新約聖書でイエス・キリストが架けられる十字架、英語の「クロス（Cross）」とほぼ同音だが、このCross（十字架）の語源の一つに「クル（Kuru）」があり、キュロスのクロスと似ている。一方、イエス・キリストの「キリスト」とは称号であり、古代ギリシャ語で「任命」を意味する「クリオ（Chrio）」が語源である。ここから分かるように、十字架の語源「クル」とキリストの語源の「クリォ」は、ほぼ同音。よって、キュロスのギリシャ語名「クロス（Kuros）」は、キリストの語源の「クリォ」とも似ており、「任命」された王という意味で、アケメネス朝のキュロス国王と完全に合致するのだ。

この上記の説を後押しするのがダリウス1世。第二章で、百済の祖「ダル王」として登場するダリウス1世は、アケメネス朝の全盛期を支えた国王であり、その広大な領地で様々な事業を行った。その一つが「新しい貨幣制度」。

彼は、一部のみが生産することを許された新たな通貨「ダリス」を発行し、領地内で流通させた。これにより、税の徴収が容易になったため、アケメネス朝の経済が潤い多くの銀行が誕生。融資で利益を得たとされる。また、次に彼は貿易の活性化のために、運河で国々を繋げ、古代イスラエルや古代エジプトなどの壊れた宗教施設を、様々な国の技術者を雇いながら立て直した。

ゾロアスター教のダリウス1世だが、現地人の固有の神々の崇拝を認めただけでなく、古代エジプトではアモン神の新たな神殿を建築し、エジプト人との交流を図っている。

建設プロジェクトは、自国のアケメネス朝ペルシャでも行われた。その一つが都市ペルセポリスのダリウス宮殿、別名、タカラ宮殿（Tachara）だ。ただ、重要なのはこのペルセポリスが「Xと四つの点」の紋章の発祥だということ。というのも、この紋章は、アケメネス朝の末裔の国・ササン朝ペルシャの国章と同じだからだ。

ササン朝ペルシャの紋章。この紋章は日本のとある氏族とも繋がっていく。

そんな「ダリウス1世」を土台に作られたキリスト教の人物が「聖アンドリュー」。聖アンドリューは「X」の十字架に架けられた人物で有名であるが、このXがスコットランドの「X」の国旗の由来である。そんなキリスト教の『X』を受け継ぐ聖アンドリューの名前は古代ギリシャ語でヘブライ語は存在しない。そして、このアンドリューの語源が古代ギリシャ語で「アンドレアス（Andreas）」。そう、最初の「アン（An）」を省けば、「ダリウス1世」の「ダリウス」とほぼ同音の名前を持つ。

この聖アンドレアスが「X」の十字架に架けられたのは、イエス・キリストと同じ十字の十字架を使うのは申し訳ないという理由で自ら願い出たとされる。それほど、キリストを慕っていた人物として描かれたアンドレアスだが、彼のモデルのダリウス1世もキリストに似た名前を持つキュロス国王ことクロス国王を尊敬していた。ダリウス1世は、クロス国王を尊敬するあまり、自らの業績をクロス国王の業績として石碑に刻み、クロス国王の存在を他国に広めたのだ。

では、もし古代ギリシャ語のキリストの語源「クリオ」の更なる語源がクロス国王の「クル」であり、彼の偉大さを古代ギリシャなどに伝えたのが、ダリウス王だとすると、聖アンドレアスと繋がるのだ。というのも、キリスト教での聖アンドレアスは、キリストと古代ギリシャ人の仲介役をした存在だからだ。

つまり、キリストを尊敬し古代ギリシャ人との仲介役を果たしたXに架けられた聖アンドレアスと、キリストの語源と繋がるクロス国王を尊敬し彼の偉業を古代ギリシャへ伝え、Xのシンボル発祥の都市に宮殿があり、聖アンドレアスとよく似た名前のダリウス王となり偶然では肩付けられないほど合致するのだ。そして、そんなアケメネス朝のゾロアスター教とキリスト教には類似点があり、アケメネス朝は古代ギリシャ王家と混血。そこからしばらくして、ササン朝ペルシャが誕生する。

キリスト教の真の黒幕

ここまで、キリスト教はゾロアスター教やギリシャ神話と繋がるという話をしたが、キリストと似ていると指摘されている存在はほかにもいる。それが、古代エジプトの冥界の王「オシリス」とその子「ホルス」だ。

オシリスとホルス、どちらも一度亡くなってから復活した存在であり、どちらもキリストが広まった時代より前の存在であることから、キリスト教がこの二神を参考にした可能性があると歴史学者から指摘されている。特に、オシリスは、蘇ったあと、冥界の王として死後の審判をする存在になるのだが、これはキリストが蘇ったのち、死後の審判をする存在となるという流れと全く同じなのだ。

これ以外にも、キリスト教が引用した古代エジプトの神が存在する。

新約聖書には、イエス・キリストが神の子羊とされ、最後の審判の際に人間は「羊」と「山羊」に分けられ、羊側は恵みを得るが、山羊側は悪魔の用意した災いを宣告されると書かれている。

これは、古代エジプトの北部の都市メンデスで行われた儀式「メンデスの山羊」の批判に由来している。

都市メンデスでは、羊の顔を持つ「バネブデデト」という神が崇拝されていたが、一部の司祭は山羊を使った儀式を行なっていた。その儀式はローマ帝国の支配下となった後も続き、キリスト教は流行したのち、キリスト教徒から軽蔑された。これが、キリスト教において、山羊が悪魔と結び付けられた理由だと言われている。

ここで重要なのは、メンデスで崇拝された四つの羊の顔を持つ「バネブデデト」。羊の魂という意味の名を持つ「バネブデデト」は、死後の世界で死者の魂を審判をする神で、人の体に四つの羊の顔を持つ姿以外の壁画も存在する。

それは、座る人間の前に、四つの羊の顔を持つ牛の体のバネブデデトがおり、その背中には鳥、頭の太陽円盤の前には蛇がいる姿だ。この「四つの顔」と「人・牛・鳥・蛇」のバネブデデトの姿が、新約聖書の智天使ケルビムの起源である。

ケルビムは「人・牛・鳥(鷲)・獅子」の四つの顔、または、要素を持つ存在とされている。そして、このケルビムの四つの生物の内、「獅子(王のシンボル)」はマタイ伝、「牛(奉仕/使いのシンボル)」はマルコ伝、「人間(人徳のシンボル)」はルカ伝、「鳥/鷲(神のシンボル)」はヨハネ伝というように、新約聖書でのイエスの生涯を描いた四つの副音書と連携しており、「人・牛・鳥・獅子」で、イエス・キリストの四つの性格を表しているとされる。

ケルビムの一つの顔「獅子」は、バネブデデトの「太陽円盤の前にいる蛇」が起源である。

古代エジプトの世界観に影響を受けたグノーシス主義の「ヤハウェ」こと創造神「デミウルゴス」は、太陽の前にいる蛇が元であり、後方の太陽のギザギザの輪郭が立髪とされ、獅子の顔の蛇となっていったのだ。つまり、キリスト教がエジプトや中東で広まる頃には、太陽の前にいる蛇は「ライオン」として見られていた。

よって、四つの顔と四つの生物の特徴を持つバネブデデトの太陽円盤の蛇は後世で獅子とされるため、四つの顔のケルビムの「人・牛・鳥・獅子」と全く同じなのだ。

では、イエス・キリストは「最後の審判を下す」、「羊の子」とされた「四つの顔のケルビム」が表す「人・牛・鳥・獅子」の性格を持つ存在だが、これは「死後の審判をする」、「四つの顔」と「人・牛・鳥・太陽円盤の蛇（獅子）」の特徴を持つ「羊の神」バネブデデトを土台にしているのがわかるだろう。そして、このバネブデデトが崇拝された都市メンデスで、山羊の儀式はキリスト教徒から軽蔑されていたため、新約聖書では人間を羊と山羊に分けるという内容になったのだ。

では、ここまでキリスト教には古代ペルシャ・古代ギリシャ・古代エジプトとの関わりがあると話してきたが、そもそもなぜ、キリ

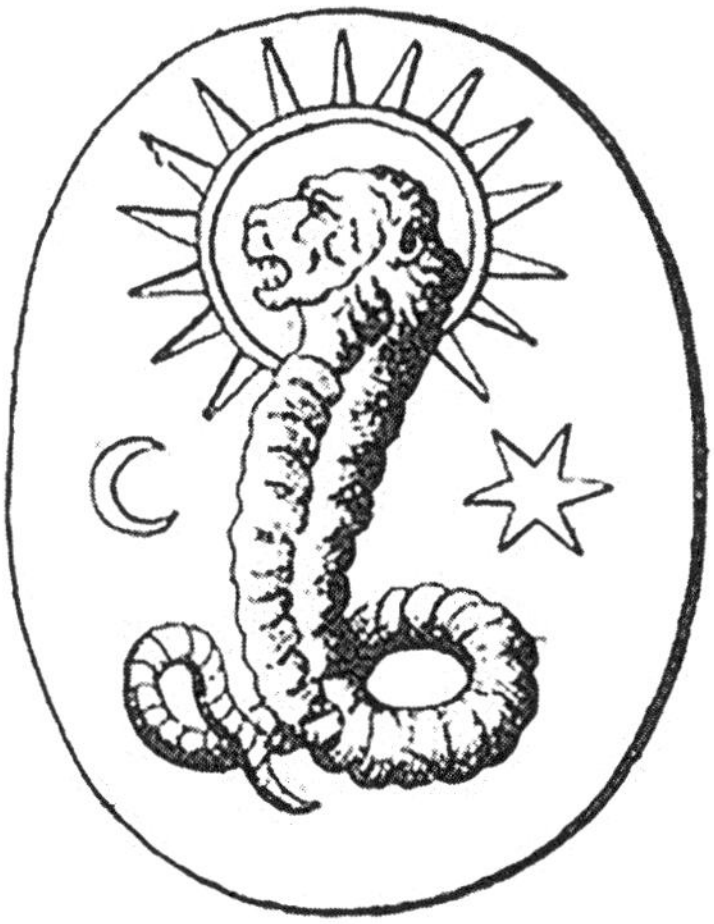

グノーシス主義のヤハウェことデミウルゴス半身が蛇、後方には太陽。獅子の顔で表現される。

スト教に、この三つの古代王国の要素を取り入れたのか？　その答えを教えてくれる都市が一つある。それが「アレクサンドリア」。

アレクサンドリアはアケメネス朝の次のマケドニア帝国のアレクサンダー大王によって、紀元前332年に建設された。世界中の歴史・文学・数学・天文学など、当時の知識の全てが集まるアレクサンドリア図書館があったのは有名である。しかし、そんなアレクサンドリアもマケドニア帝国崩壊後にローマ帝国の領地となった。

その時代、アレクサンドリアではローマ帝国によってエジプトまで追放されたギリシャ人と、ローマと同盟を結ぶユダヤ教徒との衝突があった。しかし、同盟といえど、ローマは領地内のユダヤ教徒のアイデンティティを無くす思惑があったと言われている。そんなとき、古代ギリシャと古代エジプト文化に触れ、ユダヤ教徒として育った哲学者がいた。それが「フィロン」だ。

フィロンの哲学は、古代ギリシャの哲学と旧約聖書を結びつけるというもの。哲学者「プラトン」を「ギリシャのモーセ」と呼ぶほど、ギリシャ哲学に重きを置いたユダヤ人だった。というのも、旧約聖書には、古代イスラエル人と神の行いの歴史は書かれていても、神がどのような存在で人間がどう生きるべきかと言う、哲学にそった道徳の説明に欠けていたためだ。つまり、旧約聖書の本質をギリシャ哲学で補おうとしたのだ。

そんな彼の思想は、ローマ帝国によって分断されたギリシャ人とユダヤ人の架け橋になるだけでなく消えゆくユダヤ教徒のアイデンティティも救うものであった。しかし、そんな彼の哲学は、ユダヤ教徒には響かなかった。その代わり、彼の哲学が最も影響を与えたのが「キリスト教」だ。

初期のキリスト教の教えは、フォロンの哲学を引用していると多くの歴史学者が指摘している。そして、何より、初期のキリスト教が栄えた場所の一つがアレクサンドリアなのだ。

つまり、アレクサンドリアは、アケメネス朝ダリウス王によって古代ペルシャ人と古代エジプト人が結び付き、アケメネス朝の王家と混血した古代ギリシャのアレクサンダー大王によって建国された都市。

そして、この都市出身のフィロンの哲学が初期キリスト教の土台にある。奇しくも、フィロンを表した絵には、ダリウス王と繋がる『Xと四つの点』が刻まれている。そして、そのアケメネス朝のあとを継いだササン朝建国のタイミングで、救世主キリストを求める信者が急増した。

つまり、アレクサンドリアを中心に、古代ペルシャ・古代ギリシャ・古代エジプトに関わる者たちが団結できる内容にし、ローマ帝国に対抗するだけでなくユダヤ教徒の宗教改革を目的としたのがキリスト教『開発』の裏の意図だと考えられるのだ。

キリスト教開発に関わった日本人の祖

ユダヤ人・ペルシャ人・ギリシャ人の一部がキリスト教を通して、他民族間を団結させようとした理由は、古代のインドに成功例「仏教」があったからだ。

仏教の開祖ブッダは、釈迦《しゃか》と呼ばれるが、この釈迦は「サカ」という民族が起源だとされる。ただ、重要なのは、このサカ族の別名「スキタイ」だ。

そう、仏教の開祖が属した「サカ族」は、スコットランド人とアシュケナジ系ユダヤ人の祖と同じ「スキタイ人」である。実際に、内陸アジアのサカ人は「R、R1、R1a1」のDNAを持ち、これは、アシュケナジ系の約半数のレビ族が持つ「R1a」と繋がる。

信じられないかもしれないが、般若心経の「ギャーテー・ギャーテー・ハーラーギャーテー」の「ギャーテー」は英語の「Go to」と同じ意味「進め」で発音も似ている。これはサンスクリット語も英語も「インド・ヨーロッパ祖語」という共通の言語から派生しているからだ。そんな般若心経の上記の部分は「ハラへ進め！」という意味である。

では、ブッダの出身民族サカ族と同族のスキタイ人の末裔・アシュケナジ系ユダヤ人が信じた旧約聖書の中に、実際に「ハラ」へ向かった登場人物がいる。

それが古代イスラエル人の祖アブラハムだ。アマテラス解体新書で詳しく話しているが、アブラハムは都市ウルからカナンへ移住する前に、都市「ハラ（Harran）」へ向かっている。そう。仏教の般若心経には、古代イスラエル人の民族移動の歴史が隠されているのかもしれないのだ。

また、サカ人の「Saka」を暗示する大酒神社が隣にある、秦河勝によって建立された広隆寺には、十善戒《じゅうぜんかい》という、人がやってはいけない行いを「〜してはいけない」という否定系で説いた10個の戒律があるのだが、よく旧約聖書でモーセが神から授かった10個の戒律が書かれた2枚の石板こと、「十戒《じゅっかい》」に似ていると言われている。

広隆寺の十善戒が仏教の戒律ということから分かるように、これは仏教の開祖民族「サカ（釈迦）人」と、エジプト第18王朝崩壊後にエジプトから脱出し、中東でユダヤ人と名乗る元アムル人系の「スキタイ人」が同民族だから似ているのである。つまり、葛城系秦氏の祖のクシャン王国は仏教を大々的に援助した王国であるため、仏教を信じた秦氏の広隆寺に、モーセの十戒と似た「十善戒《じゅうぜんかい》」が伝わったと言える。

少し話が逸れたが、スキタイ人ことアシュケナジ系を含めたユダヤ人と仏教の開祖民族サカ人は同族であり、派閥が違う仏教学派が公式な集会を開くなど、仏教を通してサカ人は団結しつつあった。その一方、中東とエジプトのユダヤ人はローマ帝国の策略によってバラバラにされつつあった。

それゆえに、ユダヤ人哲学者フィロンとその弟子、そしてそれに賛同するユダヤ人・ペルシャ人・ギリシャ人が、東方にいる同族の仏教を使った成功例を真似るだけでなく打倒ローマ帝国を掲げて創作されたのが、新約聖書だと考えると、キリスト教が他宗教と類似している理由に合点がいくのだ。

そして、この説に合うように、キリストとブッダにも類似点があると指摘されている。

例を挙げると

①共通する悪魔との戦いの物語と道徳の伝播

②12人の弟子と一人の裏切り者が同じ

③ブッダとキリストの死去前の弟子への言葉の類似

などが挙げられている。

ちなみに、キリスト教の開発に関わったと考えられるササン朝ペルシャの末裔とされる民族は、現在のトルコ東部におり、「ザザ（Zaza）」、またの名、「ザザキ（Zazaki）」と呼ぶ。日本の佐々木に似た、このザザキ人たちは、イラン北部の「ダイラ（Daylam）」に起源があるとされる。

さて、ササン朝ペルシャの末裔であるザザキ人が、日本の「佐々木」に似ているというのは、偶然ではない。というのも、ササン朝の国章「Xに四つ点」の紋章は、現在、ほとんどの佐々木氏が使う家紋「隅立て四つ目」とそっくりなのだ。

また、ザザキ人の起源の地域ダイラはササン朝ペルシャ時代には、実際にダイラ人が住んでおり、ササン朝の兵士として活躍したのがわかっている。そして、もうお気づきだと思うが、日本にはペルシャから渡来したと噂される「ダイラ」とよく似た名前の氏族が存在する。それが「平《たいら》」こと「平氏《へいし》」だ。

奈良時代には、すでに、破斯清道《はしのきよみち》というペルシャ人の官司がいたとされることから、ペルシャというアイデンティティーを持った存在が、日本の中枢にいたことは間違いない。そして、平氏が渡来人だと証明するように、藤原不比等《ふじわらのふひと》と縁がある奈良の興福寺には「大乗院寺社雑事記」という記録書があり、そこには、京都の三条坊門に、外国と貿易をする外来人がおり、ほとんどが「平《たいら》」の名を持つ者であったと書かれている。

ちなみに、第二章で話した、アケメネス朝とアルサケス朝が起源である、百済系王朝の桓武天皇によって「平」という姓の氏族が誕生したとされ、実際に、桓武天皇《かんむてんのう》は「平」が入った平安京に都を移している。

佐々木氏の家紋はペルシャの紋章に本質的に似ている。偶然でこじつけ？ 周囲の状況的証拠からも関連性が指摘されるし、家紋や紋章の類似というのは考古学的な一級の資料でもある。

ササン朝ペルシャの紋章。その末裔のザザキ人。このザザキ人はダイラというイラン北部の土地が起源とされる。

そんな平安の「安」という字は、古代中国の秦王朝や漢王朝からアルサケス朝ペルシャ人を表す漢字として使われていた。つまり、もし「平」がササン朝ペルシャの「ダイラ」が起源であれば平安京の「平安」とはどちらもペルシャ人を意味する名称となる。そして、この説を証明するかのように平氏の家紋「揚羽蝶《あげはちょう》」の姿は、ササン朝ペルシャの聖獣「シムーグ（Simurgh）」と性質が似ている。ちなみに、この聖獣シムーグは、テンプル騎士団に知恵を与えたイスラム教のスーフィー神秘主義の詩によく登場する存在である。

また、ササン朝ペルシャを創設したササン家は、自らゾロアスター教の聖典「アヴェスター」で登場する「カヤ人」が起源だとされる。そう、「カヤ人」こと「天児屋根《あめのこやね》」を始祖とする中臣氏《なかとみし》こと藤原氏と同祖なのだ。つまり周王朝系の天武朝が、藤原氏の策略により除外されたすぐのちに、アケメネス朝とアルサケス朝が起源の百済／天智系「桓武天皇」が、アケメネス朝と同じ先祖を持つササン朝ペルシャの「平」と、アルサケス朝ペルシャ人を意味する「安」を合わせた「平安京」に都を移すということになる。

平清盛《たいらのきよもり》が関わった厳島神社も、平氏とペルシャの関わりを持っているとされる。例えば、神仏分離以前に祀られた弁財天《べんざいてん》は、ゾロアスター教の女神が起源であり、厳島神社で行われる舞で登場する「胡人《こじん》」の顔が、鼻の高い異国風であり、実際にペルシャ人を元にした物語などが挙げられる。しかし、厳島神社には聖徳太子こと厩戸皇子《うまやどのおうじ》も絡んでいる。これを説明し始めると長くなるので、ここでは話さないが、読者の方々に、一つだけヒントを出すとすれば。

日本列島で日本神話が編纂される時代の少し前の7世紀後半、中東では「マウリア朝」というイスラム教史上の最初の王朝が大帝国を築いていた。

第二章で少し触れた、物部守屋《もののべのもりや》の守屋と似たマウリア朝（Maurya）とほぼ同音であるが別の国である。では、そんなマウリア朝の正式名が「ウマヤッド（Umayyad）」である。厩戸皇子《うまやどのおうじ》の「厩戸《うまやど》（Umayado/Umayato）」とほぼ同音である。

因縁の根源を知った騎士団たち

話を日本からキリスト教の起源に戻すと。キリスト教は、アレクサンドリアのユダヤ人・ペルシャ人・ギリシャ人による、ローマ帝国の弱体化と、ローマ帝国に味方するユダヤ人の改宗を目的をして作られた宗教だと話した。

しかし、ローマ帝国はキリスト教を国教とすることで難を逃れようとする。この結果、旧約聖書を信じるユダヤ教徒だけが悪いものになった。というのも、イエス・キリストはユダヤ人であるが、新約聖書ではユダヤ人／ユダヤ教徒をかなり悪い存在として描いたために、キリスト教が流行後の世界では改宗しないユダヤ人だけが差別の対象として残ってしまった。

ユダヤ人との団結のために創作されたキリスト教が、同族のユダヤ人を迫害する道具になるという、皮肉な結果である。そして、ここから始まるユダヤ教徒とキリスト教徒の因縁は後世に続いてしまう。そして、このキリスト教の禁忌を、ゾロアスター教の司祭マギの知恵を受け継ぐ、スーフィー神秘主義たちから聞いたのがテンプル騎士団であった。

その証拠に、騎士団が、マギの知恵を知った後に崇拝した「バフォメット」はおそらく「バネブデデト」だったと考えられる。というのも、エジプトの都市メンデスは、エジプト名ではなく、あとから付けられたギリシャ語の名称だ。そして、メンデス(Mendes)という都市名は、マギ司祭の起源・メディア王国の人々の名称「メデス(Medes)」とほぼ同音である。

つまり、メディア王国の崩壊後、エジプトも支配したアケメネス朝ペルシャの時代に、メディア人の多くがエジプト北部に移住したので、メディア人を意味するメンデスという都市名になった可能性がある。

そして、その都市メンデスで崇拝された四つの顔の神バネブデデトと合うように、教会の異端審問所の告発状で証言された、テンプル騎士団が崇拝したバフォメットの唯一の特徴が「一つの頭に三つの顔」なのだ。

そんなキリスト教の禁忌を知ったテンプル騎士団はキリスト教会に弾圧され、多くがスコットランドに逃げたのだが、スコットランド人の一部は騎士団が亡命する以前から、キリスト教の禁忌をすでに知っていた可能性がある。

元々、スコットランド人の多くはユダヤ教徒であり、スコティア伝説から、スコットランドの祖はスキタイ人だと話したが、スキタイ人はアルメニアから北部に移住したとされ、ササン朝ペルシャとローマ帝国の時代にキリスト教を国教としたアルメニア王国と話が合致する。

そんなスコットランド王国は、ブリテン島にキリスト教をもたらしたイングランド王国と争い続けるのだが、スコットランド人はイングランド人を「ササナック（Sassenach）」と呼ぶ。そして、この言葉の語源が「ササン（Sasainn）」だ。

ササナックとはイングランド人の起源「サクソン人」を意味し、サクソンは一部から「サッセン（Sassen）」とも呼ばれていた。では、このサクソンの「サッセン」だけでなく、スコットランド人からの呼び名「ササナック」または、語源の「ササン」の「ササ」が、ペルシャ人とギリシャ人が合同結婚式を行なった都市スサと似ているだけでなく、イエスの名前の起源となった「イン・スサ・ナク（インシュシナク）」の「スサナク（意：スサの）」とほぼ同音。

そして、ササナックの語源が「ササン」だということから分かるように、スコットランド人はイングランド人のことをキリスト教の創作に関わった、ササン朝ペルシャ起源だと見ていた可能性がある。

ただ、スコットランドとイングランド、どちらも男系ＤＮＡ「Ｒ１ｂ」が多い国であり、一部のイングランド人の祖「サクソン人」の起源は、スコットランド人と同じ「スキタイ人」とも言われている。なので、スコットランド人とイングランド人は元同民族でもある。

つまり、スコットランド人はイングランド人を元同民族としながらキリスト教に改宗し、ユダヤ教徒であり続けたスコットランド人の祖「ユダヤ人」を迫害し続けた人々として捉え、それゆえに、ササン朝を示唆する「ササナック／ササン」と呼んでいたのかもしれない。

ただ、最終的に、スコットランドはキリスト教国となり、アケメネス朝ペルシャのダリウス1世をモデルにした聖アンドレアスを象徴する『X』を自らの国旗とした。ちなみに、アケメネス朝のダリウス1世は通貨ダリスの流通により、多くの銀行が誕生したと話したが、そのダリウス1世が発展させた都市ペルセポリスで見つかったのが「Xと四つの点」であり、ササン朝ペルシャの国章でもある。そして、この「Xと四つの点」の紋章は、聖アンドレアスとスコットランドの「X」の起源なだけでなく、現在、スコットランドの首都エディンバラにある「スコットランド銀行」の紋章と同じである。

そして、スコットランド銀行はイングランド人が創設している。つまり、ササンと呼ばれたイングランド人が、ササン朝の国章と縁があり、多くの銀行を生んだ「ダリウス1世」が宮殿を建てたペルセポリス発祥の「Xと四つの点」の紋章を、今も銀行のシンボルとして使っているということ。ここからもイングランドと古代ペルシャの繋がりが分かるだろう。

そして、このアムル人とエジプト第18王朝を祖とするユダヤ人に対する、ペルシャなどの思想が入ったキリスト教徒の迫害は、英国だけでなくヨーロッパ大陸でも行われた。そんな差別される側であったドイツのアシュケナジ系ユダヤ人がロスチャイルド家である。

第4章

王室と皇室の秘密

ここまで。第1章は、中東のヤマァド王国から古代エジプト、そして、周王朝経由で日本列島にやってきた日本の皇室の祖「アムル人」の話をし、第2章では、新たな国号の国「日本」が誕生するまでの歴史と、周王朝系天武朝と古代ペルシャ系天智朝の因縁関係を話した。そして、第3章では日本の天武朝復活の援助をしたフリーメイソンとスコットランドの起源と、フリーメイソンがテンプル騎士団から受け継いだキリスト教の禁忌、さらに、その因縁によって差別され続けたアシュケナジ系ユダヤ人のロスチャイルド家とスコットランドの関係の話をした。

この章では、これら全ての情報と英国王室の歴史を照らし合わせることで、「なぜ、英国は日本の明治維新を援助したのか」、「明治天皇とは一体何者なのか」、そして、「日本と英国はなぜ第二次世界大戦で戦ったのか」を答えていこうと思う。

英国が隠した王位継承者の末裔。そして、プリンセス・ダイアナ生存説

父方はエジプト第18王朝、母方はテンプル騎士団の末裔であるスコットランドのブルース王の時代にスコットランドはイングランドから独立を果たしたと話したが、現在の英国王室はこのブルース王の末裔でもある。

現在の英国王室は「ウィンザー朝」と呼ばれているが、元々は、ハノーヴァー朝というドイツ（神聖ローマ帝国）起源の王朝名であった。途中で王朝名が変わった理由は、世界大戦時にドイツと戦った英国の王家の名がドイツ起源では勝手が悪ったからだ。そんな現在の英国王室の祖は、ハノーヴァー朝の「ジョージ1世」まで遡る。しかし、

ドイツ出身と言えども、さらに起源を遡ればスチュアート朝と呼ばれるスコットランドの国王「ジェームズ1世」の末裔なのだ。そして、このスチュアート朝のジェームズ1世を更に遡るとスコットランドの英雄「ブルース王」に辿り着く。つまり、エジプト第18王朝とテンプル騎士団の末裔のブルース王、彼の末裔が現在の英国王室となる。

しかし、なぜスコットランド王家の末裔が、イングランドを含めた英国の王になれたのか？

長年、スコットランドとイングランドは敵対関係ではあったが、両国の平和的交流も兼ねて政略結婚が盛んに行われていた。しかし、16世紀後半、イングランドがスペインの無敵艦隊を破り、栄華を誇った時代、当時、女王であったエリザベス1世が、自らの子孫を残さず亡くなったために、イングランドでは跡取り問題が発生していた。そして、その後継者として選ばれたのが、エリザベス1世の親戚のスコットランド国王「ジェームズ1世」だったのだ。ちなみに、エリザベス1世の血統にはスコットランド王家の血が入っていたこともあり、赤髪だったことがわかっている。

スコットランドとイングランド、両国の王となったジェームズ1世はイングランドを間接統治するのだが、これがきっかけで、のちの「United Kingdom」こと、連合国家としてのイギリスが誕生し両国の国旗が合わさった「ユニオン・ジャック」が使われるようになる。

ちなみに、ジェームズ1世のジェームズという名前の語源の一つが「ジャック」であることから、「ユニオン・ジャック」とは、「ジェームズによる連合」という意味が隠れている。しかし、ジェームズ1世のスチュアート朝の子孫による統治はそこまで続かなかった。そして、この次に生まれるのが現在の王室「ウィンザー朝」の前身「ハノーヴァー朝」だ。次に、この時代までの歴史を話そう。

17世紀前半、ジェームズ王の息子「チャールズ1世」の時代。チャールズ1世はキリスト教のカトリックに重きを置きプロテスタントを弾圧した。このチャールズ1世によるカトリック寄りの政治は、多くの人々を怒らせ、イギリス国内で「ピューリタン革命」と呼ばれる大反乱が起きた。この反乱により、チャールズ1世は処刑。息子の「チャールズ2世」と「ジェームズ2世」はフランスへ亡命する。

詳細はあとで話すが、ここから英国の間で色々あったの正統な王位継承者は英国国内では不在になり、イングランド議会は都合の良い法律を作って、別の新たな王を即位させる。それが現在のドイツ（当時の神聖ローマ帝国）にいた「ジョージ1世」だったのだ。彼が現在の王室に続く「ハノーヴァー朝」の始まりである。しかし、ドイツ出身と言っても、彼はスコットランド国王の「ジェームズ1世」の遠い子孫ではあった。しかし、問題はその血統があまりにも離れすぎたために、スコットランド人の一部が怒り革命を企てた。

そして、フランスにいる「ジェームズ2世」の子孫を正統な王位継承者と信じ、革命を企てた者たちを「ジャコバイト（Jacobite）」と呼ぶ。「ジャコバイト（Jacobite）」の「ジェイブ（Jacob）」は、スコットランド王の「ジェームズ1世」のジェームズの語源「ジェイコブ」に由来している。しかし、このジャコバイト達の反乱はイングランド軍に鎮圧され、失敗に終わる。では、ジャコバイトたちが信じたジェームズ王から続く「正統な王家」はどうなったのか？　残念ながらそこからしばらくのちに断絶するというのが表向きの話しだ。

しかし、これはあくまで表向きの歴史。ジャコバイト派の正統な王位継承者「ジェームズ2世」には1人、王位継承権が与えられなかった「フィッツ・ジェームズ（Fitz James）」という娘が存在した。そして、そのジェームズ2世の娘の子孫は、英国の『とある名家』に嫁ぐ。それが「スペンサー家」だ。

このスペンサーと言えば、ダイアナ妃で有名な「ダイアナ・スペンサー」だが、このスペンサー家こそがジェームズ2世の末裔の嫁ぎ先だ。ちなみに、現在の日本とは違い英国の王位継承に男女は関係ない。そのため、スペンサー家のダイアナ妃は、見方を変えれば、ジャコバイト派が信じたジェームズ王の正統な王位継承者の末裔ということになる。

ダイアナ妃は『スペンサー家』。つまりジェームズ王の正統な王位継承権者の末裔。そんな重要な血統の人物がなぜ？？

そんなダイアナ妃が、ドイツ出身のジョージ1世から続く「ウィンザー朝（ハノーヴァー朝）」の「チャールズ国王」と婚約したのだ。そう、表には一切出てこないがこの2人の結婚は、現英国王室とジャコバイト派の正統な王家との和解を込めた政略結婚の側面があると言える。そしてそんなダイアナ妃のスペンサー家と深い関係を築いていたのが、英国ネイサン・ロスチャイルドの子孫でジャコバイト（Jacobite）と同じ「ジェイコブ（Jacob）」の名を持つ「ジェイコブ・ロスチャイルド（Jacob Rothschild）」である。

ジェイコブ・ロスチャイルドは、長年続いた伝統的な経営ではなく自ら会社を設立し、革新的なビジネスを行った人物だと知られる一方、慈善活動にも出資したことで有名なのだが、特に歴史的遺産の保護に力を入れた人物だ。実際に、英国最大の美術館「ナショナル・ギャラリー」の会長となったこともあった。

その一方、ジェイコブは、日本だけでなく世界中の陰謀論者の間で世界を裏で牛耳る者として、よく名前が上がる1人だが2024年2月26日、この世を去った。

そんなジェイコブは、スペンサー家の邸宅「スペンサーハウス」を自らの会社「ＲＩＴ」のオフィスにしており、邸宅の修復に2000万ポンド、2024年現在のレートで40億円も出資している。これに対し、ダイアナ妃はジェイコブに感謝を述べ実際に会っている。しかし、なぜロスチャイルド家のジェイコブがスペンサー家をここまで援助するのか？

その理由は、第3章で話した通り、赤髪たちの子を意味するロスチャイルド家が、スコットランド起源、または、スコットランドと深い関わりがあったからだ。むしろ、ダイアナ妃とチャールズ皇太子の政略結婚を裏で企てたのは、ロスチャイルド家のジェイコブの可能性さえある。しかし、チャールズ国王の望んだ結婚ではなかったためか、ダイアナ妃との結婚生活は順風満帆ではなく、2人は離婚。しばらくして、ダイアナはフランスの首都パリで交通事故に遭い亡くなってしまう。ただ、廃車が決定していた車にダイアナ妃が乗っていたりと、現在もこの事故に関して、殺人説を含めた、多くの陰謀論が囁かれている。

スペンサーハウスを自らの会社『RIT』のオフィスにしていたのが、ジェイコブ・ロスチャイルド。スコットランドとの深い関わりを表すひとつ。

ジェイコブ・ロスチャイルドはこのスペンサーハウスの修復に40億円もの出資をしている。

しかし、スコットランドと深い関わりがあり、財も権力もあったロスチャイルド家がバックにいるスコットランドのジャコバイト派から見た正統な王位継承者の子孫「ダイアナ妃」が、こんなにも簡単に殺されるはずがないのだ。そして、それを暗示するかのようにダイアナ妃の事故には、わかる人にはわかるメッセージが隠れている。それが、ダイアナ妃が事故にあったトンネルのちょうど上の地上にある「自由の炎」という彫刻だ。

現在は、ダイアナ妃の記念碑とされているが、この彫刻の炎はアメリカの自由の女神が持つものと同じ物である。つまり、自由を象徴する女神の彫刻の真下のトンネルで、ダイアナ妃は事故にあったのだ。

証拠をこれから出していくが、この自由の女神の彫刻が意味するのはダイアナ妃が自由になったという暗示である。つまり、ダイアナ妃はおそらくこの事故では亡くなっていない。では、そうだと仮定した場合、この嘘の事故の裏に誰がいたのか？

それがフランスのフリーメイソンだ。というのも、フランスのフリーメイソンは「ジャコバイト」によって設立されているからだ。

スコットランド国王のジェームズ2世の子孫は、革命の際にフランスに亡命しそこで匿われたと話したが、この国王のフランス亡命を手助けした、ジャコバイト派のスコットランド人がフランスでのフリーメイソンの起源であり、実際にフランスの初期のフリーメイソンたちは、ジャコバイトたちだったという記録が存在する。そして、そんなジャコバイト派にとっての正統な王家の末裔が「ダイアナ妃」なのだ。

つまり、「ジャコバイト派の正統なジェームズ王の子孫ダイアナがフランスのパリで交通事故に遭い亡くなる」というのは「ジャコバイト派の正統なジェームズ王の子孫がフランスに亡命した歴史」のオマージュであり、事故現場にある「自由の女神」というキーワードから、わかる人にわかる筋書きだった可能性がある。そして、それを裏から支えたのが、スコットランドのジャコバイト達が基盤を作ったフランスのフリーメイソンと、同じくスコットランド起源であり、フランスのフリーメイソンにも加入していたロスチャイルド家の可能性は否定できない。

そして、この説は、次に話す、フリーメイソンによるアメリカ建国の歴史を付け足せば、確かなものになっていく。

ダイアナ妃が交通事故に遭遇し亡くなったトンネルの上には『自由の炎』という、アメリカの自由の女神が持っている炎と同じモニュメントが元々ある。現在はダイアナ妃の記念碑とされている。

世界がフリーメイソンを必要とした理由

エジプト第18王朝起源のスコットランド人と、キリスト教の禁忌をテンプル騎士団から受け継いだフリーメイソンだが、そもそも、なぜ、スコットランド起源の「フリーメイソン」が秘密主義を保ちながら、ヨーロッパ中で広まることができたのか？ その理由は、フリーメイソンが誕生するスコットランドの時代背景にある。

ジャコバイト派の正統な王家「ジェームズ1世」が、スコットランドとイングランドの連合国の王となる時代。スコットランドは外交問題に直面していた。というのも、スコットランドはイングランドより北に位置していたことから、農業に適した環境ではなく人口もイングランドより少なかった。人口の多さは、そのまま軍事力だけでなく、経済の発展にも直結していたことからスコットランドはイングランドから見て地理的に劣性だったのだ。

そんなスコットランドがイングランドと連合国家と成すとき、スコットランド内では自然に国民同士が「イングランドとどう付き合うべきか」という議論を公衆酒場「パブ」などでするようになっていった。そして、この国民間の議論は、当時の政策も相まって首都エディンバラを中心に、スコットランド国民全体の識字率は75％まで上がった。これは当時のヨーロッパのどの国よりも高い。

そんな知らずに知的集団となったスコットランド人のなかから、より論理的な議論が交わされるようになり、次第に、「宗教」のあり方の議論まで発展していく。例えば、大学の神学部の教授はキリスト教の既存の教義のみしか教えることしか許されなかったが、国民間の知性が発展していく内に、個々の教授が独自の宗教観を学生に説くことが許されていった。

スコットランドの知識の自由化が発展させたのは宗教観だけではない。この流れから、科学と医学が急激に発展した。当時、イングランドではオックスフォード大学とケンブリッジ大学の2校のみが医学を教えていたが、内容は貴族教育に羽根が生えたほどで学生も500人ほどしかいなかった。一方、スコットランドでは、四つの大学が本格的な医学を教え、同じ時期に10000人を超える医学学生がいたのだ。このような、国民の思想や科学の発展は大学内にとどまらず一部のスコットランド人は独自のクラブを形成するようになる。

まだ、宗教の影響力がまだ強い中、クラブ内で誓いを立て秘密を共有できれば新たな思想と既存の宗教が対立するリスクが減るからだ。そして、この時代にできたクラブの一つがフリーメイソンだ。

このスコットランドのクラブ文化は、宗教という壁を破ることで独自の哲学が発展し新たな社会制度を生み出し、現在にも名を残す思想家たちが誕生する。その例が、哲学者デイヴィッド・ヒュームや経済学者アダム・スミスだ。特にアダム・スミスは、現在、多くの国が採用する「資本主義」の生みの親だ。

彼が作ったクラブは「オイスター・クラブ」と呼ばれ、アダム・スミス本人が属していた記録はないがオイスター・クラブのほとんどの会員がフリーメイソン会員でもあったことがわかっている。ここからわかるように、この時代のスコットランドは哲学と科学の急激の発展を遂げていた。そして、この時代の展開期を「スコットランドの啓蒙

(Scotland Enlightenment)」と呼ぶ。

そんなヨーロッパのどの国よりも知的な国民となったスコットランド人の多くがイングランドと連合国家となり、世界情勢も相まってより南へ移住していく。17世紀から18世紀にかけて、かなりの数のスコットランド人がイングランド、ヨーロッパ、そして、アメリカ大陸へ移住したとされ、その数はどのヨーロッパ人より多かった。実際にこのタイミングでフリーメイソンがイングランド内で誕生している。

では、ここまでの話からスコットランド起源のフリーメイソンがヨーロッパ中で広まった理由が分かるだろう。今までにない自由な哲学、科学、そして医学の知識をスコットランド人が発展させており彼らが創設したフリーメイソン会員になることで、それらの知識を深めることができたからだ。つまり、フリーメイソンなどのクラブは、他国の思想家たちから歓迎されたのだ。

しかし、フリーメイソンが他国から受け入れられた背景にはもう一つ大きな理由がある。

それが、クラブから「スコットランド」という民族性を完全に消すというもの。スコットランドと言えば、キルトという民族衣装や、バグパイプという楽器が有名だが他国へ広がったスコットランド起源のフリーメイソンたちは、徹底的に、その民族性を消した。それは、イングランド政府へ反乱を起こしたイメージを払拭する狙いもあった。しかし、何より他国の民との自由な哲学や科学の発展に、民族の特性は邪魔になってしまうと考えたからだ。それゆえに、現在でも、スコットランド発祥であるのにも関わらずフリーメイソンにスコットランドの特性がほとんど残っていないのだ。とは言うものの、フリーメイソンには「兄弟の証」を意味するエプロンを着る文化があるが、これは、スコットランドで「同族の証」を意味する「キルト」のスカートを、悟られないように引き継いでいると言える。

その一方、個々のフリーメイソンやクラブが、それぞれの国で、現地の民と独自の発展を遂げていく。その結果、ドイツで誕生したのが「イルミナティ（Illuminati）」だ。そして、この知的国民スコットランド人の移住とフリーメイソンなどのクラブ文化の発展は、それぞれの国の知的レベルを上げるだけでなく国民に『とある目覚め』を促した。その目覚めが「人権」である。そして、その人権の目覚めから起こされたのが「フランス革命」だ。

フランス革命とは、１７８９年フランス国民が「自由と平等」のスローガンの下、立ち上がり、国王と貴族の絶対的権力を剥奪した革命である。

もう少しだけ詳しく話すと、財政破綻の危機にあったフランス王家と側近の貴族たちが富を持った商人と金融業者だけでなく、農家などの市民にも重税を課すことを決めた。

これに強く反対した商人と金融業者が、多くの一般市民を革命に扇動し権力を国民に移したのがフランス革命だ。たびたび、フランス革命の裏には、フリーメイソンなどの秘密結社がいたという話があるが、そう言われる理由は、キリスト教徒のジャーナリスト「オーガスティン・バルエル」の告発本である。

そこには、「フランス革命は、啓蒙主義の哲学者、フリーメイソン、そしてイルミナティの陰謀によって起こされたものである」と書かれている。また、その本には、革命を促した指導者的立場だったのが、キリスト教とその奴隷制度を強烈に批判し、言論の自由、宗教の自由、そして、政教分離を訴えた「ヴォルテール」という哲学者と数名だったと具体的な名前が書かれているだけでなくフランス革命後すぐに、フリーメイソンたちが、自らのスローガン「自由・平等・友愛」を街で宣伝していたという記述がある。

このように、オーガスティンの告発本はフリーメイソンやイルミナティが革命の裏で暗躍していたことを示唆しているのだが、そこには「これら秘密結社は、『とある政治クラブ』の意志を受け継いでいる」と。そして、そのクラブの名が「ジャコビン（Jacobin）」、フランス語で「ジャコビン」。正式名称が「ジャコビン協会・自由と平等の友」である。

フリーメイソンに影響を与えたことだけあって、同じ「自由・平等・友愛」が正式名称にあるのだが、このジャコビン協会の最も徹底した理念が「基本的人権」だ。そしてすでにお気づきだと思うが、この「ジャコビン（Jacobin）」という協会名は、ジェームズ2世の子孫が正統な王家と信じたスコットランドの「ジャコバイト（Jacobite）」とほぼ同じである。少し前に、スコットランドからフランスへ移住したジャコバイトが初期のフランス・フリーメイソンを設立したと話したが、もしジャコビン協会の起源がジャコバイトであれば、オーガスティンの告発本で書かれた「ジャコビン協会の意志を受け継いだのが仏フリーメイソン」という話と完全に合致するのだ。

つまり、ここから「スコットランドのジャコバイト」、「ジャコビン協会」、そして「仏フリーメイソン」という設立の流れがあるのが分かるのだ。

ではもし、ジャコビン協会の起源がジャコバイトであり仏フリーメイソンやイルミナティの思想に影響を与え、フランス革命を導いたとするのであれば革命の裏の立役者は元ジャコバイトのスコットランド人ということになる。そして、スコットランドとフランスの繋がりを証明するかのように実際にフランス革命を支援したスコットランドのフリーメイソン会員が存在した。それが「ロバート・バーンズ」という人物だ。

ロバート・バーンズと言われてもピンとこないかもしれないが『蛍の光』を作った人物といえば誰しもわかるだろう。彼は、まぎれもないフリーメイソン会員だった。

ロバート・バーンズは、現在も「スコットランドの息子」と呼ばれるほど、スコットランド国民から愛され続けた詩人でスコットランド紙幣にも描かれている。バーンズが国民から愛された理由は、彼が生み出す歌や詩が王族などの既得権益者を批判し、社会の弱者の自由を主張し続けたからである。ホワイトハウス歴史協会によると、米国の第16代大統領リンカーン大統領は、バーンズの詩に惚れ込んでいた1人で、彼の南北戦争と黒人奴隷解放の決断に影響を与えたとされている。そんなスコットランドの詩人ロバート・バーンズは、影響を持ったフリーメイソン会員としてフランス革命の熱心なサポーターとして知られ、実際に隠れて大砲を四つも寄付したとされる。

また彼は、フランス革命の際に民衆で歌われた「サ・イラ」という曲を使い、女性の自由を訴える歌も作っている。女性の自由を革命の歌にのせた理由は「女性」と「自由」というキーワードそのものが、フランス革命を象徴する「自由の女神」そのものだからだ。しかし、当時の英国では言論統制があったため、遠回しな応援の仕方になったと言える。

ちなみに、フランス革命を代表するドラクロアの「民衆を導く自由の女神」の絵は、1830年のフランス7月革命を表した絵でこの革命にも多くのフリーメイソンが関わっている。また、フランスを共和国に戻した1848年革命の後に誕生した政府のほぼ全てのメンバーがフリーメイソン会員だったとも言われているのだ。そして、それが現在にも受け継がれているのが分かるようにフランス共和国のスローガンは「自由・平等・友愛」である。そして、1848年の革命はフランスだけでなく、ドイツへも派生した。その際、ロバート・バーンズの歌が、革命の歌として民衆から歌われた。

そんなスコットランドのフリーメイソン会員であったロバート・バーンズが作った歌の中で、最も有名なのが、日本人であれば誰でも知っている「蛍の光」である。しかし、この「蛍の光」の歌詞には、フリーメイソンだからこそ分かるメッセージが隠れている。

彼らが作った理想の国『アメリカ』

「蛍の光」は、日本では明治時代から世間に広まり、卒業式に歌う「別れの歌」として有名だがロバート・バーンズが書いた蛍の光の原曲は「オールド・ラング・サイン」と呼びその歌詞は別れの歌ではない。その歌詞は。

昔の友の記憶は、忘れられ、もう戻らないのだろうか？　懐かしき日々よ。
あの日々を思い、我々は親愛なる一杯を飲もうではないか
我々は互いの親愛なるカップを手に持ち、あの懐かしき日々へ向け、今まさに、飲むのだ
我ら2人は、綺麗な雛菊（ヒナギク）を折りながら、丘を駆け抜けたものだ
しかし、あの懐かしき日々以来、過酷な距離を隔てた我々は、今まで彷徨い続けた
我ら2人は、朝から晩まで、瀬で船遊びをしたものだ
しかし、あの懐かしき日々以来、我々を隔てた海は、あまりにも広かった
そして親友の手がここにあり私は君に手を貸すのだ
そして、我らは、今ここで兄弟の盃を交わす懐かしき日々のために

この歌詞から分かるように、蛍の光の原曲「オールド・ラング・サイン」は旧友との「再会」の歌だ。では、この歌詞を書いたスコットランドのフリーメイソン会員だったバーンズにとって、ここでの「昔の友」は誰なのか？それが「アメリカ」のフリーメイソンたちである。というのもスコットランドのジャコバイトの意志を受け継ぎ、仏フリーメイソンの土台を作り、フランス革命を導いたジャコビン派だけでなく自由の国「アメリカ」そのものを建国したのも、フリーメイソンたちだからだ。

アメリカ合衆国の初代大統領「ジョージ・ワシントン」や、アメリカ建国の父の1人「ベンジャミン・フランクリン」がフリーメイソン会員だったというのはかなり有名な話だが、これ以外にも、アメリカには、フリーメイソンのマーキングがされている。

例えば、首都ワシントンDCにあるホワイトハウスを上から見ると、その上には、逆五芒星のシンボルが浮かび上がるように道が作られている。これはフリーメイソンの関連団体「Order of the Eastern Star」と同じ幾何学模様であり、実際に、この団体の国際本部がこの付近にある。

では次に、この逆五芒星の両端にあるそれぞれの点を線で結ぶと、それぞれの線は、墓地と公園という公共施設に行き着く。そして、この二つの公共施設を横の線で結ぶと、ちょうど真ん中辺りに、アメリカ第3代大統領トマス・ジェファーソンの記念館が浮かび上がる。では、ここまで引いた線を、地図全体で見ると、三角形になっているのがわかるだろう。米国の三角形のシンボルと言えば、1ドル紙幣にも書かれているフリーメイソンのシンボル「プロビデンスの目」だ。

この目は「神の全能なる目」とされる最も重要な目とされるが、ワシントンDCにおいて、この目の部分にあるのが、米フリーメイソン団体「スコティッシュ・ライト」の「テンプルハウス」と呼ばれるグランドロッジがあるのだ。つまり、ワシントンDCにある三角形を、ピラミッドで見た場合、アメリカ大統領が住まう「ホワイトハウス」よりも高い位置にあるのがフリーメイソンのグランドロッジであり、フリーメイソンが、神の全能の目から、全てを見ているという構図になる。

また、米国の主要なフリーメイソンの派閥を「スコティッシュ・ライト」と呼ぶが、これを直訳すると「スコットランド人の伝統」という意味になる。フリーメイソンのスコティッシュ・ライトは公式にスコットランドとの関わりを否定しているのだが、この2つが繋がっているのが分かる証拠が存在する。

少し前に、ジェームズ2世の末裔が正統な王家とし初期の仏フリーメイソンを構成したジャコバイト達の話をした

この手のMAPを見ると陰謀論的に見えるかも知れないが、フリーメイソンの思想で都市が作られていることは客観的事実だ。アメリカの建国にスコットランド起源のメイソンが関わっている事は誰でもわかるはずだ。

が、フランスに渡らずスコットランドに残ったジャコバイトたちは、2度イングランド政府軍に戦いを挑むが敗北。その後、英国国内のジャコバイト達は解散させられスコットランドの民族衣装「タータン」の服は、1782年まで反乱のシンボルとして禁止された。

しかし、このの後イングランド政府は多くのジャコバイトを含めた若いスコットランド人をイングランド軍へスカウトした。というのも、当時、イングランドは、アメリカ大陸での他国との戦争に人員が必要であり、スコットランド人がその戦争で戦果を上げれば、イングランド人と対等の立場になれるというチャンスがあったからだ。それゆえに、1760年から1775年の間に、約4万人ものジャコバイトたちの拠点だったハイランド出身のスコットランド人がアメリカ大陸へ移住した。

そして、1775年、植民地であったアメリカは英国の課税法に反対し、独立をかけて戦う。これがアメリカ独立革命の始まりである。言うまでもなくこのとき、多くのスコットランド起源のアメリカ人とジャコバイトたちが、憎きイングランド政府軍と対峙した。しかし、そこまで単純な構図という訳ではなく英国に残る王統文化を守るべきだと考えるジャコバイトたちは、イングランド側の味方をして戦った。独立戦争でのアメリカ独立軍は一度は苦境に立たされたが、フランスの援助により勝利。1783年パリ条約により正式に独立を果たした。

アメリカ独立革命を先導した者の多くが、スコットランド起源であったことからアメリカの独立宣言の内容は、14世紀にブルース王がイングランドからの独立を果たした際に発表した「アーブロース宣言」を引用していると、専門家から指摘されている。

つまり、14世紀のブルース王によってイングランドからの独立を果たしたスコットランド王国が、時代を経てイングランドの植民地状態になってしまう。しかし、アメリカという新たな仮面を被ったスコットランド起源の人々が、ブルース王のようにまたイングランドからの独立を果たすという隠れた民族の確執がここにはあるのだ。

では、ここまでスコットランド起源のフリーメイソンとアメリカ建国との繋がり。そして、それを後押しするかのように実際に多くのスコットランド起源のアメリカ人が独立の中心的役割を果たしたと話したが、このアメリカ独立戦争の最中、危険を承知で英国国内から、アメリカの独立を歌で応援していたのが詩人「ロバート・バーンズ」であった。

そして、アメリカ独立後の1788年に書かれたのが「蛍の光」こと「オールド・ラング・サイン」だ。そう、あの歌で書かれた「懐かしき日々を分かち合いながらも、あまりにも広い海によって、過酷な距離を隔て、彷徨っていた我々」の「我々」とは、イングランドの植民地となってしまったジャコバイトを含めたスコットランド人と、イングランドの植民地として生きたジャコバイトを含めたスコットランド起源の米国人のことであり、「兄弟の盃を交わす」という最後のメッセージでアメリカの独立を祝っているのだ。

そして、「兄弟の盃」とは英国では「Loving Cup」と呼ばれる古くから続く、トロフィーのようなカップを回し飲みしていく伝統のことであり、フリーメイソンたちも行う「友情の証」を表す儀式の一つである。よって、この「兄弟の盃」という言葉で、米国とスコットランドのフリーメイソンの友情を表しているのだ。

そして、蛍の光こと「オールド・ラング・サイン」が発表されてから13年後の1801年。米国に「スコットランド人の伝統」を意味する「スコティッシュ・ライト」が新たに創設される。しかし、ここで一つ大きな疑問がある。なぜ、フランスが米国の独立革命を援助したのか？

定説では、アメリカ大陸での領土を巡る対イングランド戦争に負けたフランスはアメリカ独立革命でイングランドが劣勢になったとき、以前に失った領土と権力を取り戻すために米国の独立の援助を決めたと言われている。しかし、米国が劣勢になったのちもフランスは犠牲を払ってでも米国を援助した。この決断の裏にはフリーメイソン会員がいたと言われている。その人物が「ベンジャミン・フランクリン」だ。

フリーメイソン・スコティッシュライトによると、アメリカ建国の父「ベンジャミン・フランクリン」は、17歳から米国のフリーメイソン会員であったが、アメリカ独立宣言後の1778年にフランスへ渡り、「ナイン・シスターズ」と呼ばれるパリのフリーメイソンの会員になっている。

そして、彼は自らが考える米国独立の理想をフランスのメイソンたちに熱く語った。そして、彼の熱弁によってフランスによる米国への援助が達成されたと言われている。そんなベンジャミン・フランクリンが、メイソン会員としてパリにいた際、彼によって同じフリーメイソンに入会したのが啓蒙主義の哲学者「ヴォルテール」だ。そう、アメリカ独立革命のしばらくあとに起こる、フランス革命の思想の土台を作った「ヴォルテール」と、アメリカ建国の父の1人「フランクリン」は、時を同じく会っている。

では、思い出してほしい。フランス革命はフランス王家の財政危機に伴う重税に、怒った金融業者と商人の扇動により起こされたと少し前に話したが、この王家の財政危機の大きな理由がフランスによるアメリカ独立革命の援助であった。そして、その援助はベンジャミン・フランクリンと、フランスのフリーメイソンによって達成されたもので、彼と同じグランドロッジの哲学者ヴォルテールの思想を受け継ぐフリーメイソンたちがフランス革命を裏で扇動したのだ。この繋がりから、アメリカ独立革命のタイミングから、すでにフランス革命の計画は始まっていたと言っても過言ではない。

では、そんな仏フリーメイソン会員にもなった「ベンジャミン・フランクリン」は、スコットランドとも繋がっている。というのも、彼は、アメリカ独立革命の前に二度スコットランドへ行き、「スコットランドの啓蒙」の中心人物「ディヴィッド・ヒューム」や「アダム・スミス」などの知識人たちと会い、多くのスコットランド人の友人を作っている。

そして、その交友関係を活かしフランクリンはスコットランドの進んだ知識人と米国の若者を繋げるパイプ役をしていたのだ。彼の努力により、当時、世界で最も進んでいたエディンバラ大学の医学部の10％が米国人になるだけでなく、アメリカの初期の医療施設を創設者のほとんどが、エディンバラ大学医学部の卒業生であると言われている。というのも、過酷な環境から多くの人口を抱えられないスコットランドから、多くの知識人たちがアメリカに移住したからだ。

そして、この時代の知識人が独立前のアメリカ社会の土台を作ったのだ。そして、フランクリンが関係を持ったこの時代の知識人達に影響を受けたのが、詩人ロバート・バーンズである。これで彼の蛍の光の原曲で書かれた「兄弟」が、米国のフリーメイソンたちという説に合点がいくだろう。

スコットランドから米国とフランスに移住したジャコバイトたちと、仏フリーメイソンの関係。米国と仏フリーメイソン、そして、スコットランドの３つのパイプ役を担った米国建国の父「ベンジャミン・フランクリン」の関係。このような表には出てこない必然が重なり起こされたのが、アメリカ独立革命でありフランス革命なのだ。そして、その裏には必ず「自由・平等」を掲げたフリーメイソンたちがいた。

そして、だからこそ仏フリーメイソンたちは米国に自由の女神を送ったのだ。

ニューヨークの自由の女神は、米国の独立１００周年を祝ってフランスのフリーメイソンから送られたものだと言われている。そして、フランスの首都パリにはフランス革命１００周年を記念して、小さめの自由の女神が送られた。ここまで話してきた通りこれはアメリカとフランスのフリーメイソンたちが時代を超えて互いの革命の成功を祝ったものだ。そして、この2カ国のフリーメイソンたちは、スコットランドのジャコバイトたちが深く関わっていると話した。

そんな、ジャコバイトたちが信じたジェームズ2世の正統な王位継承者の末裔がスペンサー家のダイアナである。つまり、ジャコバイトが深く関わるアメリカとフランスのフリーメイソンたちが、互いの革命の成功を讃えあった「自由の女神」のすぐ下のトンネルで彼女は事故に合ったのだ。

言い換えれば、離婚したのち、一般人との『自由』な恋愛を選んだ彼女が、自由のために戦ったフリーメイソンの『自由の象徴』の真下で事故に遭うが、そんなフリーメイソンたちの起源であるジャコバイトたちからすれば最も重要な王家の末裔だ。彼女が王室以外の男性と別の子を産むとイングランドとスコットランドとの和解を込めたせっかく政略結婚が台無しになりかねない。そのため、事故をでっち上げ彼女を『自由』にした、と言わんばかりのマーキングであると言える。

帰ってきた騎士団たち。そして、明治維新

ではここまで、エジプト第18王朝起源のスコットランドから見る英国王室の秘密と、フリーメイソンのフランスと米国の革命の歴史を話した。しかし、フリーメイソンたちが起こした大きな革命は、もう一つある。それが明治維新。

1861年、ロバート・バーンズの自由の歌に惚れ込んだリンカーン大統領は、当時、黒人奴隷を働かせ、巨万の富を得ていたアメリカ南部の州との内戦を決めた。アメリカ南北戦争の始まりだ。しかし、南部に比べ軍資金が不足していたアメリカ北部の州が資金を得ることができたのは、1854年のペリーの日本来航の際にできた、日本との不平等条約での利益があったからだと言われている。そして、日本では、この米国との不平等条約により経済不安が起こり、明治維新のきっかけの一つとなった。

そんな日本での明治維新を、裏で直接支援していたのがこの章の初めに話したスコットランド出身のトマス・グ

ラバーとジャーディン・マセソン商会だ。ロスチャイルドとパートナー契約を結んだ彼らの根回しにより、後に日本の初代総理大臣となる伊藤博文を含めた長州の若者たちなどが、名門「University College London」略して「UCL」に留学できた。しかし、なぜ彼らはスコットランドや米国ではなくイングランドの大学に留学させたのか？この理由は、イングランドとフリーメイソンの深い関係が隠れている。そして、この二つのキーワードを掘り下げることで、日本の若者がUCLに留学できた理由だけでなく現在の英国王室の立場も見えてくるのだ。

まず、長州ファイブが留学した「University College London（UCL）」は、英国人哲学者ジャーミー・ベンサムの「すべての人に開かれた大学」という理念の下、1826年に開校した。

しかし、このUCLが開校される以前は当時の全ての大学はキリスト教徒しか学ぶことができなかった。また英国では、キリスト教のイギリス国教会が「University（大学）」という『学生に学位を与えることができる大学の称号』を、大学側に認可していた存在であったので、UCLには「University（大学）」という名称はあるが、イギリス国教会から認可されていない大学だった。それゆえに、もう一つの「College（大学）」が入った「University College London（大学・大学・ロンドン）」という大学名になった、という経緯がある。

複雑な時代背景があるのだが当時のUCLが、イギリス国教会から認可されなかった理由はUCLが「宗教・民族・思想」に関係なく、全ての学生を受け入れた世界初の大学だったからだ。

そして、この理念はフリーメイソンの理念と同じであり、実際にUCLの卒業生の多くがフリーメイソン会員になっていったので、UCL卒のメイソンが集う「ロンドン大学ロッジ（University of London Lodge）」が1884年に設立し現在も存続している。つまり、キリスト教徒ではない長州ファイブはUCLで学ぶほか選択肢はなかったと言える。

では、この「UCL」の開校の経緯から読み取れるように、イングランドの首都ロンドンでの「学問・思想の自由化」が進んだ理由は少し前に話した、スコットランドの啓蒙から派生したクラブ文化の発展が根本にある。単刀直入に言えば、フリーメイソン南下によってイングランドそのものが変わったのだ。

スコットランドとイングランドが連合し、多くのスコットランド人が南下したのと合わせてスコットランド発祥のフリーメイソンのロッジも、ニューキャッスル（1641年）、ウォリントン（1646年）というように、イングランド北部から次々と設立されていった。しかし、全てのフリーメイソンが一つの組織として広まったという訳ではなく、中には孤立したロッジが存在していたりとそれぞれは独立していた。そして、1717年。このバラバラになったロッジを一つにまとめる目的で、ロンドンに設立されたのが総本山的グランドロッジ「The United Grand Lodge of England」である。この発展の違いから、スコットランドのジャコバイトたちが設立した仏フリーメイソンや米フリーメイソンとは、違う文化・思想を持っている。

しかし、なぜフリーメイソンが、イングランド内でも活動範囲を広げられたのか？ その大きな要因に英国王室のフリーメイソン加入が挙げられる。

スコットランド王家の「ジェームズ1世」のスチュアート朝は、内戦による王子のフランス亡命によってドイツ出身の「ジョージ1世」から始まるハノーヴァー朝に取って代わられる。ただ、キリスト教の宗派の違いで引き起こされた英国内の内戦の後に即位したということで「ジョージ1世」は宗教の自由化を目指す。そして、この宗教の自由化はフリーメイソンの理念と一致しており、ハノーヴァー朝の王家も賛同したと考えられる。実際に、ジョージ1世の子孫は第3代国王「ジョージ3世」を含め、少なくとも11名の王室メンバーがフリーメイソン会員になっている。実際は、賛同せざる得ない状況であったのだがこれはあとで話そう。

そんなハノーヴァー朝は、世界大戦の際、現在の王室名「ウィンザー朝」に名称を変更する。つまり、ハノーヴァー朝を先祖に持つ、現在の英国王室メンバーがフリーメイソン会員であっても不思議ではない。その証拠に、エリザベス2世の従弟であるウィンザー朝の王族「ケント公爵エドワード王子」は「The United Grand Lodge of England」のグランド・マスターである。

しかし、なぜ、英国王家がフリーメイソンに加入するようになったのか？この理由は、フリーメイソンのイングランド南下の時代に、急激に変わったロンドンの街を見れば分かる。

17世紀半ば、スチュアート朝がイングランドを統治しフリーメイソンがイングランドへ進出していた最中の1666年、大火災がロンドンを襲った。ロンドン大火と呼ばれた大規模な火災は「シティ（City of London）」と呼ばれる範囲をほぼ全焼させた。ただ、死者は5人と少なく、当時、蔓延していたペスト感染が止まった。そのち、フリーメイソン会員のクリストファー・レンという建築家などがシティの復興に貢献した。

そして、現在、ロンドン大火の記念碑がモニュメント駅付近にある。では、その大火災があったシティを上から見るとその記念碑が三角形で区切られた道路の右角にあるのが分かる。そして、その三角形の左角にあるのが、「エジプト・ホール」と呼ばれる巨大な会場がある「マンション・ハウス」という建物だ。マンション・ハウスは、フリーメイソンの会議場として利用されていた記録が存在している。では、その三角形を成す道の頂上にあるのがイングランド銀行である。銀行と言えば、後半のテンプル騎士団が生業にし、巨万の富を得ていた職業である。

つまり、「６６６」という数字が入った１６６６年のロンドン大火ののち、フリーメイソン会員の建築士

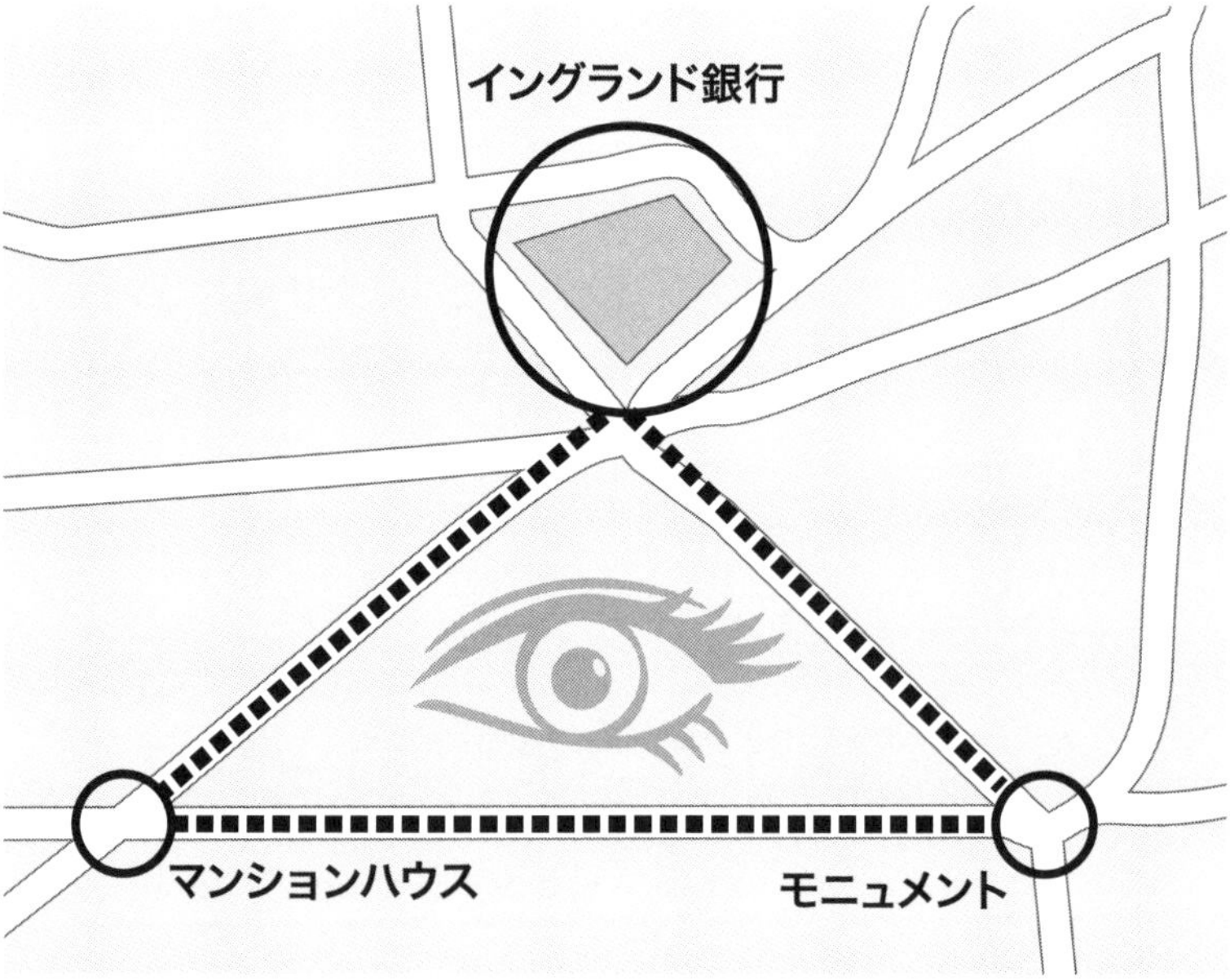

ロンドンには、フリーメイソンのマーキングがそこかしこにある。

などが設計したシティにある、フリーメイソンの紋章「ピラミッドアイ」を彷彿とさせる三角形の道と、『エジプト』と『銀行』というキーワード。

まさに、ペストの流行を止める目的だけでなくロンドンに進出しようとするフリーメイソンたちが、ロンドン大火を仕掛けた可能性はかなり高い。その証拠に、ロンドン大火があった地域のすぐ隣には、弾圧される以前にテンプル騎士団が拠点としたテンプル地区とテンプル教会があるのだが火災の被害に遭っていない。

まだ陰謀論に聞こえるかもしれないが、フリーメイソンなどのスコットランド起源の彼らにはシティを自由に扱っても良い大義名分がある。というのもテンプル騎士団がロンドンのシティを拠点にしていた13世紀、英国史上、最も重要な法律が書かれた「マグナカルタ／大憲章」でシティ内の民の自由が約束されておりそれは現在も有効だからだ。言い換えれば、13世紀からシティは王族の如何なる介入も許さない独立した自治区であるということ。これは、実際に現在、シティの自治権を有する「Corporation of London（元City of London Corporation)」の主張であり、実際、２０１５年のFinancial Timesのインタービュー記事によると既存のロンドン警察とは違い、シティ独自の警察が自治区内のルールで活動しているとされる。

しかし、なぜ、ロンドン大火を起こしてまでスコットランド起源の彼らはシティを取り返そうとしていたのか？その理由は、彼らの先祖・テンプル騎士団が弾圧された最も大きな理由が「マグナカルタ」だからだ。というのも、マグナカルタの作成にテンプル騎士団が深く関わっている。

できるだけ短くマグナカルタの要点をまとめると。13世紀初頭、イングランドの「ジョン」という王が、フランスとの戦争に敗れたのちさらなる戦いを模索する。しかし、財政負担を強いられた貴族たちがジョン王に激しく反発。ジョン王はローマ教皇に助けを求めたが、怒った貴族たちは王への巨従誓約を破棄し武装蜂起を準備したので、ジョン王はウィンザー城へ籠ってしまう。最終的に、「民主主義」、「市民権」、「人権」などを法律的に認めさせるマグナカルタという妥協案で王と貴族側がサインし正式に公布される。

そして、マグナカルタ発行までのほぼ全ての工程に、仲裁的立場で関わったのがテンプル騎士団・歴代最強の騎士「ウィリアム・マーシャル」だ。そう、スコットランの英雄ブルース王の母方の先祖である。

また、マグナカルタにサインした25名の貴族のなかにはアイメリック（Brother Aymeric）という、イングランドを管轄するテンプル騎士団のマスターだけでなくテンプル騎士団に深く関わる人物が3人いたとされる。つまり、テンプル騎士団が主になり完成された英国初の法「マグナカルタ」は、王族の権力を弱めるだけでなく王家に人権を認めさせた英国初の法である。

このマグナカルタの発行によって保障された、英テンプル騎士団の拠点「シティ」の自由化も相まって彼らはさらに発展し、テンプル騎士団はキリスト教圏で圧倒的な富を得た。しかし、1307年イングランドのジョン王と同じように騎士団に借金があるだけでなく、テンプル騎士団の本拠地でもあるフランスのフィリップ王は、彼らの財産を没収し自らの地位を守るためという目的で弾圧に踏み切ったという流れがあるのだ。つまり、テンプル騎士団の専門家が指摘するように、マグナカルタはテンプル騎士団弾圧の一つの大きな要因である。

そんなテンプル騎士団の多くが、弾圧後にスコットランドへ移住するのだが肝心のマグナカルタはイングランド国内で、すっかり忘れ去られてしまう。しかし、もう一度マグナカルタが有効だとイングランド議会で持ち出されるのが、フリーメイソンが南下し始めた17世紀なのだ。そして、ロンドン大火が彼らの陰謀であったかはさておき、テンプル騎士団の意志を受け継ぐ彼らは、マグナカルタの法の下、先祖の拠点「シティ」を取り返したと言える。そして、これが現在シティが独自の自治権を有している事実と繋がるのだ。

しかし、17世紀、シティの自治権を無効にしようとした英国王がいた。それが、スチュアート朝のチャールズ2世だ。チャールズ2世は、ジャコバイト派の正統な王家の末裔「ジェームズ2世」の兄である。彼は、父チャールズ1世の宗教改革の際に起きた反乱「ピューリタン革命」の際に、「ジェームズ2世」と同じくフランスに亡命した。ただ、しばらく後のイングランド議会の「王政復古」の意向で、英国の王になっている。

しかし、王政が財政破綻の危機であったため、ロンドンのシティの自由自治権を無効化し、税を徴収しようとしたのだ。よって、テンプル騎士団の意志を受け継ぐフリーメイソンなどを含めたシティ市民と盛大に揉める。しかし、ここまで話してきたように、スチュアート朝のチャールズ2世もテンプル騎士団の母方の血統を受け継ぐスコットランドのブルース王の末裔である。もちろん、当時の時代背景は国際問題を含めた政治も絡んでいたので、シンプルではないのだがロンドンのシティを拠点に活動したスコットランド起源のフリーメイソンたちと、同じくスコットランド起源のスチュアート朝の「チャールズ2世」の対立は、お家騒動に近い。

ただ、この対立によって生まれた因縁により、ロンドン・シティ系フリーメイソンはスチュアート朝を正統とするジャコバイトの排除運動へと変わり、1701年、イングランド議会は新たな王位継承法を公布する。これにより、ジャコバイト派の王家は排除され、ドイツ出身のジョージ1世の王位継承により、ハノーヴァー朝が始まる。

しかし、このジャコバイト派の王位継承者を、意図的に排除した王位継承法に怒ったジャコバイトたちが、イングランドに反乱を起こす。まさに、ジャコバイトと対抗するかのようなタイミングでイングランドの主要なフリーメイソン・ロッジが一つとなり「The United Grand Lodge of England」が設立される。結果は前に話したようにジャコバイトは敗北。このジャコバイト排除を目的とした、この1701年から王位継承法は2015年になるまで変わることはなかった。

ジャコバイト派の正統な末裔「ダイアナ妃」と、ハノーヴァー朝の末裔「チャールズ皇太子」の結婚が、とてつもなく重要な政略結婚であったのが分かるだろう。

ただ、何度も言うが当時の時代背景は単純ではない。当時のフランスでは、カトリックによるプロテスタントの迫害が起きており、約8万5000人のプロテスタント達が英国へ亡命しロンドンには人口の10%も占めるプロテスタント難民がいたのだ。しかし、ジャコバイトが推すカトリック系スチュアート朝の王家を英国の王に即位させると、ロンドンでもプロテスタント迫害が起きることが予想された。これは英国内での混乱を招き、他国に侵略される可能性も出てくることからジャコバイト排除を目的に、カトリックの王族は全て王位継承から外すという新たな王位継承法を作らざるを得なかったという趣旨の記事が「The United Grand Lodge of England」の公式サイトに掲載されている。

このような経緯を経て、英国国王となったジョージ1世の子孫の多くがフリーメイソン会員になり、現在の王族からグランドマスターが輩出されているところから分かるように、英国王室とは、テンプル騎士団の意志を継ぐスコットランド出身のフリーメイソンによって誕生したと言っても過言ではない。その証拠に、ハノーヴァー朝時代に王室の宮殿となったバッキンガム宮殿の正面の道は、真っ直ぐテンプル地区へと伸びており、その先には元々、テンプル・バーと呼ばれる「シティ」の門があった。現在、その門はなくドラゴンの彫刻だけが残っているが、テンプル騎士団の門が、バッキンガム宮殿の真の入り口だったのだろう。

1000年越しの皇帝の帰還

そんなロンドンにあるフリーメイソンの思想が反映されたUCLに留学したのが、長州や薩摩の若者たちだ。そして、彼らの明治維新を支援したグラバー商会とジャーディン・マセソン商会の裏にいたのが、シティの銀行街で財を成した英ロスチャイルド家である。

そんなロスチャイルド家は、エジプト第18王朝の末裔であるスコットランドと関係が深いと前に話したが、これにより、ロスチャイルド、フリーメイソン、グラバー商会、ジャーディンマソソン商会、そして、米国の5つは「スコットランド」と関わりを持っていたということになる。そして、ジャコバイト派とは不仲であっても、シティ派フリーメイソンの英国王室も同じく、スコットランドのブルース王の末裔「ジェームズ1世」の子孫であった。

そんなスコットランドの英雄ブルース王の先祖が「R1b」を持つツタンカーメンであることから、上記の多くがエジプト第18王朝の王家の末裔であり、同時にロスチャイルド家を含めた同じR系統DNAを持つ多くのアシュケナジ系ユダヤ人と同族でもある。つまり、幕末の日本に深い関わりを持った英国、米国、フリーメイソン、ロスチャイルドとパートナーシップ契約を結んだスコットランド人企業のグラバー紹介とジャーディンマセソン商会は、エジプト第18王朝と、その王家を先祖とした元アムル人系遊牧民の古代イスラエル人／ユダヤ人に起源があると言っても過言ではない。

一方、第1章で話したように、実質の日本建国者「天武天皇」の先祖は「周王朝→エジプト第18王朝→アムル

人系ヤマァド王国→アムル人系イシン帝国→古代アナトリア」と起源を遡れる。、

つまり天武朝である現在の皇室とは、英国王室、米国（フリーメイソン）、スコットランド人、そして、アシュケナジ系を含めた古代イスラエル人／ユダヤ人と同じ、エジプト第18王朝と深い関わりのある元アムル人系遊牧民の末裔となる。つまり、彼らは古代のエジプト／中東から、東へ行ったか、西へ行ったかの違いがあるだけで、元同民族であると言える。また、第二章で話したように、古代ペルシャのアケメネス朝やパルティア帝国の末裔という違いがあるだけで、天智朝と中臣氏（藤原氏）も「百済（パルティア）」の遠祖・夫余族がエジプト第18王朝の起源であることから元同族でもある。

とはいえ、天武朝が滅亡し天智朝に変わったのち、明治維新の際に天武朝の末裔として帰ってくる現皇室と繋がる天皇とは、一体何者なのか？

正直、この説を確実に証明するには、平安時代、源平、南北朝時代、そして、幕末の政治的な歴史を含めた、もう一冊分ほどの考察が必要であると思う。しかし、ここまでの第1章〜第4章の内容を土台に明治維新とそののちの日本の重要な点を挙げれば、皇室の起源が見えてくる。

少しおさらいすると。天武天皇が日本を建国したのち、藤原不比等とその息子たちの策略により、天武朝の男系の皇位継承者は全て除外され、百済（ペルシャ系）の天智天皇が皇位を継ぐことになった。その天武朝の皇位継承権を剥奪された重要人物の一人が「大津皇子」だ。

大津皇子は、天武天皇の子であったが草壁皇子という自らの子を天皇にしたいと願う持統天皇の背後にいた藤原不比等《ふじわらのふひと》の陰謀で、自害に追い込まれたという話をした。

しかし、豊原氏系図によると、大津皇子の子、または子孫の「粟津王《あわづおう》」がおり、現在の佐賀県と長崎県辺りの肥前国豊原郷に流刑になり豊原《とよはら》の姓を授かったと書かれている。

ただ、豊原氏の系図には、粟津王が関係ないものもあるので実際に豊原氏になったかは不明だが、現在、京都市山科区を開拓した粟津王の末裔とされる粟津氏が若宮八幡宮で祖である天武天皇を祀っている。上記以外にも、近江国の粟津圧にルーツがある清和源氏の末裔が粟津氏とする説もある。

ひとまず、このように、藤原氏が関与した日本書記では大津皇子の子孫は断絶したことにしてあるが、実際は、末裔が生きているとする史実がある。理由は、後世に正統性を主張する天皇の末裔を誕生させないためであるが、見方を変えれば一家根絶やしより穏便な処置ではある。というのも、強大となった藤原四子の時代は天武天皇の男系の末裔で皇位継承の筆頭であった長屋王《ながやおう》だけでなく王位継承権がある長屋王の4人の息子も自害に追い込んだからだ。

その一方、天武天皇の子・舎人親王の子孫の清原氏と、同じく天武天皇の子「高市皇子《たかいちおうじ》」の子孫で長屋王の五男の末裔「高階氏《たかしなし》」は、「臣籍降下」という姓を貰う代わりに皇族から離れるという決断をし、現在も生き残っている。特に、高階氏は、本姓を隠すように「高氏」に変え、その一部は後に長州藩毛利氏に仕える身分の高い臣下「国司氏《くにしし》」として活躍した。長州とあることからも分かるように、明治維新の際に、周・天武朝復活に向け、立ち上がる動機を持った氏族は存在した。

では、先ほどの大津皇子の事件にはひとり興味深い人物がいる。それが大津皇子の謀反に関わったとされ、伊豆に流刑になった礪杵道作《ときのみちつくり》という人物。実際に、現在も伊豆の箕作《みつくり》という村には、礪杵道作の伝承が伝わっており、礪杵道作の「道作《みちつくり》」が「箕作《みつくり》」の由来だとも言われている。

そんな「箕作」という苗字だが、明治時代の前後にかけて箕作家は大活躍している。その一人が箕作麟祥《みつくりりんしょう》で、フランスの法律を翻訳するなど、日本における法律の元祖と呼ばれ、明治時代の近代化に貢献し、伊藤博文とも面識があった。このほかにも、箕作元八《みつくりげんぱち》は、ドイツやフランスに留学し西洋史の翻訳家として活躍。昭和天皇は、皇太子の際に箕作元八の書を読んだとされ、最も自らの知的発達と人生に影響を与えた人物として称賛したとニューヨークタイムズの記事で書かれている。

それもあってか、箕作家の拠点であった現在の美作市《みまさかし》には昭和天皇御即位記念石燈籠、昭和天皇御大典記念石燈籠、昭和天皇御大典記念碑、昭和天皇御成婚記念碑といったように、4つも昭和天皇を祝う記念碑がある。

この箕作家が活躍する根本的なきっかけになったのが、箕作麟祥や箕作元八の祖父にあたる箕作阮甫《みつくりげんぽ》という蘭学者だ。1799年、現在の岡山県、津山藩の美作国の医者の息子として生まれた箕作阮甫は翻訳家として活躍し、ペリー来航の際は、アメリカ合衆国大統領国書を翻訳しただけでなくキリスト教が禁止された時代にも関わらず、西洋文化への好奇心から、旧約聖書を翻訳した「讀旧約全書」を書いている。

つまり、箕作阮甫《みつくりげんぽ》は、旧約聖書の全文を理解した日本の第一人者だ。それゆえに箕作阮甫の弟子や箕作家に婿養子になった者は、旧約聖書を知っていたとしても不思議ではない。しかし、なぜ、蘭学者の彼が新約聖書ではなく旧約聖書に興味を持ったのか？

理由は、江戸時代から日本と貿易をしていたオランダ人にはユダヤ教徒が多かったからだ。現在、日本語の「オランダ」は、ネーデルランドの「ホランド州」が訛ったものである。当時はこのホランド州が東インド会社などのアジア貿易で大活躍した影響で「ホランド（オランダ）」と呼ばれていた。そして、貿易で国家の経済を支えたホランド州のオランダ人にユダヤ教徒が多かったのだ。

World Jews Congress によると、15世紀末から、キリスト教圏のスペインとポルトガルから追放されたユダヤ人の多くが、宗教に寛容なホランド州に移り住み港湾都市アムステルダムを中心に、離散した他国のユダヤ人と連携しながらネーデルランドの発展に大いに貢献したとされる。

実際に、東インド会社の歴代総督にもユダヤ人がおり、日本と貿易を行ったホランド州のネーデルランド人は、ユダヤ人に多い遺伝的特徴である赤毛こと「紅系《こうもう》」と呼ばれていた。ちなみに、中世からホランド州を収めたホラント伯のエンブレムはテンプルの騎士「ウィリアム・マーシャル」と同じ赤いライオンで、現在の南北に分かれたホラント州の紋章にも赤いライオンが描かれている。

話を元に戻すと、１６８３年からポルトガル船の入港禁止し、日本は鎖国したが、キリスト教の布教活動をしないと約束したネーデルランド人との独占的貿易は１８５８年の日米修好通商条約の締結年まで続いた。つまり、２１９年もの関係だったのだ。よって、ユダヤ教徒が多かったホランド州のネーデルランド人から欧州文化を学ぶ箕作阮甫などの蘭学者が旧約聖書に興味を持っても不思議ではないと言える。

ここで重要なのは、各国に散らばるユダヤ人の連携である。なぜなら、国に関係なく一人のユダヤ人の情報がユダヤ人全体に届く可能性があるからだ。つまり、日本人がエジプト第18王朝／古代イスラエル人の末裔である可能性があれば元同族である世界中のユダヤ人がそれを知ることになる。

そして、当時のユダヤ人の多くが遠い海の向こうに元同族がいると信じていた。というのも旧約聖書には「Gold of Ophir」という、遠い海の向こうノアの末裔のオフィーという人物が統べる国には、大量の黄金があるという記述ある。

そして、有名なマルコ・ポーロは東方見聞録で日本が黄金の国と書いたので多くのユダヤ人が、元同族かもしれない黄金国家「ジパング」に期待していたのだ。結果的に、日本は黄金が大量に取れる国であり、日本との貿易が始まると黄金伝説は語られなくなる。それは日本との貿易を通して、彼らは大量の金を手に入れたからだ。ただ、実際に日本人がユダヤ人と元同族かは、当時の蘭系ユダヤ人にはわからない。そこで蘭学者の箕作阮甫は、身の危険を承知で、旧約聖書全文の翻訳に乗り出したと考えれば辻褄が合うのだ。また、記録上、初めて日本を訪れたフリーメイソン会員は、ネーデルランド・ホランド州出身の「イサーク・ティチング」という人物で、鎖国中の日本と貿易をし続けたオランダの商館長として、1779年から1784年の間に3度、日本に滞在している。

そんなネーデルランド系ユダヤ人やフリーメイソン会員と関係を持っていた可能性のある箕作阮甫《みつくりげんぽ》には、娘しかいなかった。それゆえに、娘と婚約した蘭学の弟子を婿養子にする。その一人が箕作秋坪《みつくりしゅうへい》、旧姓、菊池秋坪《きくちしゅうへい》である。

ただ、箕作（菊池）秋坪の息子の大麓《だいろく》は、父の実家の菊池家の養嗣子《ようしし》となり菊池大麓《きくちだいろく》となる。数学に長けていた菊池大麓は、英国の名門ケンブリッジ大学を優秀な成績で卒業し「東洋の奇男児」と呼ばれるほどの天才であった。

この菊池大麓は、昭和天皇の少年時代に多大な影響を与えた箕作麟祥《みつくりりんしょう》（父方家名:菊池）の兄だ。箕作秋坪以外にも、箕作阮甫の婿養子となった者は、仙台藩の佐々木家出身の箕作省吾《みつくりしょうご》という人物で、彼が書いた世界地図などの書物は、幕末の中心人物「吉田松陰・桂小五郎・坂本龍馬」の思想そのものに影響を与えた。

また、明治維新後の明治6年、箕作（菊池）秋坪や箕作麟祥などの10名が、啓蒙活動を目的とした日本初の啓蒙学術団体「明六社《めいろくしゃ》」を結成する。会員には、創設メンバーの福沢諭吉や少し後に会員となった勝海舟《かつかいしゅう》などがいたが、創設メンバーの二人「西周《にしあまね》」と、美作国出身の「津田真道《つだまさみち》」は、日本人初のフリーメイソン会員だ。

この事実から、旧約聖書を翻訳した蘭学者・箕作阮甫が拠点とした美作国とフリーメイソンの関わりも見えてくるだろう。おそらく、箕作阮甫の時代に、彼と彼に関わったユダヤ人やフリーメイソンが、日本人がユダヤ人と遠い親戚関係だと気づいたと考えられる。

そんな学識者一家の箕作家だが、ここで重要なキーワード「菊池」が出てきた。というのも、幕末維新の主導者で、明治天皇が最も尊敬した「西郷隆盛《さいごうたかもり》」の西郷家の起源が、熊本発祥の菊池氏であり、実際に、奄美大島で潜伏を命ぜられた西郷隆盛は、自らの名を「吾が源、菊池にあり」を意味する「菊池源吾《きくちげんご》」としていた。

では、西郷の祖・菊池氏と同じ、菊池家の菊池大麓の祖父、菊池（箕作）秋坪の父親は儒者・菊池陶愛《きくちとうあい》という人物だとされる。そして、菊池陶愛の祖父は菊池正因《きくちまさより》とされ儒学だけでなく長崎のネーデルランド人から医学を学んだとされる。

この儒学者というのはかなり重要なキーワードである。なぜなら、儒者が学ぶ儒学とは周王朝の後半に生まれた孔子が、周公旦から受け継がれた初期の周王朝の伝統をまとめ、後世に伝えたのが始まりだからだ。周公旦《しゅうこうたん》とは、第二章で話した「明治」の由来となった書物「易経《えききょう》」の本文を書いた人物と同じである。

そんな周にゆかりがある儒学を学び、古代から儒学博士として活躍した氏族がいる。それが、平安時代の後期の清原頼業《きよはらよりなり》を含めた「清原氏」だ。先に話したように、清原氏は、周王朝の末裔・天武天皇の子「舎人親王《とねりしんのう》」の子孫であるゆえに清原氏が周の伝統を重んじた儒者になるのは必然だと言える。そして、面白いことに、西郷の起源「菊池」という名字は、平安時代後期から使われ始めたとされるが、熊本こと肥後国で、初めに自らを「菊池」とした始祖が、11世紀前半の「菊池則隆《きくちのりたか》」で、妻は「清原親道女」という名だ。そう、菊池氏の始祖と周・天武朝の末裔「清原氏」は繋がっているのだ。

ちなみに、菊池氏は、藤原氏の末裔だとされ実際に菊池家の系図には藤原隆家の末裔だと書かれているが、菊池氏が藤原氏の末裔というは偽称だというのが有力な説である。その一方、平安時代初期に書かれた続日本紀には、698年、天武天皇の男系子孫の文武天皇《もんむてんのう》が「太宰府をして大野、基肄《きい》、鞠智《くくち》の三城を繕治《ぜんち》せしむ」という記述があり、この鞠智《くくち》が菊池という名の起源ともされる。そして、菊池氏は戦国時代に大友氏に敗北し、一部は、米良《めら》氏《し》と名を改め、米良に住み着く。そして、明治になり菊池姓に戻した。箕作家へ嫁いだ菊池家は明治以前からの菊池姓であるが、起源は明らかでないが少なくとも、大友氏の敗北の前に、美作国へ移ったと考えられる。

では、ここまでをまとめると。

①天武朝の末裔・大津皇子《おおつおうじ》の事件の後に、伊豆へ流された「箕作《みつくり》」の由来「礪杵道作《ときのみちつくり》」
②昭和天皇の、箕作麟祥《みつくりりんしょう》の書が知的発達に多大な影響を与えた発言
③美作国の箕作家のユダヤ人が多いネーデルランドを介した蘭学と箕作阮甫《みつくりげんぽ》による旧約聖書の翻訳
④ネーデルランド出身のフリーメイソンの日本訪問と、箕作家と同じ美作国出身の日本人初のフリーメイソン会員「津田真道《つだまさみち》」
⑤箕作家に婿養子として嫁いだ、周の伝統を受け継ぐ儒学者・菊池陶愛《きくちとうあい》
⑥菊池氏の始祖「菊池則隆《きくちのりたか》」の妻は、儒者の先駆者「清原氏」の清原親道女
⑦菊池の名前の起源は、文武天皇時代から存在した鞠智城の鞠智《くくち》

では、上記の考察は、どのように明治天皇まで繋がるのか？

そのヒントとなるのが天武天皇の皇子「大津」という名だ。

現在は、滋賀県の大津市が有名であるが、蘭学者・箕作家や儒者の菊池陶愛など一部の菊池家が拠点にした美作国の真庭郡（現岡山県・津山市あたり）には、古代から「大津大明神」を祀る「大津神社」がある。しかし元々は大鶴神社と呼ばれ、長らく「大津」という名称は隠されていた。

箕作《みつくり》の由来は、686年頃の大津皇子事件に関わった「礪杵道作《ときのみちつくり》」だと少し前に話したが「みつくり」とも読め

「美作国」は、天武天皇の男系子孫・文武天皇時代の713年に誕生し上毛野堅身という人物が初代美作守になっている。つまり、礪杵道作《ときのみちつくり》が伊豆に流された27年後に、礪杵道作の「道作《みちつくり》」が由来の「箕作《みつくり》」と同じ読みができる「美作国」が誕生し、そこには「大鶴神社」と身を隠し続けた「大津大明神」を祀る「大津神社」があるのだ。

ちなみに、大津皇子の子「粟津王《あわずおう》」の「粟津《あわず》」といえば、加賀国の「粟津温泉」だが、同じ天武朝に仕えた泰澄《たいちょう》という人物の温泉の発見によって、718年から開湯されたとある。そして、この泰澄が文武天皇の命で702年に建立したのが「豊原寺」だ。豊原氏が粟津王の末裔とする家系図があることと照らし合わせると、肥前国豊原郷に辿りつく以前にこの地付近に粟津王が逃げたと考えても不思議ではない。それゆえに、粟津という名称を温泉地に付けたのかもしれない。

一方、肥前国の隣の肥後国、現在の熊本県の菊池家の起源「菊池郡」には「大津町」がある。古代に合志氏《こうしし》の一族が移住し、「大津十朗義兼《おおつじゅうろうよしかど》」を名乗ったというのが大津町の起源だとされる。

豊原氏の系図では、大津皇子の子・粟津王が肥前国（現佐賀県・長崎県界隈）に流刑になったとされることから、その子孫が隣の肥後国へ移動し、大津を名乗ったと考えられる。ただ、重要なのは大津を名乗った合志氏《こうしし》には3つの流れがあり、菊池家の配下となった菊池系合志、清原氏と並ぶ儒学の名門「中原氏」の系譜を継ぐ中原系合志、そして、佐々木氏系合志だ。この佐々木氏系合志とされる合志幸隆という人物は菊池氏と争い負ける。そして、九州の南北朝争ののち、合志氏は肥後国の守護となった菊池氏の配下となった。

では、美作国の箕作家と肥後国の菊池家には天武朝の皇子「大津」との関わりが示唆されていることから一つの仮説が生まれる。それは、686年、大津皇子の事件に関わったとされた礪杵道作が大津皇子の息子「粟津王《あわづおう》」を匿いながら伊豆への流刑。そこから、天武天皇の末裔・文武天皇の指示の下、702年の泰澄《たいちょう》が建立した豊原寺付近や、713年に誕生した美作国という流れで礪杵道作《ときのみちつくり》と粟津王の子孫の新たな拠点を確保していく。しばらくして、一部の末裔が合志氏と共に菊池氏が拠点の肥後国へ移住し大津十朗義兼を名乗る。最終的に、菊池氏の配下となり菊池家と混血。戦国時代の大友氏の敗北の前に美作国に縁がある大津皇子／粟津王の子孫は美作国へ戻り、美作国にいた同族と再会するというもの。

そして、この説を後押しするのが「家紋」だ。大津皇子の子・粟津王の末裔「粟津家」、礪杵道作が起源の「箕作家」、自ら大津と名乗る肥後国に移住した「合志氏」の三家の家紋は同じ「目結紋《めゆいもん》」だ。第3章で話した、ササン朝ペルシャの国章「Xに四つの点」が起源で、ほとんどの佐々木氏が使う家紋だ。大津皇子と粟津王の末裔の粟津氏が目結紋を受け継いでいるのは、粟津家の起源が佐々木氏という訳ではなく佐々木氏の祖「源氏」が周・天武朝の末裔を匿ったからだと考えられる。そして、源氏にもいくつかの流れがあり、源氏同士の揉め事もあったため、一枚岩ではないが一部の源氏には周・天武朝を匿う理由があった。

というのも、現在の大津、近江国にある三井寺の新羅明神で元服した清和源氏の源義光《みなもとのよしみつ》が、新羅三郎と呼ばれているところからわかるように、周・天武朝と同祖とする新羅と結びつきが強いのが源氏だ。そして、この近江国の近江源氏が起源とされるのが佐々木氏である。また、この粟津王を先祖とする豊原氏の根本的な起源はいくつかあるが新撰姓氏録《しんせんしょうじろく》では新羅国《しらぎこく》の末裔とされている。百済と敵対した新羅は周・天武朝の味方であると話したが、大津皇子の事件の際、礪杵道作《ときのみちつくり》ともう一人だけ罰せられた人物がいる。
それが新羅の沙門《しゃもん》「行心《ぎょうしん》」という仏教僧だ。新羅の行心は、大津皇子に謀反を進めた張本人だと記されている。このことから新羅と関係が深い氏族たちが、周・天武朝の大津皇子の子孫を匿う直接的な理由があったと言える。

そして、清和源氏で新羅三郎《しんらさぶろう》と呼ばれた源義光がいることから、同じく近江国の粟津王に起源がある清和源氏の末裔が粟津氏とする説があり源氏から派生した佐々木氏と同じ「目結紋《めゆいもん》」を、粟津家、箕作家、そして、合志氏が受け継いだと考えられる。ちなみに、清原親道女を妻とした「菊池則隆」から始まる菊池家は、佐々木氏系合志氏と争うが、源義光の時代に源氏は清原氏と争っていた。おそらく、この因縁が争いの原因だったのであろう。

ではここまでの話から、周・天武朝の大津皇子の子・粟津王の子孫の移動と彼らを匿い続けた新羅系源氏の関係。そして、その子孫は肥後国で、天武天皇の子・舎人親王の末裔の清原氏を妻とした菊池氏の配下となり、菊池氏に匿われる。しかし、大友氏に敗北に伴い、菊池家の一部が美作国に戻り、そこに残っていた周・天武朝の末裔と再会する。一方、同じく周・天武朝の長屋王の子孫・高階氏は本姓を隠し長州藩を拠点に活動したという流れがわかった。

そして、江戸時代からユダヤ人が多いネーデルランド人との貿易が始まり蘭学者として彼らと交流があった箕作阮甫が旧約聖書を翻訳。そこから菊池家と佐々木家が箕作家の婿養子と嫁ぎ、箕作家の多くがヨーロッパへ留学。彼ら箕作家が明治の基盤を作り、美作国出身のフリーメイソン会員「津田真道」と箕作家ゆかりの学者たちが学術結社を創設する。そして昭和天皇は自らの知的発育に最も影響を与えた人物の一人として、箕作家の「箕作元八《みつくりげんぱち》」の名前を出したとも話した。そんな、昭和天皇の先祖・明治天皇の正体とは？

それが、菊池家から箕作家に嫁いだ箕作（菊池）秋坪の長男で、箕作元八の兄でもある「箕作奎吾《みつくりけいご》」という人物だと考えられる。

明治維新を経て即位した明治天皇には不可解な点が多いことから、古くから都市伝説として『天皇入れ替え説』が盛り上がっていた。が、多くの論調は万世一系の血統ではなく、都合の良い赤の他人がすり替えられた説が多い。が、そうであると廃仏毀釈の動きやその他もろもろの動きに説明がつきにくい。本書では『天皇は確かにすり替えられたけど、正統な血統に戻った』説を論拠を持って解説している。

箕作圭吾《みつくりけいご》という人物の正体と西郷隆盛《さいごうたかもり》の関係

箕作奎吾は、ほかの兄弟たちと違い若くして亡くなった記録があるが、明治天皇＝箕作奎吾説を、世で初めて述べた水原紫織《みずはらしおり》氏は、箕作奎吾の死は偽りであり明治維新の際にすり替わり、明治天皇として即位したと述べている。水原紫織氏が述べる「明治天皇＝箕作奎吾説」の一部の要点をまとめると。

①昭和天皇の知的発達に最も影響を与えた「箕作元八《みつくりげんぱち》」の兄「箕作奎吾《みつくりけいご》」の生まれ年は、明治天皇と同じで、明治天皇の写真の顔の特徴が、15歳の時の箕作奎吾と類似している。

②現実主義的な絵画を描く五姓田義松《ごせだよしまつ》の孝明天皇《こうめいてんのう》の肖像画は、息子とされる明治天皇の顔とほど遠い

③明治天皇が10歳の際に書いた右横書きの「梅花」から、西洋文化に馴染み深い人物だとされるが、当時の孝明天皇は反西洋の立場であったために、皇室では横文字は学ばないとされる。一方、明治天皇と同じ年に生まれた箕作奎吾は、箕作家の息子として、どの日本人よりも西洋文化に触れていた。

④大久保利通の手紙に書かれた朝廷内に関する「小御変革」という言葉が「別の天子の変革」を意味している。

など、これら以外にもさまざまな角度から見解が述べられている。

しかし、この「明治天皇＝箕作奎吾説」で語られていないことがある。それは、箕作奎吾の父「箕作秋坪《みつくりしゅうへい》」の旧姓が「菊池」だということ。そして、これが明治天皇と、菊池氏を祖に持ち、自ら「菊池源吾」と自称した西郷隆盛との、不可思議な関係と結びつく。

まず、少年時代の明治天皇の教育的指導を行なったとされるのが西郷隆盛《さいごうたかもり》とされ実際に相撲を取り、明治天皇を投げ飛ばしている。一方、山岡鉄舟は、明治天皇から相撲に誘われるも、君主と相撲を取ることは道義に反するとして却下している。このほかにも、西園寺公望《さいおんじきんもち》の記録によると、落馬した際に「痛い」と発した明治天皇に対して、どんな場合も男が痛いと言ってはならないと教えたという逸話がある。そんな西郷隆盛は明治10年に西南戦争を起こし天皇の敵となった。

西郷の死を知ったとき、明治天皇は皇后に西郷隆盛という題の歌を詠むよう命じ明言は避けるものの大変悲しんだとされる。ただ、明治22年の大日本帝国憲法発布の際に西郷隆盛の汚名は許され、東京の上野に西郷の像が作られた。また、日露戦争ののちに明治天皇自身を本当に思ってくれていたのは、西郷ただ一人だったという発言をしたという。

相撲を取り投げ飛ばせるほどに、明治天皇との距離が近かった西郷隆盛。そんな彼を敵となったあとも尊敬していたと分かる明治天皇の発言は普通ではない。しかし、明治天皇にとって西郷隆盛が自らの遠祖「菊池家」の末裔であれば親戚の子として教育的指導を行なったということになり、筋が通るのだ。

そして、明治元年、南北朝時代に南朝を支えた氏族を讃える一貫で、楠木正成《くすのきまさしげ》を祀る湊川神社の創建が命じられ、同じく南朝に仕えた菊池氏を讃える菊池神社も建立された。

南北朝時代の話をすると、長くなるのであまり話さないが、明治時代に南朝の正統性が認められたことから分かるように、菊池家と同じ南朝側勢力が主体となり明治維新を起こしている。

史実では、南朝は吉野で消滅したとなっているが、南朝は美作国へ移り「美作後南朝《みまさかのごなんちょう》」として、しばらく存続したとされ現在も美作には石碑も存在する。

そう、箕作家が拠点とした美作国《みまさかのくに》だ。しかし、美作後南朝も途絶えたため南朝勢力は実質の日本建国者・天武天皇の末裔を探し出し、その末裔を大義名分にすることで北朝を討ったという流れだ。

よく語られる「天皇すり替え説」では、明治天皇は南朝の末裔だと言われているがもしそうなのであれば、明治維新の前から明治天皇を南朝の生き残りだと公言しそれを大義名分にすれば良かったはずだ。

そうすれば、コソコソと天皇をすり替える必要もない。しかし、実際は明治維新後、南朝を讃えながらも明治44年（1911年）まで北朝の正統性も認める説が主流であったのだ。

もし、明治天皇が南朝の末裔であり、明治維新という革命を起こして即位したのであれば、明治天皇自ら即座に南朝のみを正統にすれば良かった。しかし、そうしなかった理由は、南朝勢力が大義名分のために即位させた明治天皇が南北朝時代よりも昔の天武天皇の末裔だからだ。

そして、南北朝どちらも天智天皇の末裔であったが、国内の分裂を促す必要もないのでどちらも正統として扱う判断をしたと言える。どちらにせよ、日本の建国者・天武天皇の末裔を前に、南北朝の皇統の大義名分は意味がないからだ。これは、実際、戦後から現在に至るまで南朝と北朝、どちらがより正統かを決めていない所からも読み取れる。

少し話が逸れたが、西郷隆盛と明治天皇が菊池氏で繋がる遠祖関係だったという説を後押しするのが、皇室の菊花紋こと「十六葉八重表菊」である。奈良時代の初期に中国大陸から日本列島に菊が伝わり平安時代には長寿の花として好まれた。そして、一説には、鎌倉時代の後鳥羽天皇から菊が印として使われ始め、現在の皇室の菊紋となっていったとされる。しかし、天皇家の家紋とする割には、江戸時代、皇室以外の菊花紋の使用は自由であった。菊花紋が正式に皇室の紋となったのは明治からである。

なぜ、万人に使用が許された菊紋、特に16葉の菊紋が、明治後に皇室の紋となったのか？

理由は、菊花紋こと「十六葉八重表菊」が、菊池家の家紋「日足紋《ひあしもん》」を土台に作ったからだ。

まず、皇室の十六葉八重表菊は十六葉とは言うものの、後ろにも同数の葉が隠れており、全部で32の菊の葉で構成されている。一方、日足紋とは、放射状に伸びる太陽の光線を模した紋であるが菊池家の始祖「菊池則隆」が最初に使った紋が、32本の光が伸びた日足紋であり、皇室の菊花紋と全く同じ。

つまり、菊池の「菊」の葉で表した菊池家の家紋「三十二の日足紋」を土台にしたのが皇室の正式な紋章であり、明治天皇が菊池家の末裔だと考えれば筋が通るのだ。表向きは16葉にすることで、皇室は、菊池家の日足紋の「32」との関わりを隠したのだろう。

これらの証拠から『伊豆→豊原寺付近→美作国→肥後国』という流れから、菊池家として美作国へ戻った周・天武朝の大津皇子／粟津王の末裔は、箕作家の婿養子となり、元同族で長州藩で活躍する高階氏や菊池家の西郷隆盛、そして、南朝勢力と共に明治維新を起こす。

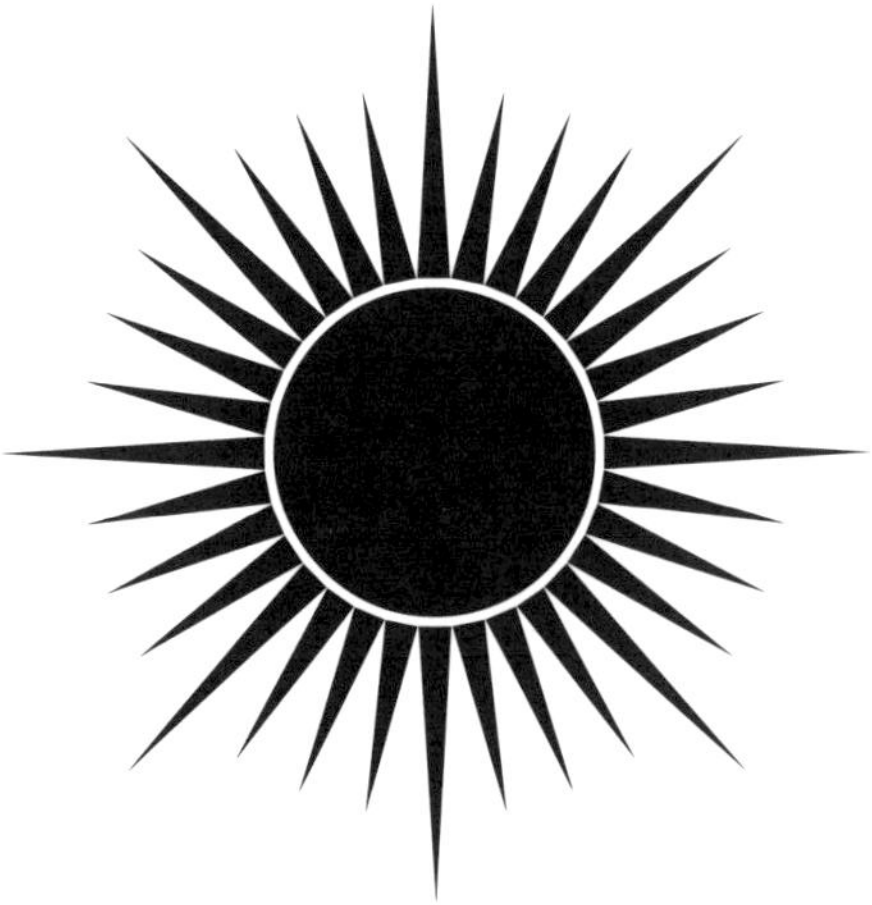

菊池家の日足紋は特殊な32本の光芒がデザインされている。現在の菊紋の原型と考えれば、皇室が菊池家ゆかりの可能性を指摘する数ある証拠のうちのひとつと捉えることもできる。

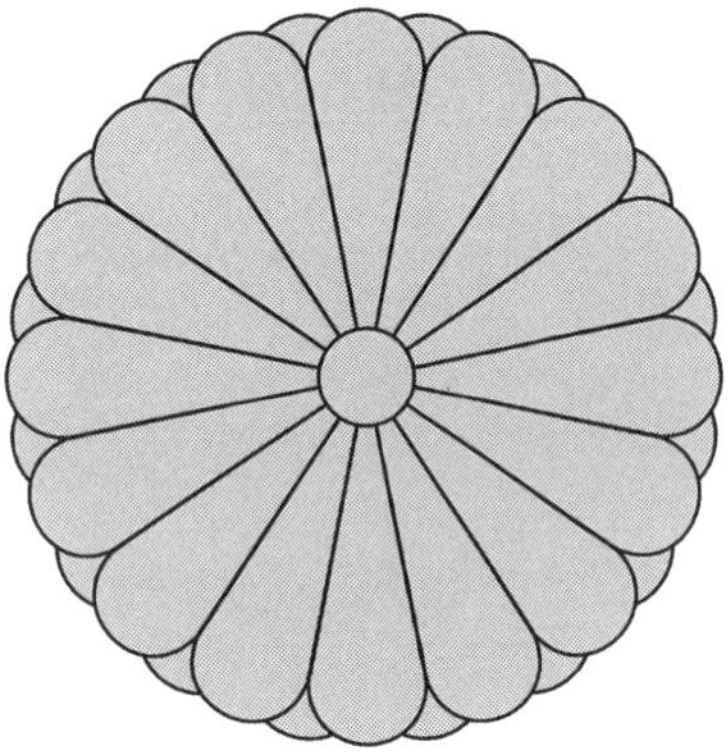

皇室の紋といえば、十六葉八重表菊。後ろにも同数の花弁が隠れており全部で32の花弁がデザインされていることになる。

そして、菊池家の家紋日足紋を土台に皇室の16葉の菊花紋を作成し「箕作（菊池）奎吾」を明治天皇として即位させたと考察する。そして、これは第二章の最後に話した「明治」も「維新」という言葉が周王朝起源であること、飛鳥時代の土葬文化へ変更、１０００年ぶりとなる明治天皇の伊勢神宮参拝、そして、天武天皇が編纂させた日本神話と仏教の分離政策へと繋がっていく。

また、そんな彼らの革命を援助したのが周王朝の末裔と同じ、エジプト第18王朝やアムル人を祖に持つ古代イスラエル人／ユダヤ人やフリーメイソンたちであり、旧約聖書の翻訳をした箕作阮甫《みつくりげんぽ》らと、ユダヤ人系ネーデルランド人の交流から、彼らの同祖説が、世界中のユダヤ人とフリーメイソンに広まったのだと考えられる。

その証拠が、アシュケナジ系ユダヤ人の英ロスチャイルドが契約を結んだ「パルマー」によるペリーの黒船来航や、ジャーディンマセソン商会を介したトマス・グラバーの派遣であり、長州と薩摩の若者たちの英国留学である。ちなみに、長州ファイブが留学した「ＵＬＣ」の校舎の周りにだけ、皇室の菊紋と似た紋章がいくつか刻まれている。そして何より、明治14年から、スコットランドと米国のフリーメイソンの友情を歌った「オールド・ラング・サイン」が、「蛍の光」として日本でも歌われ始める。

また、日露戦争の際、米国のユダヤ人銀行家のジェイコブ・Ｈ・シフは、金銭的に日本を援助し、日本がロシアとの戦争に勝てたのは、同盟国である英国の世界屈指の諜報機関の支援があったからだとされる。このように、第二次世界大戦まで、日英米は比較的に良好な関係であった。

では、なぜ、日本は第二次世界大戦で英米と争ったのか？

天皇との因縁の歴史

明治6年に、箕作家などの有識者10名が設立した明六社のメンバー2人にフリーメイソン会員がいたことから分かるように、明治維新側はフリーメイソンやユダヤ人との関わりがあったのは間違いない。

しかし、明治政府は民主主義の名の下元敵対勢力を国政から排除をしていない。そのため、すべての政治家が、欧州の秘密結社やユダヤ人側ではなければ反対の意見の言論も許された。それは同時に、宗教の自由も尊重され、日本でのキリスト教の布教も再開される。そして、キリスト教系の学校の設立されていき、英語学習と聖書を通したレベルの高い教育は評価され、徐々に多くの若い知識人が通うようになった。しかし、ヨーロッパでは、キリスト教徒はユダヤ人を悪とし、そんなユダヤ人と結び付けられたフリーメイソンも悪と見なされていた。そのため、徐々に反ユダヤ主義の思想が日本で広がっていく。

最初のフリーメイソン批判は、1880年から日本を拠点に布教活動をしたカトリック司祭「Ligneul」氏で、1900年の本で「フリーメイソンは、現在の社会とそのシステムを完全に破壊し完全なる自由と人々の平等を支持している。破壊主義の土台に彼らの究極のゴールがある」と批判した。また、1918年、ロシア革命に参加した日本軍はシベリアまで進軍し活躍する。

そんな彼らは、独自に白人系ロシア役員と合い反ユダヤ主義の書「シオンの議定書」を渡したとされる。シオンの議定書とは、簡単に言えば、『自由・平等・博愛の名の下に、フランス革命を起こしたユダヤ人は、彼らの法王が非ユダヤ人こと家畜を支配しようとした』と、書かれた陰謀書。で、ヒットラーを含め、反ユダヤ主義者に多大なる影響を与えた。１９１９年、そんな「シオンの議定書」は日本に紹介され、それ以来、日本軍だけでなく、学校教育やメディアを通して、政府内でも反ユダヤ・反フリーメイソン主義が加速していく。

学校では、１９２０年代に「マッソン結社の陰謀」とフリーメイソンの陰謀書とシオンの議定書が全国の中学校校長会の役員に配られ、東京帝国大学では米国から帰国した今井時郎氏がフリーメイソンは最も危険で反政府的な秘密結社だと国家主義者のメンバーに伝えていた。教育機関の以外では、新聞社が反フリーメイソンと反ユダヤ人主義思想を広め１９４２年辺りには、新聞社などがスポンサーとなり１００万人以上が訪れた大規模の反メイソン・反ユダヤ展覧会が大阪と東京で行われるほどになっていた。

１９２９年、ジャーナリスト満川亀太郎氏《みつかわかめたろうし》は、ユダヤ陰謀説という妄想を相手にはせず多く人々が黙殺する態度を取ったが結果に陰謀論者が優勢になったと自身の書で述べている。

ここから分かるように、日本国内での反ユダヤ・反フリーメイソン主義思想はシオンの議定書の翻訳から急激な広がりを見せ、この流行は、自然な流れで実質フリーメイソン国家の米国やシティ派フリーメイソンとロスチャイルドなどのアシュケナジ系ユダヤ人の本拠地の英国は敵と見られるようになる。

もちろん、当時のすべての政治家が反ユダヤ・反フリーメイソン主義ではなくドイツのユダヤ人を救済した杉原千畝《すぎはらちうね》もいれば、ユダヤ人の資産を日本国に流入させるため、満州でユダヤ人国家を建国させようとする動きもあり、さまざまな思惑が絡みあった日本政府のユダヤ人対策が考案されていた。ただ、ここまでの話で重要なのは、日本が英米ではなく、反ユダヤ人主義国家となったファシズムのイタリアと、ナチス・ドイツと手を組む大きな要因のひとつに、日本国内のユダヤ・フリーメイソン陰謀論の広がりがあったのは否定できない。

近衛文麿。そして、昭和天皇の反戦の歌

1940年、そんなイタリアとドイツとの日独伊三国同盟を締結させた首相が「近衛文麿《このえふみまろ》」であった。近衛文麿は、1918年、27歳の時「英米本位の平和主義を排す」という論文を発表し、各国平等の生存権を確立するために、植民地を廃止すべきと主張。また、英米の平和主義は自国の都合主義と批判した。結果、この論文が軍部から支持されしばらくして、近衛文麿は首相なり彼の政治が対米戦争の直接的な要因となっていく。ただ、近衛文麿が反英米主義者となった時代背景がある。

というのも、近衛文麿が英米批判の論文を発表した1918年辺りは第一次世界大戦後で、政治家の牧野伸顕《まきののぶあき》などが「人種的、宗教的な憎しみが紛争や戦争の源泉となってきた」と主張し、欧米の国々との人種差別撤廃に向けての交渉を続けていた時期であった。しかし、この主張の国際的な合意に英国は消極的な姿勢であった。そして、1919年、国際連盟の委員会で牧野は「各国の平等及び国民に対する公正待遇の原則」を国際連盟規約に入れるべきだと発言するが、アメリカの大統領は、会場一致を要するとして日本の提案を却下したのだ。

重要なのは、この国際連盟の委員会に牧野と帯同していたのが近衛文麿《このえふみまろ》である。

そして、日本の人種差別撤廃案が却下された1920年頃から、日本国内で一気に広まり始めたのが「反ユダヤ・反フリーメイソン主義」なのだ。つまり、シオンの議定書を通して平和を謳う英米の裏には、非ユダヤ人を家畜として見下すユダヤ人（シオニスト）やフリーメイソン団体がおり、それゆえに人種差別撤廃を却下したのだという思想が広まったと言える。

何はともあれ、人種差別撤廃を訴えた大日本帝国と多くの人々はシオンの議定書を通して、ユダヤ人差別主義者となっていくという皮肉な結果となる。そして、そんな反英米主義と反ユダヤ・反フリーメイソン主義が結び付き、メディアを通して拍車が掛かった世論は、近衛文麿の近衛内閣を誕生させ近衛内閣は反ユダヤ主義でユダヤ人弾圧を行うドイツとイタリアと同盟を結び、東條内閣のタイミングで第二次世界大戦へと突入していく。

その間際で、昭和天皇が詠んだ詩が、世界中の人々は『みな兄弟』とし、戦争反対の意志を示した

「よもの海みなはらからと思ふ世になど波風のたちさわくらむ」

である。

客観的に見て、英国、ユダヤ人、そして、フリーメイソンの援助によって即位した明治天皇の子孫の昭和天皇が、英米との和平を望むのは当然だと言える。むしろ、周王朝の前まで遡ればエジプト第18王朝経由のアムルに辿り着き、それは同じくエジプト第18王朝からブリテン島に移住したスコットランド起源のフリーメイソンや英国王室、そして、彼らと元同族のユダヤ人の多くと争うことになるので英米との戦争は不本意だと言える。

一方、近衛文麿の家系を遡れば「藤原氏」だ。そう、周・天武朝と因縁関係である百済・天智朝を起源に持ち、古代ペルシャまで遡れば、長年、ユダヤ人と因縁関係であるキリスト教の作成に関わった民族の末裔だ。奇しくも、近衛文麿がユダヤ人を弾圧したドイツとイタリアと同盟を結ぶのも、何かの因果なのだろう。

第二次世界大戦では、非人道的な原子爆弾が日本に使われたのち、大日本帝国は降伏し終戦を迎える。ちなみに、戦後、昭和天皇と面会したＧＨＱのダグラス・マッカーサー（Douglas MacArthur）は、スコットランド起源の米国人でフリーメイソン会員であった。

戦後の日本と英国との国交正常化に尽力したのが日本の皇室と英国王室であった。そこから、多くの皇族が英国の大学に留学し、全ての天皇がガーター勲章を得ている事実から分かるように、両家の関係は現在まで良好である。

そして、２０２４年6月22日、今上天皇も英国を訪問し、王室と再会する。奇しくも、その日付を全て足すと「18」である。まさにそれは、エジプト第18王朝の王家の再会を表すかのように。

日本人としてどう生きるか？

ここまで、古代から現在に至るまでの歴史を通して、争いや思想の違いから生まれた民族間の因縁を明らかにし、その民族間の因縁が、現在の皇室や英国王室とどのように繋がっているのかという考察をしてきた。しかし、忘れてはならないのは、本書で登場する人物や団体の『善悪』は、個々の民族の立場によって変わるということ。特に、本書では皇室と英国王室の軌跡と立場を立証しようとしているために、どうしても彼らの因縁関係である天智天皇側の藤原氏やキリスト教徒が悪い存在に聞こえたかもしれない。

しかし、藤原氏やキリスト教徒などの立場から歴史を紐解けば善悪の認識が変わる。彼らにも彼らの理想と大義名分があるからだ。また、ロスチャイルド家などのユダヤ人が世界を裏で牛耳っているとする陰謀論を信じる方や、米国のＧＨＱによって日本人が骨抜きにされたと考える方からすれば、本書での私の考察の立場は日本国外の工作員のように見えていることだろう。

正直、私はどのように思われてもかまわない。本書の読者が、私を含めて何を善とするか悪とするかは、読者自身が決めること。ただ、民族の因縁の歴史を知った上で、本書を通して読者の方々に伝えたいのは、我々が信じる『善悪』の基準が正しいとするには、まだまだ、真の民族史の情報が少ないということだ。そして、それは本書をここまで読んで頂いた方であれば、理解して頂けると思う。

とは言うものの、民族の因縁の歴史考察を通して、一つだけ確かなことがある。

それは、人類は我々が想像する以上に起源が同じだということ。遠く離れた英国と日本が古代エジプトで繋がるっているように、既存の歴史書に載っていないだけで、我々の祖は同じかも知れない。それは、本書で話していない民族も含めてだ。

その中で、私が日本神話に好感を持てるのは時代を通してアイデンティティーが変わってしまったそんな民族たちを日本列島で兄弟にし、もう一度、祖を同じにしようとしたことである。半ば強引に、他民族間を団結させようとしたキリスト教とは違い日本神話によってまとめられた日本人は、政治権力をかけた武将同士の争いはあったとしても、民族間の大きな争いはほとんどない。その平和的な共存があったからこそ21世紀になった今も、２６００年以上もの間、日本人は日本列島で日本人であったという考えが主流となり、最近は『日本人』というアイデンティティーが誕生する遠い昔の縄文人も、日本人と主張するようになったと言える。

いわば、日本神話は、天武天皇が目的とした日本列島内での多民族共存と共栄を見事に達成した歴史書だ。

日本神話が他民族たちをまとめることに成功した要因は、エジプト第18王朝の王家とアムル人系民族だけを一つのまとめようとした旧約聖書と違い、日本神話はそれ以外の古代の民も兄弟にしたからだと考えられる。

そして、それは、世界最古級の高度文明の一つを築いた「シュメール人」の最も重要な古代都市であり、アムル人・シュメール人・エラム人が共存した「ニッポー」を引用し、この国を「日本」と名付けているところからも分かるだろう。つまり、日本神話を通して、別のアイデンティティーを持った民族同士が日本列島内で寄り添い合うことができ、その結果、一つにまとまった日本人が誕生したのだ。

では、そんな日本神話が世界の多くの古代民族の歴史を引用しているとなると日本神話で一つとなった日本人は、世界の多民族達とも一つになれる可能性がある。言い換えれば、世界中の人々が日本神話を含めて真の歴史を知り、無惨にも続いた民族間の因縁を解消することさえできれば、現在の日本人同士の関わりのように露骨な民族差別の無い世界が来る。少なくとも、私はそう信じている。

では、改めてあなたは「日本人としてどう生きるか？」。本書の読者すべての国籍が日本かどうかわからないが、日本人という〝アイデンティティー〟は、これから「全人類」を表す名称になり得る。もし、そんな未来の可能性があるとするならば、あなたは、まだ民族の因縁が蔓延るこの地球で日本人としてどう生きるか？

日本・中国・朝鮮略式年表

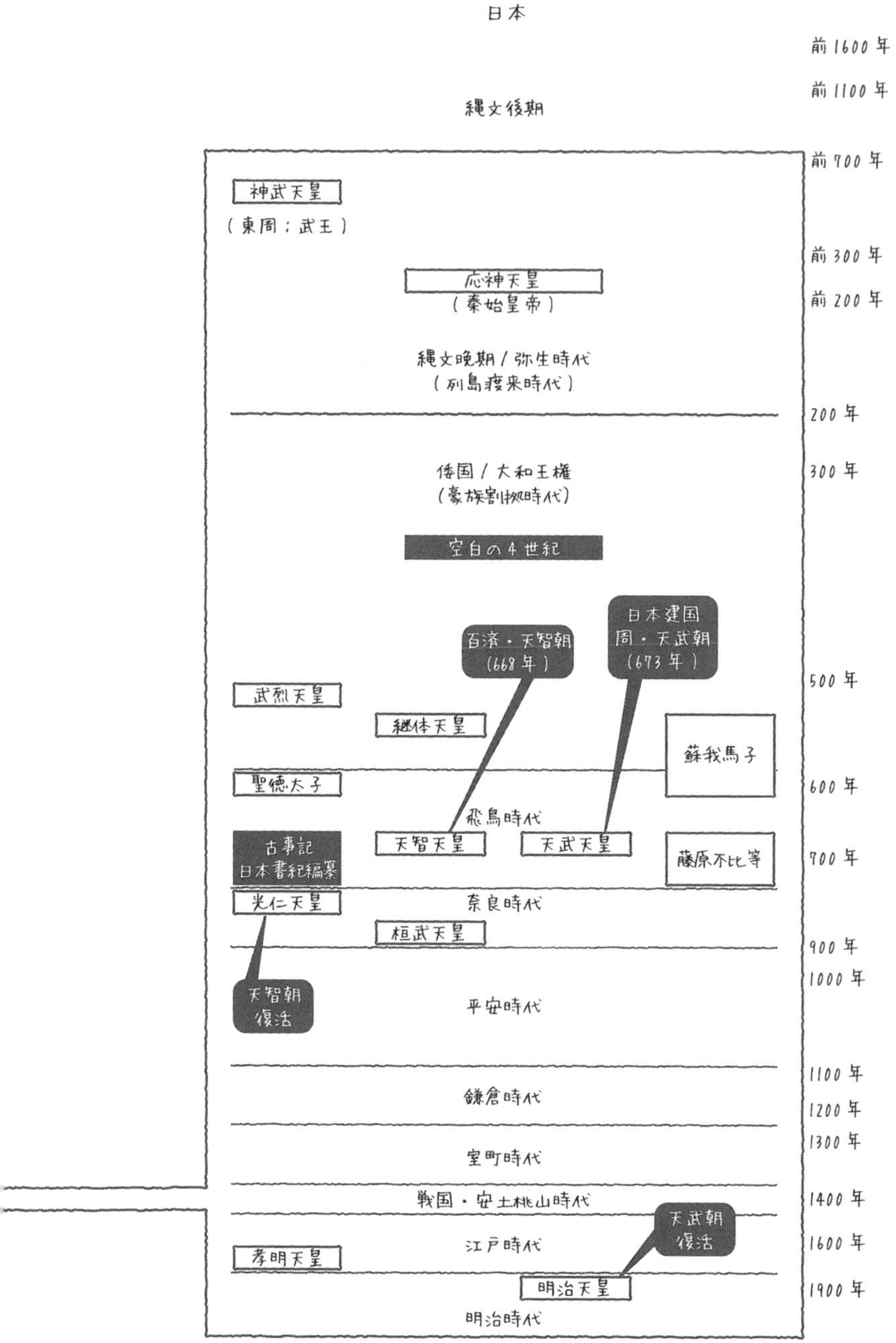
日本
前1600年
前1100年
縄文後期
前700年
神武天皇
（東周：武王）
前300年
応神天皇
（秦始皇帝）
前200年
縄文晩期／弥生時代
（列島渡来時代）
200年
倭国／大和王権
（豪族割拠時代）
300年
空白の4世紀
百済・天智朝
（668年）
日本建国
周・天武朝
（673年）
500年
武烈天皇
継体天皇
蘇我馬子
聖徳太子
600年
飛鳥時代
古事記
日本書紀編纂
天智天皇
天武天皇
藤原不比等
700年
光仁天皇
奈良時代
桓武天皇
900年
1000年
天智朝
復活
平安時代
1100年
鎌倉時代
1200年
1300年
室町時代
戦国・安土桃山時代
1400年
天武朝
復活
江戸時代
1600年
孝明天皇
明治天皇
1900年
明治時代

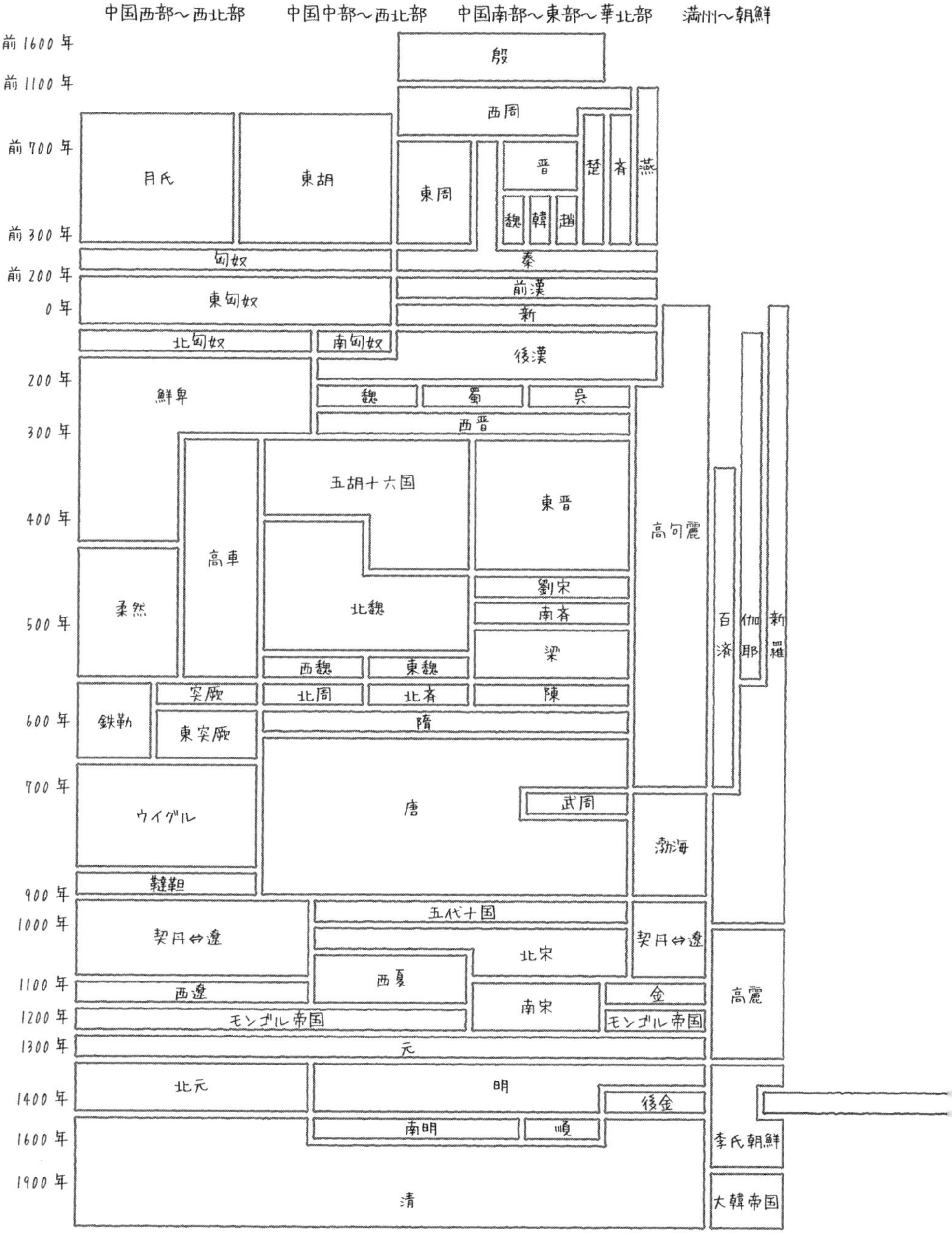
中国西部〜西北部
中国中部〜西北部
中国南部〜東部〜華北部
満州〜朝鮮
前1600年
前1100年
前700年
前300年
前200年
0年
200年
300年
400年
500年
600年
700年
900年
1000年
1100年
1200年
1300年
1400年
1600年
1900年
殷
西周
燕
月氏
東胡
東周
晋
楚
斉
魏
韓
趙
匈奴
秦
前漢
東匈奴
新
北匈奴
南匈奴
後漢
鮮卑
魏
蜀
呉
西晋
高車
五胡十六国
東晋
高句麗
柔然
北魏
劉宋
南斉
梁
百済
伽耶
新羅
西魏
東魏
突厥
北周
北斉
陳
鉄勒
東突厥
隋
ウイグル
唐
武周
渤海
韃靼
五代十国
契丹⇔遼
北宋
契丹⇔遼
西夏
西遼
南宋
金
高麗
モンゴル帝国
モンゴル帝国
元
北元
明
後金
南明
順
李氏朝鮮
清
大韓帝国

重要氏族の始祖／先祖／経由王朝早見表

宗教	始祖／先祖／経由王朝	氏族
	アムル人 新羅系 周王朝	海部氏 (Amabe)
仏教系	ハティ/ヒッタイト 秦王朝+弓月君・ユェズ人 クシャン王国（帝国）	秦氏 (Hata)
仏教系	百済系 クシャン王国（帝国） クジュラ王	葛城氏 (Katsuragi)
バラモン教→仏教	古代インド シュンガ朝	蘇我氏 (Sogashi)
ブラフマニズムとヒンドゥー教	古代インド マウリア朝	物部氏 (Mononobe)

この氏族早見表は、元々、各氏族の始祖、先祖、経由した王国がある程度判明しているものを列記しております。現在、考察、確認中のものもありますので現時点の暫定とご理解ください。それぞれの氏族の元の宗教と思われるものについても判明しているものは併記しておりますが、藤原氏のように日本列島に渡ったのちに、変異している(それなりにきっかけは存在している)氏族もありますのであくまで参考としてください。ですが、土台となっている思想を理解することで整合性が見えてきます。

ゾロアスター系

百済系
クシャン王国
カヤ人が始祖

中臣氏
(Nakatomi)

藤原氏
(Fujiwara)

ゾロアスター系

高句麗系
クル王国
アケメネス朝ペルシャ
クルス王系

賀茂氏
(Kamo)

ゾロアスター系

ササン朝ペルシャ
ザザキ人／ダイラ人

平氏
(Hei/Taira)

佐々木氏
(Sasaki)

著者／監修
岡本佳之（おかもと よしゆき）
考え方の学校 Yoshi Sun TV（YouTubeチャンネル）

スペシャルサンクス
西郷匡瑛（さいごう ただあき）
松本悟（まつもと さとる）

イラスト（人物）
山田サトシ（やまだ さとし）

MAP／図表
STUDIO 107　藤本征一（ふじもと まさかず）

資料用年表
まんあげ（https://x.com/managesan）

デザイン・レイアウト
浅沼孝行（あさぬま たかゆき）

編集
深谷真（ふかたに まこと）

皇室と王室の解体新書

発行日　2024年12月24日　初版
編　集　株式会社 内外出版社　企画販売部
発行者　清田名人
発行所　株式会社 内外出版社
〒110-8578 東京都台東区東上野2-1-11
☎03-5830-0368（企画販売局）
印刷・製本　中央精版印刷株式会社

ISBN 978-4-86257-722-1